Barbara Schneyer
LEBEN in Shorts und Quickies

Barbara Schneyer

LEBEN in Shorts und Quickies

Rediroma-Verlag

Bibliografische Information der Deutschen Nationalbibliothek:
Die Deutsche Nationalbibliothek verzeichnet diese Publikation in der Deutschen Nationalbibliografie; detaillierte bibliografische Daten sind im Internet über http://dnb.ddb.de abrufbar.

ISBN 978-3-96103-409-3

Umschlagillustration: Sabine Hahnel
(www.sabinehahnel.wixsite.com)

www.rediroma-verlag.de
www.dierotejette.de

12,95 Euro (D)

Inhalt:

Für Dich

… und

unsere

Kinder

Ich liebe Dich

… mehr, viel mehr!

Gibt es ein Maß für Liebe?

Als unsere Tochter ein Kleinkind war, äußerte sie einmal: »Ich hab euch so lieb wie die ganze Welt, aber den Onkel Otto nur wie den Hof.«

Das war ein Maß; kindlich einfach zu messen und zu verstehen.

Liebe ich dich mehr als die ganze Welt?

In den Jahren meiner tiefsten seelischen Verzweiflung war ich so sehr auf der Suche nach Anerkennung, nach Liebe, dass ich jedem Rattenfänger nachgelaufen wäre, der mir Avancen gemacht hätte. Das war eine große Gefahr und außerdem oft peinlich.

Wie glücklich kann ich mich schätzen, dich getroffen zu haben – im richtigen Moment am richtigen Ort. *Und wie froh bin ich, so zu sein, dass du mich lieben kannst.* (das habe ich in einem Gedicht gelesen, von dem ich weder den Titel noch den Verfasser im Gedächtnis habe.)

Ich liebe dich. Das wird so oft daher gesagt, aber wird es immer so gemeint? Es muss sich beweisen; im Kleinen wie im Großen, in Freud und in Leid. Welches sind die richtigen Worte? Reicht mein Wortschatz aus, um dir meine Seele zu öffnen? Dir zu beweisen, wie ernst es mir ist?

Wir hatten sie alle: die schönen und die schmerzlichen Stunden und sind daran gewachsen.

In den vielen Jahren unseres Zusammenseins wurden wir enger, vertrauter.

Natürlich, die erste maßlose Leidenschaft wurde ruhiger. Die Nähe zueinander aber wuchs dabei ständig. Meine Liebe lebt heute auf einem Fundament der Vertrautheit, Geborgenheit und Rücksicht; nur noch intensiver, als in den ersten stürmischen Jahren.

Zu lieben und geliebt zu werden ist keine Selbstverständlichkeit für mich. Noch immer bin ich dankbar, dass du mich erwählt hast und noch immer liebst.

Ich bemühe mich täglich darum, liebenswert für dich zu bleiben, zu sein, was du von mir erhofftest.

Der Alltag macht dies nicht immer leicht und es gibt Momente, da kann ich dich nicht leiden.

Was sicher auf Gegenseitigkeit beruht.

Aber ich liebe dich noch immer unbeirrt!

Aufräumen!

Nur womit anfangen? Der gute Vorsatz ist das Eine. Die Ausführung etwas ganz Anderes. Elfriede Angermann sitzt ratlos in ihrem Panoramasessel und blickt im Raum umher.

»Vielleicht verschieb ich das einfach noch mal. Morgen sind ja auch noch paar Tage«, sinniert sie, ist mit dieser Erkenntnis aber nicht glücklich.

»Nein! Jetzt hab ich´s schon mehrmals aufgeschoben. Erstmal mach ich jetzt ´ne Liste.« Das erklärt sie sich laut und erhebt sich dabei, um Zettel und Stift zu holen.

Mit Listen war sie bisher immer gut gefahren. Die bringen Struktur in jedes Vorhaben.

Als sie sich gerade am Tisch niedergelassen und den Blättern Überschriften in Form ihrer Wohnraumbezeichnungen gegeben hat, klingelt es an der Haustür. Atemlos steht ihre Freundin Monika davor. »Dein Berg hier bringt mich noch um!«, stöhnt sie und ist eingetreten, noch bevor Elfriede richtig zur Seite getreten ist.

»Du bist ja heute stürmisch. Was ist los?« Belustigt schaut sie auf Monis hochrotes Gesicht, das von einer wirren Haarfrisur umrahmt ist. Monika ist fünf Jahre jünger als sie, auch mindestens um fünf Kilo schlanker. Um beides beneidet sie ihre Freundin. »Ich muss dir unbedingt erzählen, was ich gestern Abend gehört habe. Du gehst ja nicht an dein Telefon.« Ein stummer Vorwurf liegt in ihrem Blick.

»Das stell ich ab zehn Uhr auf *Flugmodus*. Danach hat mich niemand mehr zu belästigen.«

»Aber es könnte doch auch mal was Wichtiges sein?»

»Nach zehn kann ich eh nichts mehr ausrichten. Meine

Sportgruppe – du weißt: die alten Sportmädels – sind aber mit Whats App echt nachtaktiv. Denen fällt bis Mitternacht noch irgendein blöder Spruch ein, den sie unbedingt mitteilen müssen. Wahrscheinlich haben die alten Weiber dann Langeweile.«

«Alte Weiber, das ich nicht lache. Hast du schon mal in den Spiegel geschaut? Bist du nicht selbst ein altes Weib – mit sechsundsiebzig?«

»Na du junges Ding hast gut reden!« Jetzt lachen beide.

»Nein im Ernst, Friedel. Ich beneide dich immer schon um dein noch so frisches Aussehen. Wenn wir zusammen weggehen, wirst du immer für die Jüngere gehalten.« Monika schaut treuherzig zu ihrer Freundin auf, die daraufhin ganz verlegen ist.

»Moni, ich will dir mal was sagen; und ich sag dir das auch nicht zum ersten Mal. Du machst zu wenig aus dir. Du hast eine Top Figur, eine noch glatte Haut und schöne Haare. Kauf dir einfach mal was Flottes, Farbiges. Du trägst beige in beige. Beige ist die Farbe der alten Leute!«

Plötzlich erschrickt sie. »Mach ich mich etwa zu jugendlich?« Sie hatte auf einmal Bedenken, sich lächerlich zu machen. »N…ein, aber die Leute …«

»Die Leute sind mir egal. Was meinst du?«

»Nein, wie gesagt, ich bin eher neidisch.«

»Was wolltest du mir eigentlich so Dringendes erzählen, das keinen Aufschub verträgt?«

»Ach so? Nein, was wolltest du eigentlich gerade machen? Hier mit deinen Listen?«

Elfriede entgeht nicht, wie sich Monika unbehaglich windet und ihren verbalen Vorstoß bereits bereut. »Ich will aufräumen. Aber das hat Zeit. Lenk nicht ab. Du zuerst.«

»Ach na ja, eigentlich … Ach lass!«

»Du denkst, du kannst mich neugierig machen und dann kneifen? Nee! Komm, erzähl!«

»Auf deine Verantwortung. Also: Du hast eine Affäre mit meinem Mann!« Monika holt tief Luft und schaut ihre Freundin verstohlen an. Ängstlich – es könnte tatsächlich etwas an der Geschichte sein?

Aber auch zuversichtlich, dass sich alles als *fake* herausstellt. Es entsteht eine kurze Pause, die für Monika schier unerträglich ist. Das plötzliche Gelächter, das von Elfriede mit kräftigem Schenkelklopfen begleitet wird, verunsichert sie noch mehr.

»Womit haben wir uns verraten?«

Irritiert schüttelt Monika den Kopf. Nein, sie will es nicht glauben, bereut schon, es angesprochen zu haben. Elfriedes Gesichtsausdruck ist unergründlich.

Zugegebenermaßen war Elfriede auch zuerst erschrocken. Woher kommt dieses Gerücht? Aber die Tatsache, dass die Freundin ja plötzlich gar nicht mehr mit der Sprache herauswollte, zeigte ihr, dass sie nicht ernsthaft daran glauben konnte. Nein, sie will sie nicht länger auf die Folter spannen. »Wer erzählt so etwas?«, fragt sie daher nüchtern.

»Ich hab es zufällig gehört, als ich am Freitagabend in der *Krone* auf der Toilette war. Da haben sich mehrere Frauen über das Frühlingsfest unterhalten, auf dem wir ja vergangenes Wochenende gemeinsam waren.«

Monika erzählt dann ausführlich den Inhalt dieses Gespräches, soweit es sie Beide betraf. Man hätte beobachtet, wie Gerhard mit Elfriede getanzt hätte: oft und sehr intim. Monikas Mann habe seine Hand auf Elfriedes Po platziert und sie dabei genüsslich an sich gedrückt. An die Hand auf dem Po kann sich Elfriede auch lebhaft erinnern. Sie weiß, dass Gerhard als *womanizer* gilt. Und auch daran, dass sie ihn deshalb gerügt hatte. »Wo soll ich denn hin mit der Hand? Gehört sie nicht beim Salsa-Tanzen genau an diese Stelle?«, hatte er lachend erwidert und seine Hand gelassen, wo sie war.

Es war die Anzahl der vielen Tänze, die sie miteinander aufs Parkett legten. Die Klatschtanten hatten nicht das Insiderwissen, dass Monika nicht gern tanzt und ihren Gatten ständig animiert, sich mit ihrer Freundin zu verlustieren. Elfriede dagegen ist eine leidenschaftliche – und gute – Tänzerin, die in Ermangelung eines eigenen Gatten immer auf die Nachfrage anderer Partner angewiesen ist.

Und dann! Ja, und dann seien sie auch noch gemeinsam vor die Tür gegangen und eine Ewigkeit dort geblieben. Man sähe es doch ganz deutlich, wenn man die beiden beobachtet, wie sie sich anschauen und ständig zulächeln.

In diesem Tenor sei das Gespräch verlaufen und Monika hatte sich nicht aus ihrer Kabine getraut.

»Und jetzt willst du eine Erklärung für unser ungebührliches Verhalten? Was sagt dein Mann dazu?«

„Ach Friedel. Entschuldige! Ich wollte es schon gar nicht mehr erwähnen, es ist wirklich lächerlich. Ich glaube wirklich nicht, dass da was dran ist. Die blöden Schnepfen, die brauchen nur brisanten Gesprächsstoff. Weißt du, die Kesslern – das ist die, deren Mann rechts nur einen Arm hat…«

Lachend unterbricht sie Elfriede: »Jeder Mensch hat rechts nur einen Arm!« Sie lachen beide.

»Ja, ich meine ja auch nur, das ist die, die am ehesten ihre Klappe halten sollte. Der grabscht mit seinem einen Arm allen Weibern an den Po. Er will sich und anderen beweisen, dass er trotzdem noch ein ganzer Kerl ist. Er tut so, als hätte er die tiefen Teller erfunden. Dabei ist der dumm wie Bohnenstroh. Jeder sollte vor seiner Tür kehren, dann ist die ganze Strasse sauber!« Sie hatte sich richtig in Rage geredet.

Irgendetwas geht Elfriede durch den Kopf, denkt Monika, als sie ihre Freundin skeptisch anschaut.

Die steht plötzlich auf und verlässt das Zimmer. Nach kurzer Zeit kommt sie mit einer Flasche *Prosecco* und zwei Gläsern zurück.

»Komm, wir gehen ins Schlafzimmer.« Verwundert folgt Moni ihrer Freundin. Die beiden kleinen, bequemen Sessel und der runde Tisch mit Glasplatte sind wie geschaffen für einen morgendlichen Gedankenaustausch. Monika lässt ihre Blicke im Raum schweifen und sagt anerkennend:

»Du musst doch nicht aufräumen. Bei dir ist immer alles an seinem Platz – ordentlich und sauber!«

»Aufräumen hatte ich auch eigentlich nicht gemeint - *entrümpeln* ist besser ausgedrückt. Das hab ich schon lange vor.«

»Versteh ich nicht. Du hast in deinem Haus doch ausreichend Platz, nichts und niemand stehen dir im Weg. Wozu also?»

»Moni, du hast vorhin richtig festgestellt, dass ich zum alten Eisen gehöre. « Elfriede übersieht das energische Kopfschütteln der Anderen, indem sie beharrlich fortfährt: »Über kurz oder lang ergibt sich, dass ich hier raus muss. Seit Harald vor zwei Jahren gestorben ist, trage ich mich mit dem Gedanken, dass ich das Haus nicht ewig allein bewältigen kann.«

»Aber deine Söhne helfen dir doch. Wo willst du denn hin? Ziehst du zu einem von ihnen? Ich lasse dich nur sehr ungern gehen. Auch Gerhard würde dir jederzeit helfen.«

»Ja Moni, alles klar. Man weiß aber in meinem Alter nie, ob man das überhaupt selbst entscheiden kann. Es geht ja auch nicht um die nächsten drei Monate; obwohl, man weiß ja nie …«

»Hör auf, mir wird ja himmelangst!« Monikas Augen sind entsetzt geweitet. Sie war noch immer ratlos, was wohl in Friedel gefahren ist. »Denk doch mal nach. Ganz schnell hast du ein gesundheitliches Problem. Ich denke da gar nicht zuerst an Demenz. Unfall, Beinbruch, Nierenversagen usw. So vieles kann dich aus der Bahn werfen, woran du gar nicht denken magst; von jetzt auf gleich. Oder ich habe Zeit, mich auf kommende Entwicklungen vorzubereiten. Dahin geht mein jetziger Gedankengang. Ich suche mir in aller Ruhe ein Plätzchen, an dem ich meine letzten Jahre verbringen möchte. Da brauche ich nicht für mich allein ein Haus, wo mir die Sauber- und Instandhaltung letztendlich über den Kopf wächst. Ja, als wir zu zweit waren … Nein, ich will zu keinem meiner Söhne. Die Angebote hatte ich schon, wenn auch ein wenig halbherzig. Lieber verkauf ich das Haus, gebe noch so viel Geld aus wie möglich und nach mir die Sintflut. Das ist Plan A. Plan B wären die vorher erwähnten miesen Varianten.«

Elfriede muss schmunzeln, weil Monika sich noch nicht mit diesen Gedanken anfreunden kann.

Sie schüttelt den Kopf. »So weit habe ich noch nicht nachgedacht. Aber du hast recht, schließlich befinden wir uns gerade in der Restzeit unseres Lebens.« - »Wer sagt das?«

»Na Gerhard.« Als wäre das das Amen.

»So ein Unfug. Man befindet sich immer in der Restzeit. Auch mit fünfzig, oder mit fünf. Wer kann denn wissen, wie lang der Rest ist?»

»Ach, jetzt wirst du wieder philosophisch! Nein im Ernst, sagen wir, das letzte Drittel ist auf alle Fälle angebrochen.«

»Da stimme ich dir schon eher zu. Und deshalb sollten wir das letzte Drittel nicht unnütz vergeuden, sondern etwas Sinnvolles oder was Sinnliches – wenn du so willst – daraus machen. Auch du!« Mit den letzten Worten geht sie auf ihren Kleiderschrank zu und reißt die Türen auf.

Mit zwei Händen entnimmt sie vier oder fünf Kleiderbügel von der Stange, so dass ihr aufgrund des Gewichtes zwei Kleider zu Boden rutschen. Die restlichen Kleidungsstücke wirft sie auf ´s Bett.

»Such dir schon mal was aus«, ruft sie Monika zu und bückt sich nach den unten liegenden. Da eines der Kleider unter eine Kommode gerutscht war, haften an ihm ein paar Staubflusen. Elfriede zeigt sie Moni und meint lachend: »Da siehst du, *wie* ordentlich ich bin.« Die lacht zurück. »Na gottseidank! Ich dachte immer, du seist perfekt.«

Monika hat die Flasche die ganze Zeit in der Hand. Jetzt schenkt sie beiden ein. Elfriede schaut ihr zu. »Ich liebe dieses Geräusch! Jetzt lass uns erstmal auf uns Mädels und unser Vorhaben anstoßen. Hast du überhaupt Zeit?«

»Ja, ja, bei Gerhard hab ich mich zu Sauna und Wellness verabschiedet, da bin ich immer bis nachmittags unterwegs. Du warst doch neulich auch mit. Ich wollte dich auch eigentlich überreden, mitzukommen. Aber, was heißt denn eigentlich *unser Vorhaben*? Was hast du vor?«

»Erstmal trinken!« Elfriede prostet der Freundin zu. »Dann räumen wir gemeinsam meinen Kleiderschrank leer. Wir machen zu zweit eine Dessous- und Klamotten-Party. Ich verrate dir dabei auch, was ich mit deinem Mann *hatte.*« Monika sagt kein Wort und setzt sich mit ihrem Glas, aus dem sie jetzt einen großen Schluck nimmt, wieder auf den Sessel. Erwartungsvoll schaut sie zu Elfriede auf. Die schenkt nochmal nach und sucht nach einem passenden

Anfang. Wohl wissend, dass sie ihrer Freundin jetzt ein wenig auf die Füße treten muss, hält sie diese Aussprache für ihre Pflicht als beste Freundin.

»Dein Mann hat mir an dem Abend einige Komplimente gemacht – nicht zum ersten Mal. Das hat für mich keine Bedeutung; obwohl das ja jede Frau gern hört. Aber, sei unbesorgt, ich bin dafür nicht empfänglich. Aber alles hat einen sehr ernsten Hintergrund. Er warf mir vor, dass ich als deine Freundin dir nicht sage, wie du auch attraktiver sein könntest. Gib zu, ich hab dir das schon öfter angedeutet. Aber für mich bist du *die* Freundin, so wie du bist. Nur, du gefällst *ihm* nicht mehr. Habt ihr darüber nie gesprochen?«

»Doch, wir haben darüber gesprochen. Ich gebe zu, dass ich das ignoriert habe. Ich war demgegenüber sehr gleichgültig.« Sie schaut schuldbewusst und ergänzt noch: »Und ich wüsste auch nicht, was ich wie ändern sollte.« Resignation. Elfriede ist froh, dass sie damit angefangen hat. Sie hebt ihr Glas und meint vielversprechend: »Lass uns erst noch was trinken, dann legen wir los. Du kannst dir aussuchen, was dir gefällt. Ich schenke es dir. Keine Skrupel, wir probieren doch nur.« Monika schaut skeptisch, aber entschlossen zu ihrer Freundin, die gerade ihr Glas hebt und einen kräftigen Schluck trinkt. »Wenn wir so weitersaufen, brauchen wir noch eine Flasche.«

»Das mach ich gleich.« Mit diesen Worten verschwindet Elfriede noch einmal aus dem Zimmer. Als sie ins Schlafzimmer zurück kommt, ist sie baff über das Bild, das sich ihr gerade bietet. Monika steht mit einer rot-weiß getupften Bluse und einer weißen Jeans vor dem Spiegel und betrachtet sich wohlwollend. »Wow!«, ist alles, was Friedel gerade noch herausbringt. Es stimmt: Kleider machen Leute. Ihre Freundin sieht sexy aus. »Aber die Bluse und die Hose trägst du doch selbst noch?«

»*Tragen* wäre schön. Die Hose - wie du siehst – mit einer Gummiverlängerung am Bund – wie in der Schwangerschaft. Und die Bluse? Ich mag sie, ja. Wenn ich stillstehe, geht das auch. Aber wenn ich die Arme hochnehme, rutscht sie nach oben und senke ich die Arme wieder, bleibt die Bluse oben. Mein Busen ist halt zu groß. Apropos ...« Elfriede macht ein anderes Schubfach auf und entnimmt daraus drei BHs in schwarz, gelb und rot. »Vielleicht passen sie dir ja?« - »Na toll! Solche Reizwäsche trägst du?«

»Hab ich mal, jetzt hätte ich kein Interesse mehr daran. Passen ja auch nicht mehr.« Sie lüftet kurz das Oberhemd und lässt Monika einen Blick auf ihren weißen Sport – BH werfen. »Oh vielleicht kommt ja doch nochmal ein Mann in dein Leben. Der hätte dann viel Freude an deiner Oberweite in solchen – sie deutet auf die Reizwäsche – chicen Dessous.«

»Nochmal ein Mann? Den will ich nicht, den brauch ich nicht!«

»Interessiert dich Sex nicht mehr? Wir haben schon noch Freude daran.« Moni schaut verklärt.

»Ich gönne dir das von Herzen, aber für mich ist das kein Thema mehr.«

»Schade«, meint Moni nur und hält die BHs überlegend in beiden Händen. Sie legt sie zur Seite, als Friedel ihr wieder ihr volles Glas entgegenhält. Sie bemerkt, wie Elfriede in Gedanken ganz weit weg ist. »Weißt du, andere Männer haben mich nie interessiert. Früher nicht und auch heute sind sie mir egal. Ich hatte mit Harald so viel Glück und ein so schönes Leben. Ich würde immer vergleichen.

Er wirkte anderen gegenüber oft so nüchtern, aber er hatte einen prickelnden Humor. Ich kann mich gut an eine bezeichnende Episode erinnern:

Wir schauten Fernsehen – Rudi Carrells *Am laufenden Band* – weißt du, da kamen am Ende viele Preise auf einem Laufband an den Kandidaten vorbei, die symbolisch für einen Preis standen. Man musste sich die merken und hatte die abstrusesten Dinge gewonnen. Am Ende löste Carrell auch die Preise auf, die man sich nicht gemerkt hatte – mit den Worten: *und dieses wäre ihr Preis gewesen*! Die Sendung war zur Hälfte vorbei, als meinem Gatten plötzlich einfiel, man könnte im Bett noch ganz andere Dinge erleben. Er versuchte, mich ins Schlafzimmer zu locken. Das ist ganz schlecht bei mir. Wenn ich eine Sendung begonnen habe, muss ich wissen, wie sie zu Ende geht. Ich gebe zu, auch bei den miesesten Filmen.

Also, ging er provokant allein zu Bett. Nach einer halben Stunde kam ich nach. Er schlug aufreizend seine Bettdecke zurück, unter der er nackt gelegen hatte und meinte: *Und dieses wäre ihr Preis gewesen.«*

Monika lacht herzhaft. »Ja, ich mochte den Humor deines Mannes auch.« Danach leeren sie die Gläser und anschließend den Kleiderschrank – Stück für Stück. Es bilden sich drei Wäscheberge, die nach den Kriterien: passt Elfriede, gefällt Monika und brauchen wir nicht, entstehen.

Die beiden kommenden Stunden vergehen wie im Flug. Sie haben unbändige Freude daran, sich ständig neu zu stylen und mit wohlwollendem Zuprosten Anerkennung zu signalisieren.

In den Koffer, den Elfriede aus der hinteren Ecke des begehbaren Kleiderschrankes hervorholt, landen schließlich vier Blusen, zwei Kleider, zwei Hosen und vier T-Shirts.

Dazu die bereits erwähnten BHs und zwei Paar Schuhe. Das Eine oder Andere hätte auch Friedel noch gepasst, aber Moni ist so begeistert davon, dass sie es nicht erwähnt. Die Freundin gefällt ihr darin auch zu gut.

»Das kann ich nicht annehmen, dass du mir das alles schenkst.«

»Du brauchst keine Skrupel zu haben, ich hätte das eh alles weggegeben«, beruhigt Friedel deren schlechtes Gewissen. Und mit einer Entschlossenheit, die nicht zu übersehen war, funkeln ihre Augen die Freundin an:

»Versprich mir, dass du zu Hause auch deine blöden Dederon-Kittelschürzen und deine Altefrauenpantoffeln nicht mehr trägst. Das hab ich dir auch schon oft gesagt. Du musst dich auch zu Hause ein bisschen zurechtmachen. Gerhard sagt, du lässt dich gehen. Von der Frau, die er einmal geheiratet hätte, sei nichts mehr übrig. Wenn du bei der Hausarbeit eine ältere Jeans und ein T-Shirt trägst, siehst du flotter aus und die Sachen sind trotzdem pflegeleicht.« Moni blickt schuldbewusst. Ja, die Freundin hatte ihr schon mehrfach solche Tipps gegeben. Nun hatte sich offensichtlich ihr Gatte bei ihr beschwert. Sie selbst fand keine Notwendigkeit darin, sich zu Hause zurechtzumachen. Ihre Mutter hatte ein Leben lang nur Kittelschürzen getragen, selbst zum Einkaufen ins Dorf. In ihren vier Wänden empfand Monika es immer als überflüssig, sich zurecht zu machen. Welch ein fataler Irrtum. Noch ahnte sie nicht, wie fatal.

Sie schaut sich Elfriede an, die in einer knapp sitzenden Jeans, einem weiten Herrenhemd, an dem sie die Ärmel bis um Ellbogen gekrempelt hatte, und leichten Ballerinas trotz ihrer molligen Figur ganz lässig wirkt. »Okay, ab heute bemühe ich mich auch zu Hause um ein angenehmeres Bild für meinen Angetrauten.«

Dabei kichert sie, schenkt sich und der Älteren nochmals nach und hält die leere Flasche lange in der Luft, um auch den letzten Tropfen noch herauszuholen. »Das war die zweite!« Sie feixen beide und Elfriede meint schuldbewusst: »Ich hätte uns noch etwas zu essen machen sollen.«

»Ach was. Alles gut.« Moni verfehlt knapp den Sessel, auf den sie sich setzen will und landet auf dem Boden. Vor Lachen ist es ihr unmöglich, aufzustehen. Elfriede lässt sich kurzerhand neben ihr auf dem Teppich nieder und sie trinken ihre Gläser leer. »So viel Spaß hatten wir lange nicht mehr«, sind sich beide einig.

»Was willst du denn nun eigentlich alles ordnen?« Monika blickt sich erneut kopfschüttelnd im Raum um. »Deine Pflanze da geht ein«, weist sich kichernd auf einen verkümmerten Blumentopf. »Ja, ja. Ich habe einen braunen Daumen. Die Pflanze hieß *Einblatt.* Nach meiner Pflege siehst du nun *Keinblatt.«* Sie kicherten wie Schulmädchen.

»Was ich ordnen will? Na du hast doch gesehen, dass mir die Hälfte meiner Klamotten nicht mehr passt und nur Platz wegnimmt. Ich hab die alle behalten, in der Hoffnung, dass ich doch irgendwann nochmal reinpasse. Aber inzwischen werden die Stücke dann ja altmodisch. Du hättest ja noch was davon. Deshalb: kein Dankeschön. Ich freu mich, wenn dir was gefällt!« - »Na ja, und grundsätzlich?«

»Ich hab so viel Zeugs, das ich wirklich nicht brauche. Im Keller einen PKW – Anhänger, aber gar kein Auto. Den Hänger verborge ich ständig an die Nachbarn, die ihn dann ungeputzt zurückbringen. Die sollen sich doch selber einen zulegen! Alle Schubladen sind voll mit Dingen, die die Welt nicht braucht. Zumindest nicht meine Welt. In der

Garage habe ich Biertische aufgestellt, auf denen ich alles arrangieren kann. Dann mache ich einen Garagenverkauf und den Erlös spende ich dem Kindergarten.« Friedel hat gerade einen kleinen Flecken auf dem Parkettboden entdeckt. Sie steht umständlich auf, befeuchtet einen Finger mit Spucke und wischt den Fleck so weg.

»Was machst du denn da?«, fragt Moni erstaunt. »Na was schon? So putze ich meine ganze Wohnung.« Sie kichern wie kleine Kinder.

»Dein Plan der Entrümpelung klingt sinnvoll. Wie gehst du vor, wovon trennst du dich? Nach welchem Kriterium?«

»Alles, was ich zwei Jahre nicht angefasst habe, fliegt raus. Da fällt mir ein Witz dazu ein.

Zwei Freunde in der Kneipe: Du bist doch umgezogen, in so eine kleine Wohnung. Dabei hast du in deinem Haus so viele Dinge angesammelt. Was hast du damit gemacht? –

Nach dem Motto: von allem, was ich zwei Jahre nicht angefasst habe, habe ich mich getrennt. –

Und was hast du dann mit deiner Frau gemacht?«

Und schon lachen sie wieder.

»Hast du denn deine Söhne gefragt, ob die noch was wollen?«

»Ja hab ich. Sie haben auch schon die Andenken an ihren Vater mitgenommen. Außerdem werden Fix und Foxi beim Garagenverkauf dabei sein. Da können sie immer noch auswählen.«

»Was riecht denn hier so gut?« Monika hebt ihre Nase schnuppernd in die Höhe.

»Ich hab vorhin noch schnell eine Schüssel Jambalaya aufgetaut. Wir müssen auch eine Kleinigkeit essen, nicht nur Alkohol zu uns nehmen. Komm mit!«

»Was ist Jambalaya?«

» Ein südamerikanisches Reisgericht, ähnlich der spanischen Paella. Du kannst auch sagen *Wochenübersicht*.«

»Ist Fleisch drin? Oder bist du unter die Vegetarier gegangen? Wegen der armen Tiere?«

»Nein, nein. Ich brauch das Fleisch. Und wegen der Tiere? Dem Vieh ist es egal, ob ich es töte oder ihm sein Futter wegesse.«

Schwerfällig erheben sich beide. Moni stöhnt: »Vor ein paar Jahren ist mir das Aufstehen auch leichter gefallen. Mein Gott, alles lässt nach.« Sie trottet hinter ihrer Freundin her in die Küche und freut sich auf den unverhofften Genuss.

»Wenn du mir nicht böse bist, würde ich mich dann auch auf den Heimweg machen. Gerhard freut sich bestimmt, wenn ich ein wenig früher nach Hause komme. Noch dazu in diesem Outfit.« Monika blickt anerkennend an sich herunter.

»Ist völlig in Ordnung, ich denke, ich verschiebe weitere Aktivitäten auch auf morgen, bin jetzt auch nicht mehr in der Stimmung. Du nimmst aber den Koffer, den wir dir gepackt haben, gleich mit. Wenn du das Eine oder Andere doch noch möchtest, kommst du einfach nochmal. Es bleibt ja alles noch da, bis ich die Aktion abschließe.«

An der Haustür umarmen sie sich. »Ach das hätte ich fast vergessen: magst du nächste Woche mit ins Kino gehen? Es gibt einen Film mit Julia Roberts, soll sehr schön sein, aber traurig?« Elfriede lacht. »Da nehmen wir genügend Taschentücher mit, dann geht's schon. Ich mag Filme mit Tiefgang.«

»Gerhard nehmen wir aber nicht mit, wir wollen in Ruhe heulen.« Nicht ahnend, wie bald sie schon Gelegenheit dazu haben sollte, nimmt sie die letzten Stufen schwungvoll und winkt ihrer Freundin übermütig zu.

Elfriede schließt die Haustür. Sie geht zurück ins Schlafzimmer und schenkt sich noch den Rest aus der Flasche, die sie vorhin noch zum Essen mitbrachte, ein weiteres Glas ein. Vor ihrer Familienwand bleibt sie stehen. Für jedes der Kinder hat sie eine Collage zusammengestellt, die sie nun sehnsüchtig – mit ihrem Glas in der Hand – betrachtet. Ja, sie waren ihr gut gelungen, nicht allein die Collagen, vor allem die Kinder.

Harald hatte schon in jungen Jahren förmlich um ihre Hand angehalten, ganz im alten Stil. Er hatte ihren Vater damit enorm beeindruckt und sofort für sich eingenommen.

Es dauerte auch keine neun Monate, bis Mathias geboren wurde. Nur ein Jahr später kam Thomas, es wurde eng. Kaum Aussicht auf die reguläre Zuweisung einer Wohnung veranlasste die ganze Familie – Eltern und Schwiegereltern – Geld und Kräfte zu bündeln, um den jungen Leuten ein hübsches Häuschen zu bauen.

Mit immer neuen Ideen, Um- und Anbauten wurde es zu ihrem gemütlichen Nest. Als schließlich Moritz und Felix geboren wurden, waren alle Räume ausgefüllt.

Harald hatte sich noch ein Mädchen gewünscht, aber die Natur entschied das anders. Die eineiigen Zwillinge waren für die beiden Großen – sie waren schon zehn und elf Jahre – das große Geschenk. »Gottseidank kein Mädchen«, lachten sie verschworen. »Stell dir vor: dieser ganze Barbie-Kram, den die Tussen haben!« Die beiden schüttelten angewidert die Köpfe.

Und nun hatte er drei Töchter. Matthias lebte mit seiner Familie tief hinten in Tschechien als Tierarzt. Seine tschechische Frau hatte ihn in ihre Heimat gelockt und es gefiel allen gut, inmitten viel Natur. Elfriede besuchte ihre einzigen Enkel so oft es möglich war und auch die Mädchen waren in den Ferien oft in Deutschland. Da sie zweisprachig aufwuchsen, gab es keine Verständigungsprobleme.

Thomas war kinderlos geblieben. Seine hübsche Frau legte keinen Wert auf Familie, weder auf ihre und schon gar nicht auf seine. Elfriede mochte diese Schwiegertochter nicht – im Gegensatz zu Alzbeta, die sie vergötterte. Friedel konnte sich gar nicht vorstellen, dass ihr Sohn mit ihr glücklich war. Wenn er seine Mutter besuchte, was selten genug vorkam, erschien er meist allein.

In München leitete er eine florierende Anwaltskanzlei; Sophia war im Bankenvorstand eines renommierten Hauses.

Sehnsüchtig streicht Elfriede sanft über das Foto ihres Zweitgeborenen. Fix und Foxi lachen sie so offen und fröhlich an, dass sie die Fotografien von der Wand nimmt und zärtlich küsst.

Beruflich haben sie *Etwas mit Computern* zu tun. Ihre Mutter hat von diesem Metier keine Ahnung. Man muss damit aber gutes Geld verdienen können, denn sie leisteten sich ein modernes Doppelhaus in der Nähe von Zürich. Sie hatten keine Kinder, auch keine Frauen; zumindest nichts Dauerhaftes. Seit Jahren – oder sogar immer schon – bevorzugten sie stets das gleiche Mädchen. Seltsamerweise war dieses jeweilige Mädchen mit der bizarren Art der Beziehung einverstanden.

Schmunzelnd erinnerte sie sich an den Sommer ihres siebzehnten Geburtstages. Beide hatten sich wohl sturzbetrunken in die Gartenhütte zum Schlafen zurückgezogen. Als Harald am frühen Morgen seinen Rasenmäher dort herausholen wollte, entdeckte er sie – offensichtlich nackt, auf einer Decke liegend und mit einer anderen leicht zugedeckt. In ihrer Mitte lag ein hübsches blondes Mädchen – alle drei in Löffelchenstellung aneinander geschmiegt.

Elfriede kannte die derzeitige Favoritin nicht. Sie erahnte aber aus den häufigen Telefongesprächen, dass die beiden sich gut arrangiert hatten und glücklich waren. Es gab keine Eifersucht.

»Ach ja«, seufzt ihre Mutter. »Fix und Foxi.«

Diese Spitznamen hatte ihnen ihr Bruder Mathias verpasst, als sie gerade mal drei Jahre alt waren. Der las gern diese gleichnamigen Jugendzeitschriften. Von den Zwillingen wurden sie sofort übernommen und sogar in Kindergarten und Schule gebräuchlich.

Elfriede hängt die Collage wieder zurück und setzt sich in einen Sessel. Jetzt ist sie doch noch melancholisch geworden. Der Tag hatte mit so viel Elan begonnen.

Als ihr Blick auf den dritten Kleiderstapel fällt: *brauch ich nicht mehr,* rafft sie sich auf.» Den schaff ich wenigstens noch runter, sonst komme ich ja heute abend noch nicht mal ins Bett.«

Beide Arme voll beladen, öffnet sie mit dem Ellbogen die Kellertür. Als sie die erste Stufe anvisiert, rutscht sie auf den glatten Ledersohlen ihrer Ballerinas aus. Sie kann keinen Halt suchen, da sie beide Arme voll von Klamotten hat und gar nicht sieht, wohin sie tritt. Der Sturz ist nicht aufzuhalten. Er setzt sich hart von Stufe zu Stufe fort, bis ganz nach unten. Dort liegt sie, total frustriert und voller Schmerz. Sie weiß, irgendwas am Bein hat sie gebrochen.

Oben klingelt das Festnetztelefon. Da kann sie nicht hin. Aber das Klingeln führt dazu, dass sie den nächsten Schritt unweigerlich überdenken muss. Umständlich sucht sie in ihrer Jeanshose nach ihrem mobilen Telefon. Auch die

Bewegung des Armes schmerzt sie ungemein. Was hatte sie vorhin noch zu Monika gesagt? Es könne mal so schnell gehen? Von jetzt auf gleich? Verdammt! Aber doch nicht ***so*** schnell!

Wer hat da oben wohl angerufen? Ach egal. Derjenige ruft auch wieder an. Gerade, als sie die Nummer der Ambulanz wählen will, klingelt ihr Handy. Sie schaut kurz auf das Display: *Monika.*

Sie betätigt den grünen Knopf und noch ehe sie etwas sagen kann, heult ihr Monikas Stimme entgegen, laut und schrill. Sie schreit und schluchzt. Elfriede versteht kein Wort.» Was ist denn nur los?»

Die überhasteten Worte kommen etwas deutlicher, man kann es jetzt verstehen.» Es ist zu spät! Er ist weg! Unsre ganze Aktion – zu spät. Er ist abgehauen! Er ist weg! Er hat..., einen Zettel...! Hör zu! Da steht:

Du siehst doppelt so alt aus wie ich bin. *Du bist unattraktiv, ich habe die Schnauze voll, dass du dich so gehen lässt...* Stell dir das vor! Was mach ich nur jetzt?!«

»Komm erstmal wieder rauf. ***Ich*** brauch dich zumindest jetzt.«

Ein Eibrot

»Das hab ich gern, Essenswünsche schon am Vortag ordern und dann nicht abholen! Für wen war das Eibrot bestellt?« Martha wurde wütend, wenn ihre Organisation von außen gestört wurde.

Ihre blassblauen Augen blitzten und auf ihren Wangen bildeten sich rote Flecken. Das ergab einen seltsamen Kontrast zu ihren roten Haaren, den vielen Sommersprossen und kleinen Äderchen auf ihren Wangen.

Martha war das, was man eine typische Bauersfrau nennen würde. Eine Bauersfrau, wie wir sie aus unserer Kindheit kannten. Von der Sonne gegerbte Haut, zupackende Hände und eine kräftige Figur. Ihre bunte Kittelschürze war in der Mitte – da, wo andere eine Taille hatten – mit einem Lederriemen zusammengehalten. Der dazugehörige Gürtel passte nicht herum.

Es ging um mehr. Das verschmähte Eibrot war nur noch das Tüpfelchen auf dem Ei – äh dem I.

»Das ist überhaupt eine Zumutung!«, schimpfte sie weiter, »unter welchen Bedingungen man hier arbeiten muss!« Sie hob demonstrativ ihre Füße und zeigte sie Rosa.

»Ich muss doch die gleiche Sauerei ertragen. Da kann man nichts machen, bis der Monteur erscheint.«

Rosa zuckte mit den Achseln und versuchte ein Lächeln.

Rosa war das Gegenbild zu Martha. Immer adrett in einen frischen weißen Kittel gekleidet, ging sie auch nie ungeschminkt unter die Leute. Sie trug nicht dick auf. Nein, ihr make up war dezent und passte gut zu ihrem blonden Haar und den braunen Augen. Meist trug sie ihre Haare zu einem Zopf geflochten oder hatte einen Dutt gesteckt.

Immer aber waren sie straff aus der Stirn gekämmt, was ihrem Gesicht einen zwar strengen, aber auch eleganten Ausdruck verlieh. Sie war hier in der Schulküche nur die zweite Mamsell. Martha war die Chefin und das kehrte die auch immer wieder heraus.

»Die Rosa ist scharf auf den Chef. Deshalb putzt sie sich immer so raus.« Das ließ Martha alle Leute wissen, selbst wenn Rosa zugegen war. Es galt als ein wohlbekannter Scherz. Selbst Herr Füreisen – der Direktor – hatte ihn schon gehört und untermauerte den Spaß, in dem er voll darauf einstieg. Wenn er gute Laune hatte. An einem schlechten Tag war nicht gut mit ihm Kirschen essen. Heute war ein schlechter Tag.

Er stand am Schalter und blaffte Martha an: » Frau Hochmut, ich hab auch keinen Einfluss auf den Arbeitsplan des Klempners. Der Rohrbruch war so gesehen auch nicht eingeplant. Wir haben erstmal das Wasser abgestellt, damit kein weiterer Schaden entsteht.«

»Na da geht's doch schon weiter«, schimpfte Martha sofort wieder los. «SIE sitzen ja in Ihrem feinen Büro und müssen nicht in dem Wasser herumwaten. Und wie stellen Sie sich vor, wie wir kochen und dann abwaschen sollen – ohne Wasser?«

»Wir rufen den Hausmeister, wenn Sie dann Wasser brauchen. Der kann ein paar Eimer aus dem Keller holen.«

»Na das wird dann lustig, die zwei Nölärsche zusammen!«, mischte sich Rosa lachend ein.

Herr Füreisen machte sich vor dem Kantinenschalter breit: »Also, auch in meinem feinen Büro gibt es oft Probleme, die ich lösen muss. Also haben Sie sich nicht so. Was ist nun mit den zwei Eibroten? Sind die übrig?«

»Na sag ich doch! Irgendwer hat die bestellt, aber zum Frühstück nicht geholt. Wer war das denn?« Martha war schon wieder angepisst.

„Ich denke, die Buchhaltungsmaus – Frau Illing hat die bestellt. Sie isst immer Eibrot, wenn sie Unterrichtstage hat.« Rosa war sich nicht ganz sicher und schaute fragend zum Direktor.

»Tatsächlich! Na prima!« Er sah auf seine Uhr. » Dann ist ihre Klasse schon seit einer halben Stunde ohne Lehrer. Er nahm den Teller mit den Eibroten und stürzte ins Lehrerzimmer.

»Hat heute schon jemand die Illing gesehen? Hat die jetzt Unterricht?“ Die Sekretärin und der EDV-Fuzzi sahen sich gegenseitig unwissend an. Ilona Hommel schaute in den auf dem Schreibtisch liegenden Stundenplan. »Na ja. Sie hat mit Steuern getauscht und hätte heute für den ganzen Tag Buchhaltung in der EXI 4«

»Sofort anrufen!«, befahl er seiner Mitarbeiterin. »Na die kann sich ne Pfeife anzünden. Die hab ich sowieso grad auf dem Schirm!«

Er balancierte sein Eibrot, von dem schon einige Scheibchen vom Belag auf den Teller gerutscht waren, in sein Büro. »Kaffee!«, brüllte er noch durch die halbgeschlossene Tür. Den hatte er sich nicht von der Kantine mitgebracht. Der Kaffee seiner Sekretärin schmeckte besser.

Zum Glück nahm Frau Illing nach dem dritten Klingeln den Hörer ab.

»Gottseidank sind Sie zu Hause. Sie haben heute Unterricht! Vergessen?“ Frau Hommel blieb nett.

Das war sie immer. Sie war schon mehrfach darauf angesprochen worden, ob sie vielleicht asiatisches Blut in den

Adern hätte. Um ihre Augenpartie hatte sie einen leicht mongolischen Zug.

Die schwarzen Haare und ihre feinen dunklen Augenbrauen unterstrichen das. Die stets freundliche Mimik und ihre Art, sich zu schminken taten ein Weiteres.

Schweigen am anderen Ende des Apparates. »Äh … heute?« Die Reaktion von Frau Illing war ungläubig.

»Ich hatte doch für nächste Woche mit Steuer getauscht!«

»Heute, Frau Illing heute! Die EXI 4 ist allein!«

»Sch …, da hab ich was verwechselt. Bin in zwanzig Minuten da«, kam es schuldbewusst aus dem Hörer zurück.

Wie hatte ihr denn das passieren können? Barbara Illing hatte gerade das ganz große Besteck aufgefahren. In ihrem kleinen Buchhaltungsbüro lagen drei aufgeschlagene Ordner, mehrere Steuersachbücher und ein Stapel bunter Karteikarten auf den begrenzten Arbeitsflächen. Endlich wollte sie ihren Problemfall »Matratzen-Ede» abschließend bearbeiten. Sie hatte ihn schon tagelang ignoriert, weil sie weder Herrn Eduard Schneider noch seine komplizierte Buchhaltung mochte.

Wenn er diesmal wieder nicht zahlungswillig war, würde sie ihm aus ihrem Mandantenstamm kündigen.

Aber erstmal musste sie seinen Abschluss bearbeiten.

Einerseits fand sie jetzt diese unerwartete Ablenkung willkommen, andererseits war sie frustriert.

Wie hatte ihr der Termin in der Schule – in der sie als zweites Standbein als Dozentin unterrichtete – entfallen können? Und wann würde sie nun wirklich Zeit für den Schneider finden? Beim Hinauseilen stolperte sie über einen Plastikkorb mit restlichen Schneider-Ordnern.

»Am liebsten wäre mir fast, der würde tatsächlich wieder Zicken machen bei der Begleichung meiner Rechnung, dann könnte ich ihn wirklich, endlich abschießen.«

Drei Sachen auf einmal zu bewältigen war eine ihrer Stärken. Ihr Mann hatte aber wissenschaftlich begründet, dass *Multitasking* vom Gehirn nicht angeboten wird. Angeblich kann das niemand. Außer Barbara. Na ja, um ehrlich zu sein, gelingen ihr zwei von den drei Dingen dann auch nicht zufriedenstellend.

Jetzt auch, zu allem Unglück. Die Hose, in die sie gerade einstieg, während sie die Schultasche unter dem Regal hervorzerrte, riss an der Naht, auf die sie in der Eile getreten war. Andere Hose aus dem Schrank fädeln, eigentlich Freizeitkleidung, nicht eleganter Schuldress. Auch schon egal. Dass dazu das gestreifte Shirt, das sie schon trug, nicht so recht passen würde, was ihr jetzt gleichgültig. Sie musste schnellstens los.

Während des Fahrens warf sie einen kurzen Blick in ihr Notizbuch. Es stand laut und deutlich da geschrieben:

Dienstag 06.10. 8:00 EXI 4 und in Klammern *(Tausch mit Doris).* Wer lesen kann, ist schwer im Vorteil.

Man müsste dann auch reinschauen in einen Terminplaner. Man legt ihn zu dem Zweck an, dass man wichtige Daten nicht vergisst und koordinieren kann.

Und übrigens stand da noch*: Mittwoch 07.10. Hochzeitstag – Karten abholen.*

»Nur gut, dass ich da jetzt reingeschaut habe. Diesmal werde nicht *ich* diejenige sein, die ihn vergisst!«

Als sie wenige Minuten später ungestüm die Sekretariatstür aufriss, stiebten Herr Füreisen und Frau Hommel entsetzt auseinander. Es war nicht schwer zu erraten, womit sie gerade beschäftigt waren.

»Ach, Frau Hommel, lassen Sie das am besten einen Augenarzt prüfen, ich kann nichts entdecken.«

Er sagte es barsch, konnte Frau Illing aber damit nicht täuschen. Frau Hommel hatte einen hochroten Kopf und wendete sich rasch ihrem Kopierer zu, indem sie leere Blätter auf die Kopiervorlage auflegte.

Insgeheim musste Barbara Illing grinsen. Was sollte da für eine Kopie herauskommen? Das Grinsen verging ihr augenblicklich, als der Direktor sie anfuhr: »Was haben Sie sich eigentlich gedacht? So etwas ist mir überhaupt noch nicht untergekommen! Glauben Sie, wir sind hier in einem Kasperletheater, wo man mal kaspern kann, wenn einem gerade danach ist? Schon mal was von Zuverlässigkeit gehört? Über Sie gibt es – gerade von der EXI 4 – mehrfach Beschwerden. Deshalb wollte ich sowieso heute nachmittag zur Hospitation in Ihren Unterricht kommen. Da bringe ich Ihnen auch gleich die Abmahnung schriftlich mit, die ich Ihnen hiermit erteile.«

Damit war er erhobenen Hauptes in sein Büro abgerauscht. Frau Illing war perplex. Sie hatte sich in der Schule noch nie etwas zuschulden kommen lassen. Leider war sie eben im falschen Moment am falschen Ort aufgetaucht. Aber hatte ihn das allein so in Rage gebracht? Steckte da noch mehr dahinter?

Sie eilte konsterniert den langen Gang bis zum Unterrichtsraum entlang. Hinter sich konnte sie Getrappel von Stöckelschuhen wahrnehmen und im nächsten Moment hatte Frau Hommel sie eingeholt.

»Entschuldigung, Frau Illing. Darf ich Sie darum bitten, im Lehrerzimmer – und auch sonst niemandem zu erzählen, was sie gerade gesehen haben? Ich könnte mich im Gegenzug für Sie verwenden, was den Zwist mit dem Direktor betrifft?«

»Ich bin keine Klatschtante. Was ich gesehen habe, geht nur Sie beide etwas an, da rede ich nicht drüber.

Wenn Sie allerdings etwas für mich tun können, sage ich nicht *nein*. Wer hat sich denn alles über mich beschwert, und warum?«

»Am besten, wir treffen uns in der nächsten Pause in der Raucherecke auf dem Hof. Geht das?«

»Abgemacht. Muss mich jetzt beeilen!« Mit wenigen Schritten stand sie vor der Tür, hinter der sie ihre Klasse wusste. Da war vielleicht eine Ruhe!

»Ich bin ja schon da!«, rief sie aufgeräumt in die Menge und lächelte über die schnellen Reaktionen mit den Computermäusen.

»Ach nee!« und »So ein Mist«, dröhnte es von allen Seiten. »Wir haben uns extra so ruhig verhalten, damit nicht auffällt, dass wir ohne Lehrer sind.«

»Wir haben uns auch mit den Aufgaben vom Donnerstag beschäftigt.«

»Ja, ich hab´s gerade gesehen.« Auf allen Bildschirmen, die ihr Blick beim Gang zum Lehrerpult streifte, hatte sie Computerspiele und Internetseiten erfasst. Sie lächelte, nichts anderes hatte sie erwartet.

»Gut dass Sie die Donnerstagsübungen noch so im Gedächtnis haben. Ich hätte gern, dass sie die, jeder für sich versuchen, zu lösen. Ich gebe Ihnen dazu bis zur Mittagspause Zeit. Danach können wir jede im Detail besprechen. So prägen sich die Grundsätze vielleicht am besten ein.«

»Na klar. Weil Sie jetzt nicht vorbereitet sind, lassen Sie uns mit dem alten Zeugs büffeln!«

Herr Tischler war der vorlauteste Teilnehmer der Qualifizierungsmaßnahme. Er war in der Klasse der anerkannte King. Die übrigen Kerle akzeptierten ihn, weil sie ihm intellektuell nichts entgegenzusetzen hatten.

Von den Frauen erfuhr er keinen Widerstand, weil sie durch die Reihe seine witzigen und durchaus zeitweise charmanten Sprüche liebten. Er war Frauenversteher und Macho, und wurde als solcher von allen hofiert.

Selbst Frau Illing wollte seine vorlaute Bemerkung nur als kessen, nicht ernst gemeinten Einwurf werten.

Sie erhob den Daumen in seine Richtung: »Wie treffend unser Champion das wieder erkannt hat!

Also dann mal los! Fragen sind erlaubt.«

Bei den Übungen handelte es sich um vier Aufgaben aus dem Bereich der Buchhaltungspraxis, die in den letzten Wochen im Unterricht behandelt worden waren. Herr Tischler hatte nicht ganz Unrecht. Sie war wirklich nicht auf den Unterricht vorbereitet, weil sie ja den Termin vergessen hatte.Nach dem Anruf von Frau Hommel war sie ja schon froh, dass die Tasche – so wie am Donnerstag abgestellt – noch alle aktuellen Unterlagen enthielt. Sie würde ohnehin für den Nachmittagsunterricht improvisieren müssen. Dazu konnte sie jetzt die Zeit nutzen, während ihre Schüler mit den Problemlösungen beschäftigt waren.

So richtig konnte sie sich aber nicht konzentrieren, da ihr die vorhin erlebte Situation nicht aus dem Kopf ging. Ein schadenfrohes Lächeln erhellte ihre Mine; sofort kommentiert von Herrn Tischler:

»Jetzt freut sie sich auch noch drüber!«

Na, wenn der wüsste. Frau Illing war bekannt – übrigens jedem in der Klasse – dass er wie ein liebeskrankes Hündchen um die Gunst von Frau Hommel buhlte.

Aber mehr noch beschäftigte sie der Hinweis der Sekretärin, es hätte Beschwerden über sie gegeben. Darauf konnte sie sich gar keinen Reim machen.

Wie sich aber später herausstellen würde, musste sie erkennen, dass sie wiedermal zu unbedarft allen Menschen immer nur positive Eigenschaften zutraute.

»Konzentrier dich jetzt!«, befahl sie sich selbst und blätterte in ihrem Lehrbuch nach vorn.

Bei jedem Thema versuchte sie, die zugegeben trockene Theorie mit Beispielen aus ihrer Praxis aufzuheitern.

Bei der Vielzahl ihrer verschiedenen Mandanten konnte sie immer interessante Beispiele finden, ohne Dienstgeheimnisse preisgeben zu müssen.

Ihre Mandantschaft bestand überwiegend aus Gewerbetreibenden und kleineren Firmen, die per Mund – zu – Mund – Propaganda zu ihr gefunden hatten. Die verschiedensten Branchen und vielfältige Charaktere hatte sie inzwischen kennen gelernt. Alles in Allem bereitete ihr ihr kleines Büro Freude. Zum Glück waren Mandanten wie Matratzen-Ede die Ausnahme.

Hin und wieder gab es in der Klasse Getuschel, wenn sie sich gegenseitig bei den Aufgaben halfen und die eine oder andere Hand wurde gehoben, um von ihr Hilfe zu bekommen. Das Klingelzeichen beendete ihre Aktivitäten und wie Schulkinder stürmten die Lehrgangsteilnehmer zum Ausgang. Barbara Illing griff nach ihren Zigaretten und schlenderte zur Raucherecke.

Frau Hommel hatte die zweisitzige Bank schon belegt, so dass sie ungestört in diesem etwas versteckten Winkel des Raucherpavillons plaudern konnten.

»Es ist mir sehr peinlich, dass Sie das jetzt wissen«, begrüßte sie die Dozentin.

»Kein Thema. Ich habe nichts gesehen. Sie müssen sich nicht rechtfertigen.«

Als Frau Illing sich ihre Zigarette angezündet hatte, blickte sie erwartungsvoll zu ihrer Banknachbarin.

»Ich habe schon versucht, den Direx ein wenig milder zu stimmen, was den Ärger auf Sie betrifft. Er hat natürlich durch diese entstandene Situation …«, sie fühlte sich sichtlich unwohl, »… auch nochmal verstärkt reagiert, um vielleicht davon abzulenken. Fakt ist aber, dass er sehr verärgert war, dass Sie heute früh nicht erschienen sind. Er hatte tatsächlich vor, heute Nachmittag zu hospitieren, weil es wohl Beschwerden aus der EXI 4 gab.«

Frau Illing schüttelte den Kopf. »Mir ist keine Situation bewusst, die Anlass zu einer Beschwerde gäbe.«

»Nein, kein besonderer Anlass. Zwei ihrer Teilnehmerinnen haben kritisiert, man würde in Ihrem Unterricht nichts Neues erfahren. Es wäre Kindergartenkram und wenig hilfreich.«

»Oh, da hab ich eine Idee, wer das war. *Addel und Daddel* nennen die Teilnehmerinnen die beiden ungleichen Schwestern.«

»Ach, sind das die, die immer so gekleidet sind, als kämen sie aus dem hinterletzten Dorf oder eingekleidet von der Kleiderspende? Die Dicke und die Lange? Die mit dem unverwechselbaren Duft nach Kernseife und Körperschweiß?«

»Aber Frau Hommel! Wer wird Menschen denn nach solchen Äußerlichkeiten beurteilen?«

»Ich habe irgendwo in den Personalunterlagen gelesen, dass die beiden in ihrem Dorf ein Friseurgeschäft aufmachen oder übernehmen wollen? Wer würde denn da freiwillig hingehen?«

»Wir kennen ja die anderen Dorfbewohner nicht!« Die beiden Frauen wollten sich vor Lachen ausschütten.

»Nein, aber im Ernst. Mir ist eigentlich nicht zum Lachen. Wenn die sich beschwert haben? Dumm sind die nämlich nicht; sogar im Gegenteil. Das hab ich auch schon von anderen Dozenten gehört.«

»Das ist richtig. Deshalb hat es Udo – äh … Herr Füreisen auch ernst genommen.«

»Die beiden sind in meinem Unterricht kaum bei der Sache, hören selten zu. Sie stehen über den Dingen, da sie schon einmal beruflich mit buchhalterischen Problemen zu tun hatten.«

»Seien Sie locker. Wenn Sie sich keines Fehlers bewusst sind, was soll da kommen? Und außerdem; ich hab´s gesagt, ich trete für Sie ein.«

Schnellen Schrittes eilen die Beiden wieder zum Schulgebäude. Doch, Barbara war aufgeregt. Sie suchte noch einmal eilig die Damentoilette auf und betrachtete sich verwundert im Spiegel. Sie hatte sich gar nicht geschminkt, als sie heute das Haus verlassen hatte. Auch sah man ihre Angst in ihrem unsicheren Blick.

Sie klopfte sich kaltes Wasser auf die erröteten Wangen und schnitt Grimassen zu ihrem Spiegelbild.

Verwundert erschien das Gesicht von Helene Unger, ihrer Lieblingsschülerin aus der EXI 4 im Spiegelbild.

»Sie sehen heute ganz anders aus – ungewohnt«, äußerte sie verwundert. »Haben Sie Sorgen? Das mit heute früh ist doch nicht so schlimm.«

»Na, das wird sich noch herausstellen. Herr Füreisen kommt jetzt gleich zur Hospitation.«

»Na und …?«

Frau Illing war schon durch die Tür. Auf dem Weg zur Klasse bemerkte sie eilige Männerschritte hinter sich. Jovial legte der Direktor eine Hand auf ihre Schulter: »Die Sache mit der Abmahnung habe ich mal noch gelassen. Sie sind aber jetzt gewarnt.«

Damit betrat er mit ihr gemeinsam den Unterrichtsraum. Sie ließ seine großzügige Bemerkung unkommentiert. Was hätte sie auch sagen sollen. Etwa sich bedanken? Wofür? Es gab kein Vergehen, das eine Abmahnung gerechtfertigt hätte. (Sicher war der Sinneswandel Frau Hommel zu verdanken.)

»Heute werde ich einmal in Ihrem Unterricht hospitieren, um mir einen Eindruck von Ihren Fortschritten zu verschaffen. Tun Sie einfach so, als wäre ich gar nicht da.« So begrüßte er die Teilnehmerinnen und Teilnehmer des Existenzgründer-Lehrgangs.

Frau Illing bat die Klasse, so mitzuarbeiten, wie sie das gewohnt war, und damit zu demonstrieren, wie gut sie sich bereits in buchhalterischen Problemen auskannten.

Bei dieser Bitte hatte sie sich etwas weit aus dem Fenster gelehnt. Mindestens vierzig Prozent der Teilnehmer arbeitete nämlich so gut wie gar nicht mit, hörte aber offensichtlich wenigstens zu und schien auch das Eine und das Andere zu verstehen. Sie vertraute ihrem Instinkt, dass sie in dieser besonderen Situation ihr Bestes geben würden.

Von der Steuer-Doris und auch anderen Dozenten im Lehrerzimmer wusste sie, dass sie als Lehrerin doch ganz beliebt war; als Person, nicht so sehr ihr Unterrichtsstoff.

»Ich schlage vor, dass wir die vier Aufgaben der Reihe nach besprechen und noch bestehende Unklarheiten ausräumen. Herrn Füreisen will ich nur kurz in die Problematik einweihen, damit er sich ein Bild machen kann.« Sie drehte sich kurz in seine Richtung.

»Wir hatten einen Komplex von vier zusammenhängenden Aufgaben erarbeitet, die im Ergebnis eine umfassende Lösung buchhalterischer Probleme ergeben sollen.

In der Folge ging sie im Einzelnen auf jede Aufgabe ein. Sie befragte die Teilnehmerinnen und Teilnehmer nach ihren Vorgehensweisen und ihren Ergebnissen. Ihre Schüler bereiteten ihr eine freudige Überraschung, als sie so rege Fragen stellten und Lösungsvorschläge anboten. Frau Unger zwinkerte ihr lächelnd zu.

Aha, Komplott! Aber sehr lieb. Ihr wurde richtig warm. Jetzt wusste sie, sie würde unbeschadet aus diesem Exkurs herauskommen.

Die dritte Aufgabe war kompliziert. Sie enthielt eine Falle, in die man leicht hineintappte, wenn man nicht sorgfältig die Aufgabenstellung zerlegte. Es war eben nicht nur *bla –bla.* Beflissentlich hatte sich Frau Illing hinter die beiden Schwestern gestellt, so dass ihr ein Blick auf deren Unterlagen möglich war und sie kein anderes Ergebnis, als das von ihnen notierte, präsentieren konnten.

»Wie ich bei Frau Küster und Frau Küster sehen kann, sind unsere Buchhaltungsexperten auf 5 500€gekommen.« Herr Tischler schaute verwundert und irritiert zu seiner Dozentin. Er hob zweifelnd die Augenbraue über seinem rechten Auge und rief dazwischen: »Aber das ist doch falsch. Oder? Es können doch nur 5 170 € sein!«

Frau Illing schwieg. Bedeutungsschwanger schaute sie in die Runde, im Augenwinkel Herrn Füreisen fixierend.

Eine von den Damen Addel und Daddel räusperte sich: »Die Vorgabe lautete …, also es müssten …sein …!« Unsicher betrachtete sie noch einmal ihr Ergebnis. »Also …Äh… Tut mir leid, habe da was übersehen.«

Frau Illing verkniff sich einen schadenfrohen Kommentar und meinte nur sachlich: »Herr Tischler hat Recht. Es ist immer wichtig, eine Plausibiltäts-Kontrolle durchzuführen. Frau Küster hat es ja noch bemerkt.«

Uwe Tischler klopfte sich selbst auf die Schulter und schaute Beifall heischend in die Runde.

Frau Illing musste schmunzeln. Die Schwestern blickten verlegen. Frau Unger setzte noch einen drauf: »Ja ihr zwei Experten. Ihr wisst halt doch noch nicht alles und es lohnt sich immer, wenn man im Unterricht ein wenig aufpasst.«

Frau Illing wendete sich kurz an Herrn Füreisen. »Bei dieser Gelegenheit wollte ich Sie auch gleich bitten, uns das Computerprogramm für die Buchhaltung zugänglich zu machen. Eine entsprechende Software schließt solche Fehler natürlich aus. Aber man sollte schon verstehen, was und warum das Programm im Hintergrund so rechnet.«

»Ja, das kann ich leicht zusagen«, entgegnete der Direktor und stand auf.

»Also, meine Damen und Herren, was ich gesehen habe fand ich recht interessant und abwechslungsreich, auch wenn der Stoff zugegebener Maßen recht trocken ist. Sie haben auch alle gut mitgearbeitet. Weiter so …« Damit verließ er den Raum, nicht ohne einen vielsagenden Blick zu Addel und Daddel zu schicken.

Frau Illing fuhr im Lehrstoff fort, als wäre nichts gewesen. In der nächsten Pause, der Kaffeepause, stürmten alle zugleich durch die Tür, um in der Kantinenschlange vorn zu stehen. Die Dozentin setzte sich auf den reservierten Platz zwischen Frau Unger und Herrn Tischler. »Danke.«

»Nicht dafür. Es war uns eine Freude, die Dorftrampel vorzuführen. Zwar konnten wir nicht wissen, dass sie das verpatzen würden, aber auf irgend so einen Fauxpas hatten wir gehofft.« Herr Tischler lachte schadenfroh.

»Frau Hommel hatte uns vor Beginn der Stunde gebeten, recht eifrig mit zu arbeiten.«

Das erklärte alles. Frau Unger meinte noch gutgelaunt: »Buchhaltung ist nicht gerade unser Wunschfach. Aber an Sie haben wir uns gewöhnt … Und bevor wir jemanden Neues kriegen …!«

»Na gut zu wissen.« Barbara Illing war froh, dass alles so glimpflich abgegangen war.

»Wie hat die Leitung denn heute überhaupt gemerkt, dass Sie nicht gekommen waren? Wir hatten uns doch ganz ruhig verhalten.« Frau Siebert vom Nachbartisch hatte sich zu den Dreien umgedreht.

»Ich bestelle immer Eibrot für mein Frühstück an Schultagen. Das war noch liegen geblieben. So ist ′s aufgefallen.»

Herr Tischler musste lachen. „Das nächste Mal opfere ich mich für das Eibrot. Da merkt es keiner und wir haben weiter unsere Ruhe!«

Wir tun Gutes und reden darüber

Wir haben neue Nachbarn. Drei syrische Familien sind in einem – bis dahin leerstehenden Haus eingezogen.

Reges Treiben, Kommen und Gehen, Sprachfetzen in einer für uns unverständlichen Sprache. Wir sahen viele Kinder, junge Männer und Frauen mit Kopftüchern.

»Na, das kann was werden!«, hören wir andere Nachbarn unken. Sie haben schlimme Szenen im Fernsehen gesehen.

Wir, drei Frauen aus der gleichen Straße – wollten uns vor Ort informieren, fragen, ob wir helfen können.

»Lasst uns einfach dort klingeln, sie ´willkommenheißen´ und schauen, was passiert.« Wir wollten Vorurteile nicht bedienen.

»Wenn sie uns vor der Tür stehen lassen, oder sie einfach vor uns zuschlagen, dann war es das.«

Mit Spielzeug und Kinderkleidung und einem kleinen Blumenstrauß beladen klingelten wir bei der ersten Familie. Ohne uns gegenseitig mit auch nur einem Wort verständigen zu können, waren wir uns sofort sympathisch. Wir wurden hereingebeten und waren nicht schlecht erstaunt, unseren Nachbarn Olaf schon auf der Couch sitzen zu sehen. Auch er bot seine Hilfe an und wurde als handwerklich begabter Mann mit offenen Armen empfangen.

Mit Kaffee bewirtet saßen wir uns fremd gegenüber und lächelten uns an – ungezwungen und offen.

Die Kinder hatten Beschäftigung mit den Spielsachen, die große Tochter – neun Jahre alt – kam wenig später schon im Kleidchen von Lisas Enkelin aus einer Kammer zurück.

Die Familie freute sich, war gastfreundlich und so dankbar in Mimik und Gesten, dass es uns schon fast peinlich war.

Zu den Eltern – Syrische Kurden mit christlichem Glauben – gehören vier Kinder im Alter von neun bis eineinhalb Jahren. Erstaunlich, was man doch so alles ohne Sprache verstehen kann. Bei der Verständigung halfen Atlas, Smartphone, Zettel, Kugelschreiber und alle Finger.

Bedauernd zuckte der junge Mann mit den Achseln: »Türkisch? Arabisch? Kurdisch?»

Er wusste, dass wir mit dem Kopf schütteln würden, wie er auf unsere Frage: »Englisch?«

Fast eine Stunde hielten wir uns in der unteren Etage auf und zogen dann weiter, ein Stockwerk höher.

Auf unser Klopfen öffneten uns zwei fröhliche Kinder und zwei junge Männer, die uns auf Englisch hereinbaten.

Ihr ′welcome′ deckte sich fast synchron mit unserem.

Eng saßen wir auf einer alten Couch, die zur ersten Standardausrüstung gehörte, nebeneinander. Eine zweite Runde Kaffee wurde angeboten.

Diesmal war die Verständigung leichter, da in Englisch möglich. Das Englisch war ebenso dürftig wie unseres, aber erstaunlicherweise fanden wir Worte, von denen wir gar nicht wussten, dass wir sie in unserem Sprachschatz hatten.

So erfuhren wir, dass die beiden Familien in den oberen Stockwerken miteinander verwandt waren.

Der zweiundfünfzigjährige Familienälteste der einen Familie hatte mit seiner Frau zwei erwachsene Söhne (24 und 21 Jahre alt) und noch zwei Nachzügler – einen Sohn im Alter von acht und eine Puppe mit großen Kulleraugen und putzigen schwarzen Locken, die gerade mal eineinhalb war.

Auch von ihnen wurden unsere Spielsachen und Kinderkleidung freudig und dankbar angenommen.

Die Kinder des zweiten Paares sind ein Junge von zwei und ein Mädchen von vier Jahren.

Ein lediger Bruder lebt ebenso noch in diesem Haushalt.

Die Familien hatten eine lange Odyssee aus Syrien hinter sich gebracht – Einzelheiten wollten wir vorerst noch nicht erfragen, sahen nur schreckliche Bilder von Krieg und Zerstörung auf ihrem Handy. Die Fotos zeigten ihre Straße, ihre Häuser.

Alle sind islamischen Glaubens und beide Ehefrauen tragen Kopftücher.

Wir beobachteten alles. Wir waren gekommen, um Vorurteile auszuräumen.

Also, alle Männer (auch die jungen Männer) geben uns deutschen Frauen die Hand. Sie sind locker und aufgeschlossen, plaudern mit uns, wie mit alten Bekannten. Die Frauen erklären kurz – und auch ein wenig entschuldigend – dass sie auch im Haus ihre Kopftücher tragen, wenn Fremde anwesend sind.

Auf unsere bange Frage, ob es für sie in Ordnung sei, dass sie quasi Tür an Tür mit der Familie christlichen Glaubens im gleichen Haus leben müssten, antwortete der 52jährige Hakim: »No problem. Good family.«

Wir hatten da ganz andere Geschichten vom Zusammentreffen von Muslimen und Christen gehört.

An diesem ersten Tag hatten wir fast vier Stunden in einem fremden Kulturkreis verbracht und konnten die ersten Eindrücke nur schwer verarbeiten. Unser Weltbild war von Medienberichten vorbelastet gewesen, nur weniges traf wirklich zu.

Als sich unsere Besuche, jetzt fast nur noch von mir und Lisa wahrgenommen, im *Flüchterhaus* häuften, waren wir mit den verschiedensten Ressentiments unserer ansässigen Nachbarn konfrontiert.

Wie standen wir selbst dazu? Ich gebe zu, dass ich sehr zwiegespalten in meinen Gefühlen und meinen Motiven bin. Ich bin kein *Gutmensch*, wie sie plötzlich zu Hauf aus dem Boden schießen.

Ich kann nicht kritiklos der Aussage unserer Kanzlerin folgen, wenn sie behauptet »wir schaffen das«. Das ist meines Erachtens nicht nur leichtfertig, es ist verantwortungslos. Verantwortungslos gegenüber den Flüchtlingen und erst recht gegenüber der eigenen Bevölkerung.

Wir können das nicht schaffen! Haben wir nicht schon seit so vielen Jahren sogenannte Bürger mit *Migrationshintergrund*, die uns in den betreffenden Wohnvierteln von Großstädten große Probleme bereiten? Davon einmal abgesehen, dass viele von ihnen weder willens noch in der Lage sind, sich zu integrieren. Wir haben in diesen Jahren Fehler über Fehler gemacht: sie wohnen in eigenen Vierteln – um nicht zu sagen Ghettos. Sie kaufen in eigenen Läden, amüsieren sich in eigenen Lokalen und sind so ständig unter sich. Das wirkt Sprachförderung und Integrationsmöglichkeiten diametral entgegen. In den Schulen, die eine Überzahl von Schülern mit Migrationshintergrund unterrichten, sind kaum noch Schüler eingesessener Familien zu finden, da sie mit Praktiken der patriarchalen Lebensweise nicht konfrontiert werden möchten.

In diese Missstände holen wir nun nochmals Tausende von Menschen, die einem Elend entfliehen und das nächste antreffen. Haben wir für sie ausreichend Jobs? Wo sind die Wohnungen, die sie bezahlen könnten? Es ist eine Lüge, wenn unsere Politiker die Realität schönreden wollen:

Jeder Flüchtling ist ein Gewinn für unser Land. Sie werden uns helfen, den Fachkräftemangel zu beseitigen. Die wenigsten der angekommenen sind ausgebildet, viele sogar Analphabeten.

Dafür können sie nichts, aber mit solchen Erwartungen setzen wir sie zusätzlich unter Druck.

Das größte Dilemma entstand zusätzlich dadurch, dass die Fremden ohne jegliche Kontrolle und Registrierung zu uns gekommen sind. So viele, die gar kein Bleiberecht haben, aber aus verschiedenen ethnischen Gründen nicht zurückgeschickt werden können oder dürfen.

Man muss sich wirklich fragen, wo wir leben – im einundzwanzigsten Jahrhundert? Kein Staat dieser Erde hat eine solche abstruse *Willkommenskultur*. Leider wird berechtigte Kritik an diesen Praktiken sogleich mit *Fremdenfeindlichkeit* bezichtigt.

Es geht den Flüchtlingen hier gut, wahrscheinlich besser als in ihren Herkunftsländern – zumindest materiell, emotional wohl eher nicht.

Dank finanzieller Unterstützungen müssen sie nichts entbehren. Miet- und Nebenkosten werden ihnen gezahlt, sie erhalten Unterhalt und Kindergeld selbst wohl sogar für ihre Zweitfrauen und Zweitkinder, die noch im Herkunfsland leben. Mannigfaltige Sozialleistungen werden zusätzlich auf Antrag gewährt.

Ist es da ein Wunder, dass sich die einheimischen Menschen, die von einer kleinen Rente oder Harz IV leben müssen, gegen diese Politik auflehnen? Wo sind die Jobs und bezahlbaren Wohnungen für **sie**, auf die sie schon seit Jahren warten? Für Bildung, Sanierung von Schulen und Kindergärten, für die bereits seit langem überfällige Verbesserung der Digitalisierung und so viele andere Baustellen ist dann kein Geld da?

Wie kann es sein, dass unsere Politiker und die Justiz mit zweierlei Maß messen, wenn es um die Verfolgung von Straftaten geht oder diese der Bevölkerung um des lieben Friedens willen gleich ganz verschweigen? Trägt es zur Glaubwürdigkeit bei, wenn dergleichen Vorfälle verharmlost werden, gar noch mit der Entschuldigung, dass in fremden Kulturen vieles üblich sei, was wir nicht verstehen können? Müssen wir das verstehen? Für mich hat die Bewahrung meiner eigenen kulturellen Identität noch immer Vorrang.

Als Gast in einem fremden Land geziemt es sich, die Gepflogenheiten dieses Landes zu akzeptieren. Und wenn man sich dort integrieren will (vorausgesetzt man **will** das), ist das nicht anders möglich, als sich der Kultur zu nähern, vor allem und insbesondere die Sprache zu lernen.

Wenn dann Politiker in vorauseilendem Gehorsam *die schon länger im Land Lebenden* dazu auffordern, sich doch von sich aus der Kultur und den Gepflogenheiten der Fremden anzupassen, dann geht das über mein Verständnis von Toleranz hinaus.

Derlei Verwerfungen werden in keinem Land der Erde praktiziert.

Nur weil unsere Vorfahren vor achtzig Jahren die Welt mit einem unmenschlichen, grausamen Krieg überzogen haben, sind wir nicht länger schuldig. Nach zwei Generationen muss doch auch das einmal ein Ende haben. Deshalb muss man die Gräueltaten nicht vergessen und das tun wir auch nicht.

Aber zurück zu unseren eigenen *Neubürgern.*

Sie sind nach einem beschwerlichen und entbehrungsreichen Weg hier in unserem Ort gelandet.

Sie leben in geordneten Verhältnissen in einem Haus und werden mit allem Notwendigen versorgt.

Da sie nun auf dem Land gestrandet sind, bleibt ihnen vieles an Missständen erspart, die sie in den Ballungsräumen der Städte erwarten würden. Das ist ein Glück für sie – denken wir.

Wir bemerken aber schon, dass ihnen der Kontakt und die Kommunikation mit Ihresgleichen fehlt.

Wir können das nicht kompensieren, auch wenn wir uns bemühen.

In den ersten Monaten nach ihrer Ankunft haben wir uns fast wöchentlich gesorgt, ihnen bei den unterschiedlichsten Problemen ihres neuen Lebens beizustehen.

Zumeist ging es dabei um Behördenkram, dem natürlich unsere Ämter genauso überrascht und unvorbereitet gegenüberstanden wie die Fremden selbst. Wir nahmen ihnen Schriftwechsel und Telefonate ab. Dabei erkannten wir, dass den Mitarbeitern in den Behörden in vielen Dingen selbst

die Kenntnis oder der Überblick fehlte, wie bestimmte Vorgänge zu handhaben wären. Die Tatsache, dass anfangs eine Menge von Schriftstücken – die den Migranten als

Hinweise und Erläuterungen dienen sollten – in deutscher Sprache verfasst waren, erklärte die beiderseitige Hilflosigkeit. Auf Lisas Anfrage, wie denn republikweit diese Hürden genommen werden sollten, bekam sie zur Antwort, dass man sich eben auf ′Helfer wie uns′ verlassen müsse.

Zum Glück gibt es überall Ehrenamtliche oder einfach nur nette Nachbarn, die helfend eingreifen, bevor noch größeres Chaos entsteht.

Viel einfachere Handreichungen halfen unbürokratisch, das tägliche Leben zu meistern.

Wir besorgten Schulbücher und –material und füllten Zuckertüten, Stundenpläne und Essenslisten aus. Kaffeegeschirr, Töpfe, Staubsauger, Toaster, Kinderwagen, Stehlampen – das waren die Dinge, die wir in den ersten Wochen aus unseren Haushalten in das Nachbarhaus schleppten.

Immer wieder begegneten wir Olaf, der sich weiter um technische Dinge kümmerte und mit den syrischen Männern die Baumärkte frequentierte.

Warum engagierten wir uns so, wenn unsere Meinung doch so zwiegespalten war?

Sie waren nun einmal hier – mitten unter uns. Konnte man das ignorieren? Konnte man diese unschuldigen Kinder sich selbst und einer noch ungewisseren Zukunft überlassen?

Nach allem, wie wir die drei Familien kennengelernt hatten, hatten wir eine Verpflichtung übernommen, für sie das Beste zu erwirken. Und sie sind dankbar dafür. Wir empfinden das jedes Mal aufs Neue, wenn wir ihnen begegnen.

Es ist eine Freude zu sehen, wie sie sich schon eingelebt haben. Sie bemühen sich sichtlich, unsere Lebensweise zu verstehen.

Den Schulpflichtigen und dem Papa fällt es sehr schwer, die Sprache zu lernen.

»Oh deutsch is schwer Sprache«, klagt Arif, der Vater. »Ja, und arabisch aber auch«, kontern wir.

Inzwischen reden wir viel zusammen, wir haben unsre Tricks gefunden. Wir lachen viel mit- und übereinander, singen mit den Kindern die Lieder, die sie in Kindergarten und Schule lernen. Bei den Kleinen sind die Fortschritte am schnellsten sichtbar.

Die Familie des 52jährigen Hakim ist inzwischen nach Wuppertal verzogen. Dort bekommt er eine Arbeit, trotz mangelnder Sprachkenntnisse. Wir waren traurig darüber. Also, nicht über seinen Job, sondern dass er wegging. Er wolle Deutschland etwas zurückgeben, sagt er, indem er arbeitet.

Diese Einstellung hat auch Ismail, der alleinstehende Bruder von Hakims Frau.

Er ist zweiunddreißig Jahre alt und hat in Syrien als Handelskaufmann gearbeitet.

Er blieb in Thüringen und hat sich schon bei den verschiedensten Einrichtungen um eine Arbeit beworben. Er ist sprachbegabt und lernt sehr schnell.

Er hatte den Wunsch geäußert, doch mit uns in einen intensiven Dialog treten zu dürfen, damit er die Sprache schneller und besser lernt. So haben wir uns explizit *Sprechstunden* für ihn eingeräumt. Wir reden tatsächlich über Gott, Allah und die Welt und werden davon auch nicht dümmer. Vieles aus der Kultur seines Landes wird uns nahegebracht und erreicht unser Verständnis und sogar oft eine völlig neue Sichtweise.

Auch umgekehrt verurteilt er uns nicht etwa, dass wir Schweinefleisch essen und Alkohol trinken und nicht ständig in eine Moschee zum Beten gehen.

Er zeigt uns seinen *gemäßigten Islam.* (Den Ausdruck hatte ich schon einmal irgendwo gehört). Er sagt, der Islam ist eine friedliche Religion. Demgegenüber gibt es ja viele Behauptungen, der Islam sei per sé feindlich allen *Nichtgläubigen* gegenüber.

Ismail war sehr daran interessiert, uns seinen Glauben nahe zu bringen, Verständnis dafür zu bewirken. So besorgte er uns einen Koran, in dem die eine Seite deutsch und die gegenüberliegende arabisch geschrieben war.

Als ich das Buch aufschlug, lachte er schon. Er nahm es mir aus der Hand und drehte es herum, bevor er es mir zurückgab. Ich hatte es natürlich von vorn nach hinten lesen wollen.

Abgesehen von der wunderschönen arabischen Schrift: Ismail las uns einige Suren vor; in einer gesungenen Sprache, die wir auch schon mal im Fernsehen von Imamen gehört hatten.

Es klang wunderschön und verursachte mir Gänsehaut.

Inzwischen gingen Lisa und ich mit leerem Magen zu unseren *Sprechstunden.* Er ließ es sich nicht nehmen, uns bei jedem Treffen mit Speisen zu bewirten, die seine Schwägerin zubereitet hatte. Es war jedes Mal mehr als reichlich und immer ausgezeichnet – wenn auch fremdländisch im Geschmack.

»Wann benutzt man den Genitiv?«, fragte er neulich. Als wir loslachten, sah er uns nur verständnislos an. »Mach dir darum keine Sorgen, kaum ein Deutscher benutzt den Genitiv.«

Erklärt haben wir es ihm aber trotzdem. Ismail macht sprachlich große Fortschritte.

Es ist für uns eine große Freude, mit ihm zu kommunizieren. Wir erfahren viel von seiner Kultur und Religion. Wir erklären ihm eine Menge über unsere Sitten und Gebräuche. Viel zu schnell gehen unsere *Sprechstunden* zu Ende.

Auch die kurdische Familie hat sich inzwischen gut eingelebt. Papa Arif hat noch immer große Probleme mit der Sprache. Er ist nicht so sprachbegabt wie sein Nachbar Ismail.

Er lernt mit seinen Kindern und sie übersetzen oft für ihn.

Inzwischen hat die junge Mutter Rabia ihr fünftes Kind geboren.

Aber: wie kann man in dieser Ungewissheit guten Gewissens ein Kind zeugen? Ist das jetzt nicht auch von ihnen eine gewisse Verantwortungslosigkeit?

Wir haben – wenn auch nicht so hart – darüber gesprochen. Sie erläuterten uns den Hintergrund ihrer kinderreichen Familien. In Syrien bekommen die alten Menschen keine Rentenzahlung vom Staat. Ihr Reichtum – und ihre Sicherheit im Alter – sind dann ihre Kinder, die die Verpflichtung haben, für die Eltern zu sorgen. Alles hat seine Ursachen.

Zum Glück wachsen die Kinder unserer neuen Nachbarn fröhlich in ihrer Familie und auch in den Einrichtungen, die sie besuchen auf. In Schule und Kindergarten gibt es zwar noch immer viele Missverständnisse und Unkenntnis von beiden Seiten. Da kann vieles erst im Laufe der Zeit ausgeräumt werden.

Was uns deutschen Nachbarn nach wie vor missfällt, betrifft fehlende Pünktlichkeit und Pflichtbewusstsein im täglichen Leben. Sie sind noch recht locker mit ihrer Verbindlichkeit, zur Schule oder in die Kindereinrichtung zu gehen, dann lässt man halt mal einen Tag ausfallen. Südländische Mentalität?

Das gilt ebenso für den Papa wie auch für seinen Nachwuchs. Wir haben versucht, ihnen diese gesellschaftlichen Verpflichtungen nahe zu bringen. Noch mit wenig Erfolg.

Dafür erscheinen sie aber interessiert zu unseren Festen, die wir in unserer Wohngegend veranstalten und bringen sich auch ein.

Alles in allem sind sie angenehme Nachbarn Wir kennen durchaus deutsche Familien, von denen man das nicht unbedingt sagen kann.

Bei vielen organisatorischen Dingen brauchen die Neuen noch immer Hilfe, die wir auch gern leisten.

Vor allem Lisa. Sie hilft den beiden Großen beim Lesen und Rechnen und versucht, das Wissen mit entsprechenden Gesellschaftsspielen zu festigen.

Diese Beiden Faris und Rabia (inzwischen neun und elf Jahre) sind inzwischen auch in den Vereinen *Handball* und *line dance* integriert und haben so auch erweiterte soziale Kontakte.

Ich beobachte gern die beiden Kindergartenkinder. Es ist eine Freude, wie sie von ihrem Alltag mit ihren kleinen Freunden berichten und alle Lieder singen können die sie gelernt haben. Mit ihren Puppen sprechen sie beim Spielen in Deutsch und wenn sie sich gegenseitig maßregeln, benutzen sie auch ihre neu erlernte Sprache. Das macht Mut. Die deutschen Kindergarten-Kinder sagen, alle Schimpfwörter hätten die beiden Syrer zuerst gekonnt. Und sie klingen putzig aus ihrem Munde. Unsere Besuche bei der Familie sind jetzt sporadisch, wie man das üblicherweise auch im Freundeskreis hält. Wir behalten alles gut im Auge und helfen, sobald Hilfe benötigt wird.

Sie sind jetzt im dritten Jahr in dem für sie fremden Land. Wir hoffen, sie haben inzwischen das Gefühl, hier auch gut aufgenommen worden zu sein.

Das wird nicht für alle Flüchtlinge gelten, die in der großen Welle in unser Land gekommen sind.

Das können wir auch nicht leisten und es tut uns unendlich leid für die, die es auch verdient hätten.

Eine für unsere Begriffe skandalöse Enthüllung erregt gerade aktuell die Gemüter. Im BAMF in Bremen (Bundesamt für Migration und Flüchtlinge) wurden hunderte unzulässige Asylbescheide ausgestellt. Das muss jetzt schärfstens geahndet werden!

Meiner Meinung nach ist das ein Hohn. Hier lenkt man aber grob von den wahren *Tätern* ab.

Keinesfalls will ich gutheißen, was dieses Amt (und andere) da ausgefertigt hat.

Aber es ist unfair, jetzt den schwarzen Peter zu diesen Behörden zu schieben. In erster Linie hat unsere Regierung mit ihrer abstrusen Willkommenspolitik dafür gesorgt, dass Tausende von Asylbewerbern ganz ohne Registrierungen und sogar ohne jegliche Papiere unkontrolliert ins Land kamen. Dazu kommt noch erschwerend, dass es im 21.Jahrhundert in einem industriell so hochentwickelten Land nicht möglich ist, dass eine Verwaltungsbehörde auf die Daten (oder das Computernetz) eines Verwaltungsamtes in einem andere Bundesland zurückgreifen kann.

Da haben wir uns etwas eingebrockt.

Aber: *wir schaffen das! (?)*

Unterwegs ins Nichts

Das Motorrad hatte Sven zum Abi-Abschluss bekommen. Es war ein geiles Teil. Damit würde er die Mädchen beeindrucken können.

Eigentlich hatte er solche Verstärkung gar nicht nötig. Er galt beim weiblichen Geschlecht auch schon jetzt als absolutes *Sahneschnittchen.* Svens derzeitige Freundin Anja wachte eifersüchtig darüber, dass er nicht zu viel Zeit mit anderen Mädchen verbrachte.

Mit 1,97 m war er der Star In seinem Basketball-Club und im Schwimmverein arrangierte er sich ebenfalls sehr aktiv. Nun aber war das Motorrad dazugekommen. Er vernachlässigte Freundin und Sportvereine und hatte nur noch Lust aufs Fahren.

So verwunderte es keinen, dass er das Angebot seines Cousins und dessen Freundes spontan annahm, über das Wochenende nach Tirol zu fahren.

Kai und Ansgar hatten die Rute herausgesucht und ihm einen detaillierten Plan übergeben, was er alles einpacken solle. Sven war aufgeregt. Die besorgten Blicke seiner Mutter und liebgemeinten Ratschläge seines Vaters beachtete er kaum. Nur dass der Hund Wotan ihm nicht aus den Füßen gehen wollte, irritierte ihn. »Wotan, ich bin am Sonntagabend wieder da. Du wirst schon jemanden finden, der mit dir Fußball spielt.«

Er beugte sich zu ihm hinunter und graulte ihn liebevoll. Dann bestieg er sein Motorrad in freudiger Erwartung und fuhr seinen Kumpels entgegen.

Sie hatten gutes Wetter getroffen. Die Sonne schien intensiv und es war kein Wölkchen am Himmel.

Klar, wenn man anhalten musste und an der Ampel längere Zeit stand, war die Montur, vor allem der Helm, schon sehr lästig. Aber beim Fahren wehte ihnen der Fahrtwind angenehm entgegen und hob von Kilometer zu Kilometer ihre Abenteuerlust.

Sie fuhren ein ordentliches Tempo, achteten aber immer auf den Fahranfänger, den sie in die Mitte genommen hatten. Er machte eine ausgezeichnete Figur und hielt sie mit seiner Fahrweise nicht auf. Kurvige Strecken waren am schönsten und sie bekundeten sich ständig mit gegenseitigen Handzeichen ihre Freude. Zum angestrebten Nachtquartier waren es noch siebzig Kilometer, die sie in der Dämmerung auf jeden Fall noch überwinden wollten.

Sven blickte auf seinen Tacho und war nicht schlecht erstaunt, dass die Nadel sich ständig im Kreis drehte. Er schaute auf seine Armbanduhr und auch diese Zeiger kreisten in Eile um das gesamte Ziffernblatt. Gerade wollte er seinen Mitfahrern von diesem Phänomen berichten, als die Straße seine volle Aufmerksamkeit beanspruchte. Kai und Ansgar waren nicht zu sehen. Wie konnte das sein? Sie waren doch eben noch in seiner Nähe. Er legte sich in die vermeintliche Rechtskurve und war plötzlich von absoluter Dunkelheit umgeben. Selbst das am Fahrzeug ständig eingeschaltete Scheinwerferlicht war erloschen. Ihn fröstelte, das war mysteriös. Wo waren die Anderen? Ja, und wo war die Straße?

Die gesamte Fahrbahn war wie vom Erdboden verschluckt. Er fuhr ins Leere!

Ja, aber worauf denn? Es gab keinen Straßenbelag. Es gab keine Landschaft ringsum.

Die Umgebung war dunkel und leer. Aber er bewegte sich vorwärts, hatte zumindest das Gefühl.

Sven versuchte, sich in Kurven zu legen und Schlängellinien zu fahren. Das Motorrad reagierte, änderte aber nichts daran, dass er regelrecht im Dunkeln tappte.

Er wollte so schnell wie möglich aus diesem Albtraum aufwachen. Das konnte nur ein dummer Traum sein. Was sonst?

Und plötzlich wachte er auf. Er hatte eine Erleuchtung und das im wahrsten Sinne des Wortes.

Seine Maschine rollte jetzt langsam – ohne jedes Zutun seinerseits – auf einer schmalen Straße einem hellen Licht entgegen. Der Straßenbelag erschien wie Moos, nur viel fester. Rechts und links waren Bäume, die nur so hoch waren wie die Rosenstauden im Garten seiner Eltern, und voller unbekannter Früchte hingen.

Nahtoderfahrung! Schoß es ihm durch den Kopf. Davon hatte er schon gehört. Sein Onkel war vor Jahren in einem Zuckerkoma. Stunden zwischen Leben und Tod. Er hatte von grünen Wiesen berichtet, von Tunneln, die sich in grelles Licht öffneten und eine wunderschöne Atmosphäre hervorbrachten.

War er jetzt da? War er dem Tod nahe? Wie sollte er das alles deuten?

Wie von Zauberhand stoppte sein Motorrad. Sven stieg ab und nahm seinen Helm vom Kopf. Sein umherschweifender Blick konnte sich an nichts orientieren.

Das anfänglich ungute Gefühl, das ihn in der Ungewissheit übermannt hatte, verschwand. Es machte einem wohlig warmem Sinnesreiz Platz. Nach wie vor war es ihm nicht möglich, die Situation zu deuten; aber sie ängstigte ihn nicht länger.

Alles wird sich klären. Die Erklärung nahte brachial.

Mit aufgewirbeltem Staub und fulminantem Getöse landete vor seinen Füßen eine Art Schlitten, der sich in seinen Augen bei dieser Sommerumgebung fast lächerlich ausmachte.

Zwei Kinder stiegen ab und bauten sich – mit Händen in den Hüften – vor ihm auf.

Aber nein! Was war das? Sie hatten vier Arme. Es waren auch keine Kinder, sondern Kleinwüchsige.

Irgendwie? Sie fassten sich an ihren vier Händen und umringten ihn, wobei sie ihn mit großen, wimpernlosen Augen anstarrten. »Er ist der Richtige«, hörte Sven sie sagen. Aber sie hatten ihre Münder gar nicht bewegt. Er hatte sie aber gehört, deutlich, in seiner Sprache und ohne Dialekt.

»Wo bin ich? Wer seid ihr? Was wollt ihr von mir?« Sven hatte einen dicken Kloß im Hals, als er sie ängstlich betrachtete. Wieder bewegten sich ihre Lippen nicht, als er sie deutlich antworten hörte: »Bleib ganz ruhig. Es passiert dir nichts Schlimmes. Du musst einen Moment hier warten, du wirst gleich abgeholt.« Die beiden reichten ihm einen Zettel und waren im selben Moment auf ihrem Schlitten verschwunden. Das Papier in seiner Hand zitterte, weil er am ganzen Körper zitterte. Er schaute darauf und erblickte fein säuberlich gezeichnete Hieroglyphen, die in Spalten angeordnet waren. Sven starrte darauf und fragte sich, was das sollte. Und von Moment zu Moment erkannte er Worte, Sätze. Alles war deutlich zu lesen, obwohl er diese Zeichen nie vorher in seinem Leben gekannt hatte.

Willkommen auf Caromikur. Das Volk der Autis empfängt dich als einen Freund.

Wir brauchen deine Hilfe und hoffen, du kannst unseren Wunsch erfüllen.

In Kürze – Zeit spielt hier keine Rolle – wirst du abgeholt und erfährst weiteres.

Schau dich inzwischen ein wenig um. Gern darfst du von den Früchten der Bäume essen, wenn du hungrig bist. Sie sind nicht giftig.

Sven ließ seinen Blick schweifen, vorsichtig, aus leicht zusammengekniffen Augen. Was er sah, gefiel ihm. Über weite Flächen sah er sattes Grün. Die frische Farbe veränderte ihre Intensität, je weiter sie entfernt war. Oder war das Dunkle in der Ferne vielleicht sogar Wasser. Ja, jetzt, wo sich seine Augen an die Entfernung gewöhnt hatten, vermutete er Wellenbewegungen am Horizont. Auf den Grünflächen befanden sich in regelmäßigen Abständen Farbtupfer der verschiedensten Pflanzen, wie er sie bisher noch nie gesehen hatte. Blumen oder Stauden in hellem weiß und gelb, über orange bis rot: Farben, so brillant, dass er für sie keine Worte fand. Süße Düfte umwehten seine Nase. So hatte man sich das Paradies vorzustellen. Alles erschien leicht und beschwingt. Die Luft war lau. Sven öffnete den Reißverschluss seiner Motorrad-Kombi bis zur Taille und ließ sich auf dem Gras nieder.

Der Ort gefiel ihm schon, auch wenn er eigentlich nicht hier sein wollte. Er war wohl tatsächlich *aus der Welt gefallen.*

Im Liegen pflückte er sich eine Frucht von dem nächststehenden Baum. Sie sah aus wie eine feuerrote Pflaume. Bei seinem ersten vorsichtigen Biss tropfte ihm sofort roter Saft durch die Finger. Das Fruchtfleisch schmeckte köstlich süß, wie Mango.

Er wurde schläfrig. Ein Zischen wie aus einem Düsengefährt holte ihn in die Wirklichkeit zurück. Knapp neben ihm kam es zum Stehen.

Wie war zu deuten, was er sah? Auf einem verdecklosen Gefährt – ähnlich einem Bus, dem das Dach fehlte – saßen zirka fünfzehn junge Männer. Unter ihnen erkannte er Kai.

Die ratlosen Gesichter der Gruppe verrieten ihm, dass auch sie mit dieser Situation nichts anzufangen wussten. Wortlos stieg Sven zu ihnen. Es hatte nicht einmal einer Aufforderung bedurft.

Kai zuckte mit den Achseln. »Hast du Ansgar gesehen?«, wollte er wissen. Sven schüttelte nur den Kopf. »Er entsprach nicht unserem Ideal«, meldete sich eine Stimme. Erschrocken sah sich Sven im Fahrzeug um, konnte aber keinen *Einheimischen* entdecken. Offenbar war die Antwort aus einem Lautsprecher gekommen. Die kurze Fahrt führte die jungen Männer einen Weg entlang, auf dem man den Eindruck hatte, zu schweben.

Eine unbekannte Landschaft zog langsam an ihnen vorbei. Die Häuser, die wie überdimensionierte Pilze wirkten, hatten in den verschiedenen Straßenzügen immer die gleiche Fassadenfarbe.

In Gärten ohne Zäunen türmten sich Sandhaufen, auf denen drollige Kinder ausgelassen spielten.

Alle trugen die gleichen Latzhosen, die für vier Hände große Taschen aufgesetzt hatten. Kleine Männer leisteten ihnen Gesellschaft. Zwei von ihnen sprangen auf ihr Fahrzeug und begrüßten sie freundlich, indem sie - mit allen vier Händen abwechselnd - den jungen Burschen auf die Schulter klopften.

Was besonders auffiel, sowohl bei den Kindern als auch bei den wenigen Erwachsenen, die ihm bisher begegnet waren: sie hatten keine Haare. Ihre eiförmig sich nach oben verjüngenden Glatzen nahmen zwei Drittel ihres Kopfes ein. Das markante Gesicht dominierten große Augen und ein immer lächelnder Mund mit unzählig vielen kleinen Zähnen. Da diese Münder immer lächelten, waren die auch nicht furchteinflößend. Von Haut- und Augenfarbe ähnelten die Autis durchaus den Menschen auf der Erde. Aber dann sah er Frauen. Sie glichen im Äußeren den irdischen Frauen, mit wohlgeformten Brüsten, langen Beinen und einer schmalen Taille. Sie überragten ihre kleinen Männer um wenigstens eine Kopfeslänge.

Sie waren auch ohne Haare, aber doch schön. Die großen, wimpernlosen Augen blickten freundlich.

Heiter winkten sie den vorbeifahrenden jungen Männern mit allen vier Händen. Ihre Fingernägel waren lackiert und beringt. Ihre Bewegungen erschienen grazil, ihr Gang elegant wie bei einem Rassepferd. Es fiel besonders auf, dass alle Autis alterslos erschienen.

Das Fahrzeug hielt schließlich an einem imposanten Haus, das an das Sydney Opera House erinnerte. Rundum waren Blumenrabatten und glatte Stellflächen aus einer Art Beton. Auf einer dieser Flächen erkannte Sven sein Motorrad neben dem von Kai. Daneben stand ein moderner Bus und zwei PKW, wie sie auf der Erde fuhren.

Die beiden Autis-Begleiter forderten alle mit einer Handbewegung auf, sich in das Gebäude zu begeben. In einem riesigen Foyer verteilten sich klobige, bequeme Sessel. Sven konnte nicht umhin, sich die Autis-Männchen in diesen Sesseln vorzustellen. Sie würden glatt darin verschwinden.

»Macht es euch bequem«, hörten sie eine sonore Stimme aus dem Lautsprecher. »Wir geben euch nun erst einmal die Möglichkeit, uns und unseren Planeten ein wenig kennenzulernen. Überall liegen Prospekte, in denen ihr euch in Ruhe informieren könnt. Auch unser Anliegen an euch ist darin erklärt. Unsere Lulas werden euch einen kleinen Imbiss reichen. Ihr werdet dann einzeln aufgerufen.«

Die jungen Männer suchten sich eine Sitzgelegenheit aus. In allen Gesichtern war Skepsis zu sehen, in manchen auch Angst. Sven und Kai setzten sich in zwei weichen Sesseln nebeneinander.

Die Atmosphäre war angenehm. Ein leichter Duft nach Eukalyptus wehte durch den Raum und aus dem Lautsprecher drang nun leise Musik. Sie war fremd, aber melodisch. Zwei Autis-Mädchen reichten ihnen Getränke und Snacks von unbekannter Art, die sehr schmackhaft waren. »Trinkt reichlich, ihr vertragt sonst unsere Atemluft nicht«, ermahnten sie eindringlich.

Tatsächlich verspürte Sven schon seit längerem ein unangenehmes Kratzen im Hals. Er kam der Aufforderung der jungen Frauen gern nach, auch weil das Getränk wie Balsam die Kehle hinunterrann.

»Hast du eine Ahnung wo wir hier sind, und warum? Wo kommen die anderen jungen Kerle alle her?«, wollte er von seinem Cousin wissen.

»Ich habe nur mitbekommen, dass acht Fußballfans dabei sind, die mitsamt ihrem Fan-Bus entführt wurden, drei Kerle sind mit ihrer Achterbahn-Gondel geradewegs ins Leere geflogen. Wie du ja auch selbst gehört hast, sind wir hier auf einem fremden Planeten und die haben irgendein Experiment mit uns vor.«

»Hast du Angst?«

»Das gerade nicht, aber ein sehr zwiespältiges Gefühl.«

»Die Puppen würde ich schon ganz gern mal vernaschen.« Prompt drehte sich eine Lula zu ihm um und drohte ihm verschmitzt mit einem ihrer vielen Finger. Sven hatte sehr leise gesprochen und war erstaunt, dass sie es offensichtlich gehört hatte.

»Lass uns das erstmal lesen. Sicher erfahren wir da mehr.«

Sie lehnten sich bequem in ihren Sesseln zurück. Je mehr sie lasen, umso roter und hitziger wurden ihre Köpfe. Sie griffen immer wieder zu den Gläsern und die Lulas schenkten bereitwillig ihre Krüge nach. »Unglaublich« Sie schauten einander mit erstaunten Augen an.

Ihr befindet euch hier auf Caromikur. Ein Planet außerhalb eures Sonnensystems, etwa so groß wie eure Erde. Die Autis sind ihre friedliebenden Bewohner. Sechshundertvierig Millionen leben hier. Wir haben zwei eigene Sonnen. Es gibt zwei Nachbarplaneten, deren Bewohner uns sehr ähneln. Die Planeten heißen Amputon und Palandru, falls ihr einmal davon hört.

Ihr solltet wissen, dass wir euch des Öfteren besuchen, auch wenn „Ufo-Sichtungen" von euren Regierungen geleugnet werden. Wie ihr nun selbst erlebt habt, ist die Überwindung der Distanz zu eurem Planeten für uns ein Leichtes.

Vor Millionen von Jahren haben wir Euch erschaffen. In Kurzform:

Die Erde war nur von Tieren bewohnt. Wir hatten sie als Option auserwählt, unseren Lebensraum zu erweitern. Die Dinosaurier waren uns dabei im Weg. So sandten wir einen Meteoriten hinunter und richteten mit dessen Einschlag die euch bekannte Katastrophe an, bei der alle Tiere ausstarben.

Der Weg war nun frei, unser Experiment zu beginnen.

Eure Evolutionstheorie ist nur zu Teilen richtig. Wir hatten die Entwicklungsstufen der Menschwerdung absichtlich so angesetzt, dass es immer Stadien der Vervollkommnung des Vorhandenen gab. Wir gaben den Menschen auch Instrumente und Fähigkeiten an die Hand, die es ihnen ermöglichten, selbst große Projekte zu meistern. Bauten wie die Pyramiden oder das mysteriöse Machu Picchu – um nur Einzelne zu nennen – sind für euch unerklärlich. Bis heute.

So vieles könnt ihr nicht deuten und gebt den Dingen eine eigene – abstruse – Erklärung, die eurem Wissensstand entspricht. In vielen Dingen seid ihr auch belehrungsresistent. Einmal von einem Wissenschaftler aufgestellte Thesen dürfen nicht angezweifelt werden. So werdet ihr nie zur Wahrheit finden.

Jahrhunderte lebten wir unter euch. Seht euch die Höhlenbilder an, auf denen ihr uns mit unseren Skaphandern sehen könnt. Die Atmosphäre auf der Erde war aber unserem Organismus auf Dauer nicht zuträglich. So verließen wir euch schließlich wieder.

(Apropos: vergesst nicht, immer wieder zu trinken!)

Nunmehr beobachten wir euch nur. Das aber sehr konsequent und auch mit einer alten Gewissensschuld. In vielen bedrohlichen Situationen haben wir schon regulierend eingegriffen und werden es immer weiter tun. Wahrscheinlich sind wir das, was ihr **Gott** *nennt. Ihr konntet euch in Urzeiten die Entstehung und Entwicklung nicht erklären und suchtet nach einem Verantwortlichen.*

Leider geht die Entwicklung auf der Erde immer mehr in eine falsche Richtung. Ihr vernichtet euch gegenseitig. Zu viele unschuldige Menschen leben im Elend und müssen die Last der Ungerechtigkeit tragen. Es wird eskalieren und wir sind uns noch nicht einig, wie lange wir dabei noch zusehen. Ein großer Teil unseres Entwicklungs-Komitees plädiert dafür, die Erde zu vernichten – also das Leben darauf – und völlig bei Null zu beginnen.

Vorher aber werden wir versuchen, euch noch eine Schonzeit einzuräumen.

Wir haben Zeit. Zeit spielt bei uns überhaupt keine Rolle. Wir werden alle so um die zweihundert Jahre alt. Genau weiß das niemand, da wir keine Zeitrechnung im eigentlichen Sinn haben und deshalb Jahre auch nicht zählen können. Da wir von zwei Sonnen beherrscht werden, kommt unsere Atmosphäre oft durcheinander.

Es kann sein, dass heute ein lauer Wind über den Planeten weht und am nächsten Tag schon dicke Schneeflocken niedergehen. Wir kommen gut damit zurecht, sind auf alle Eventualitäten vorbereitet.

Nun aber zu unserem eigenen Anliegen:

Da wir so alt werden und überwiegend monogam leben, ergeben sich doch auch Defizite in unseren Erbanlagen. Unsere Nieren und die Leber, die mit euren Organen vergleichbar sind, verschleißen allmählich.

Von Zeit zu Zeit starten wir dann solche Aktionen wie diese. Die jungen, gesunden Männer von der Erde dienen uns dann als Ersatzteilspender. Keine Angst! Die Entnahme einer Niere und eines Teils der Leber gefährden eure Gesundheit nicht. Wenn ihr dann auf den Operationstischen liegt, erlauben wir uns, auch eine geringe Menge Sperma zu entnehmen. Keine Bange, alles geschieht sehr unspektakulär und schmerzfrei. Ihr werdet nichts merken. Nach drei Tagen – in denen ihr optimal versorgt und genesen werdet – seid ihr dann zurück auf der Erde. Die Erin-

nerung an diese Exkursion wird gelöscht und ihr führt euer Leben weiter wie bisher.

Wir hoffen sehr, ihr könnt euch mit diesem Prozedere anfreunden. Ihr habt leider keine Wahl und keine Entscheidungsgewalt.

Wir wünschen uns und euch ein gutes Gelingen. Wir werden euch die Wartezeit mit Tanz und Gesang unserer Lulas etwas verkürzen.

Ein Blick in die Runde ließ die Aufgeregtheit und Anspannung der jungen Männer deutlich werden. Jeder hing seinen Gedanken nach und fragte sich selbst beunruhigt, was als Nächstes zu erwarten war. Kai rutschte nervös auf seinem Sessel umher, stand schließlich auf, um sich auf Swens Lehne zu setzen. Er formte seine Hände zu einer Muschel, die er direkt an das Ohr seines Cousins anschmiegte. » Denkst du vielleicht, ich lasse mich von denen aufschneiden und verstümmeln? Lass uns einfach hier abhauen.« Er flüsterte es so leise, dass selbst Sven ihn kaum verstehen konnte.

»Du bist doch naiv. Wir haben hier keinerlei Chance! Wie stellst du dir das vor?« Er war vorsichtig und so leise wie möglich.

»Draußen stehen unsere Motorräder. Lass uns versuchen, dahin zu kommen und einfach loszufahren; irgendwohin. Nur hier weg.«

»Das wird doch hier überwacht wie *Fort Knox*, denk doch nicht, dass uns eine Flucht gelingt.«

»Na wenn nicht, haben wir es wenigstens versucht!«

Sie blickten sich im Raum um. Scheinbar hatte ihr Flüstern niemand zur Kenntnis genommen.

Nahezu gleichmütig machten sich die beiden auf den Weg zu den Toiletten, die dezent hinter einer Marmorwand verdeckt waren. Erwartungsgemäß war auch hier alles extrem automatisiert.

Nach dem Toilettengang wurden sie von allen Seiten besprüht und beduftet, ohne selbst etwas tun zu müssen. Sie suchten und fanden eine Art Hinterausgang, der auf eine Grünfläche führte.

Es war niemand zu sehen und so schlichen sie sich zu den abgestellten Motorrädern. Die Maschinen sprangen an und ohne sich nochmals umzuschauen, fuhren sie los. So viel sie auch Gas gaben, sie konnten nur im Schritttempo fahren. Der Motor hörte sich an, als ob er sich ständig verschlucke. Offensichtlich hatte die Technik auch Probleme mit der Luft, die sie umgab.

Sie gewannen an Strecke und fühlten sich tatsächlich frei. Kai, der vor seinem Cousin fuhr, drehte sich zufrieden um und winkte übermütig. Im gleichen Moment fiel das Motorrad zur Seite und er stürzte von der Maschine. Ein klirrendes Scheppern, ein Schleifgeräusch über Glas war dem vorausgegangen. Kai legte schützend den Arm über sein Gesicht. Als er die Hand wieder herunternahm, waren seine Finger blutig. Inzwischen hatte Sven sein Fahrzeug gestoppt und war zu Kai geeilt. »Was war los?«, wollte er aufgeregt wissen. »Warum bist du gestürzt?«

Indem er sich aufrappelte und sein Motorrad aufstellen wollte, prallte er mit den Hüften an ein Hindernis. »Verdammt, was ist das?« Er hob beide Hände und legte sie flach an eine unsichtbare Fläche. Auch Sven hatte die Barriere bemerkt. Er trommelte mit seinen Fäusten gegen eine unsichtbare Wand und blickte erstaunt zum Himmel empor.

Ein Gedankenblitz schoss ihm durch den Kopf. »The dome!« … Kannst du dich an das Buch von Stephen King erinnern?»

Kai stierte ihn verständnislos an. »Was soll das sein?«

»Stephen King hat einen Roman geschrieben, eine fiktive Geschichte. Da ging es darum, dass über einer Stadt plötzlich eine Glasglocke – wie eine Käseglocke – gestülpt war und die Bewohner sie nicht überwinden konnten.«

»Gut aufgepasst! Genau das haben wir hier, für Leute wie euch!« Wie Rumpelstilzchen war ein Autis-Mann neben ihnen aufgetaucht. Auch jetzt noch lächelte sein Gesicht, aber seine wimpernlosen Augen waren um einiges dunkler als sie es bisher gesehen hatten.

»Wir können verstehen, dass euch unser Anliegen Angst macht und ihr einen Ausweg sucht. Tut uns leid, wir können das nicht dulden. Bitte nehmt mich mit zurück.«

Mit diesen Worten kletterte er auf den Sozius von Svens Motorrad. Auf dem Rückweg war plötzlich eine höhere Geschwindigkeit möglich als zuvor.

Zurück im Saal war von den anderen Teilnehmern der *Studie* nichts mehr zu sehen. Zwei Lulas nahmen die beiden jungen Männer in Empfang. Sie fassten sie an den Oberarmen und drückten sie sanft in ihre Sessel. Ein leichtes Stechen in den Oberarmmuskeln war alles, was Sven noch bewusst wahrnahm.

Anja saß halbwach im Bett. Schon wieder hatte Sven so laut gestöhnt und sich auf die andere Seite gedreht. Was war nur los mit ihm? Sie betrachtete sein liebes Gesicht besorgt. Hatte er Schmerzen? Wiederum spiegelte sein Gesicht keinerlei Anzeichen von Unwohlsein. Im Gegenteil. Friedlich und fast genüsslich grummelte er sich jetzt wieder in seinen Schlaf. Für Anja war die Nacht gelaufen.

Sie schaute zum Fenster, vor dem der Wind die Vorhänge bauschte und angenehme kühle Luft hereinwehte. Der Morgen dämmerte bereits und die ersten Vögel tauschten aufgeregt Neuigkeiten aus. Schon seit einer Weile hörte sie von Ferne einen Kuckuck rufen. Dieses friedfertige Erwachen ließ sie auf einen angenehmen Tag hoffen. Wie schön war doch die Welt, wenn man glücklich war.

Das Einzige, worüber Sven am Abend noch zu reden imstande war, erschöpfte sich in einer warmen Liebeserklärung an sie. Er sei so froh wieder zu Hause zu sein und sie an seiner Seite zu wissen.

Neben ihrem nackten Körper streckte sich Sven aus dem Schlaf erwachend in ganzer Länge. »Mann! Hab ich vielleicht gut geschlafen!« Er nahm ihre Nähe und Nacktheit war und streichelte zärtlich ihren Körper. Sie legte beide Hände auf seine Wangen und schüttelte besorgt den Kopf.

»Was war nur gestern mit dir los? Das war unverantwortlich, in diesem Zustand Motorrad zu fahren. Du hast mir richtig Angst gemacht.«

»Wieso? Was war denn?«

»Du warst völlig fertig, als du ankamst. Hast es mal gerade noch geschafft, das Motorrad in die Garage zu schieben und bist sofort auf dein Zimmer. Auf unsere Fragen, wie es war, ob ihr Spaß hattet, warst du ziemlich abweisend. Wir haben uns Sorgen gemacht.«

»Unsinn, alles total unspektakulär.« Er antwortete einsilbig. Lieber wollte er sie nun liebkosen und verschloss ihr den Mund einfach mit einem intensiven Kuss.

Als sie obenauf zu liegen kam, stockte sie abrupt in ihrer rhythmischen Bewegung.

»Mein Gott! Was hast du hier für eine Narbe?» Ihr Blick war entsetzt, während sie mit einem Finger einem rosa Wundmal, das sich von der Brust zum Nabel zeigte, entlangfuhr.

In Farben - LIEBEN

Er befand sich im falschen Haus, und er schlief mit der falschen Frau.

Er wusste das, sie wusste das und die falsche Frau wusste das wahrscheinlich auch.

Dabei wollte sie ihn, wenn sie ehrlich war, gar nicht in ihrem Haus haben.

Nur, wenn das sexuelle Verlangen sie überkam. Und es überkam sie oft.

Bella hatte eine Menge Gespielen.

Konrad war Geschäftsführer der Firma „famosa“ – neuestes Produkt: die Kosmetikserie„»famos lady«.

Verona, seine Frau ging keiner beruflichen Tätigkeit nach. Sie konnte sich aber ein luxuriöses Leben leisten und wollte darauf auch nicht verzichten, bloß, weil ihr Gatte seinen Hosenschlitz nicht unter Kontrolle hatte.

Wie wild fielen sie übereinander her. Dabei wurde die Leinwand umgerissen und sie wälzten sich auf den frischen, noch feuchten Farben.

Sie behielt das „Bild“ und nannte es „Geschlechtsverkehr“. Es war unverkäuflich.

Ein Schuh zu viel

Bereits vor ein paar Tagen hatte sie sich vorgenommen, ihn an diese Stelle zu führen. Hier sollte ihr Liebesabenteuer stattfinden, wenn sie Damian soweit bringen konnte, ihren Reizen zu erliegen.

Sie war selbstbewusst, da viele Männer in ihrem Umfeld hinter ihr her waren. Sie hätte sie alle haben können, aber ihre Augen und ihre Gedanken hingen an Damian. Sie war regelrecht versessen, ihn zu bekommen.

Groß, muskulös durchtrainiert, intelligent und witzig war er schon lange das Objekt ihrer Begierde.

Ein besonderer Kerl mit einem besonderen Namen. Sein Vater hatte diesen Vornamen ausgewählt, weil er ihn an seinem Geburtstag auf dem Namenstagkalender fand. Damian Goland – es klang in ihren Ohren wie Musik.

Seine langen blonden Haare, die ihm bis auf die Schultern reichten, trug er meist mit einem Gummi als Pferdeschwanz. Manchmal steckte er sie auch zu einem lockeren Knoten zusammen, wie es Mädchen tun. Wenn er sie offen trug, hatte sein Gesicht etwas feminines. Er war ein „womanicer“ par excellence. Sie wollte ihn. Trotzdem, oder gerade deshalb?

Sie bemühte sich immer wieder. Aber er tat, als sei sie ein Neutrum. Noch schlimmer: Er flirtete heftig mit ihren Freundinnen. Sie wusste, er hatte sie schon alle im Bett. Das machte sie rasend.

So dachte Alexa auch darüber nach, ihn total zu ignorieren und sich mit anderen Burschen zu zeigen, um auch ihn eifersüchtig zu machen. Sie hatte aber Angst, der Schuss könnte nach hinten losgehen.

Ganz durch Zufall – tatsächlich ohne ihr Zutun – hatte sich nun ein gemeinsames Event ergeben – ein Bowlingabend im Nachbarort, zu dem ihre Mädchensportgruppe die Jungs vom Beach-Volleyball eingeladen hatten. Das deutete sie als ein gutes Zeichen.

Der Nachhauseweg würde die Truppe mit großer Wahrscheinlichkeit durch den Hain führen; und es sollte doch mit dem Teufel zugehen, wenn es ihr nicht gelingen sollte, ihr Zielobjekt wie eine Spinne mit vielen ausgelegten Fäden einzukreisen.

Der Abend lief von Anfang an nach ihren Wünschen. Damian hatte sich in ihre Mannschaft wählen lassen, saß den ganzen Abend neben ihr und berührte sie oft wie zufällig mal an der Hand, mal am Oberschenkel. Er drückte sie scherzhaft, wenn ihm oder ihr ein guter Wurf gelungen war. Hochprozentige Getränke und lockerer small talk unterstützten ihren Plan.

Auf dem Heimweg in einer großen Gruppe ergaben sich alle dem noch mitgeführten Alkohol, sangen und lachten laut und schmusten untereinander.

Damian und Alexa blieben immer weiter zurück und hatten bald die anderen aus den Augen verloren. Sie liefen schon eine ganze Weile Hand in Hand und waren sich beide bewusst, dass es heute um mehr ging, als nur um eine gemeinsame Richtung.

»Ich hab schon oft bemerkt, dass du wild auf mich bist«, lachte er selbstbewusst. »Aber ich wollte dich noch zappeln lassen. Du gefällst mir schon lange. Und heute bist du dran!«

Alexa wurde es ein wenig unheimlich. Er war in seiner Zielstrebigkeit so ohne Skrupel. Wie konnte er so über sie bestimmen wollen? Aber sie wollte ihn ja. Jetzt war sie an ihrem Ziel, aber nicht mehr sicher, das *so* angestrebt zu haben. Schließlich zog sie ihn an der Hand vom Weg ab in den Pfad, der zwischen den Gattern des Wisentgeheges zur Herthahöhle führte.

»Was hast du mit mir vor? Wo geht der Weg hin?« Damian kannte sich hier gar nicht aus. Er hatte sich bisher auf ihre Führung verlassen, was ja auch einfach war, da der Waldweg nur in eine Richtung führte. Sie leuchtete mit ihrem Smartphone-Licht den Wegweiser an. „Herthahöle“ stand darauf. Irgendjemand hatte ein „h“ darüber gemalt, um den Rechtschreibfehler zu korrigieren.

»Da sind wir ungestört. Aber ich denke, du kennst es schon, oder? Da kommt ganz selten jemand entlang.«

»Soll mir nur recht sein. Ich wäre jetzt gern mit dir allein.« Er flüsterte es zärtlich ganz nah an ihrem Ohr und Alexa schmolz dahin. Sie liefen in das kleine Wäldchen und sie ließ dabei das Licht ihrer Lampe immer mal wieder aufleuchten. Der Mond war heute keine große Hilfe, denn er war hinter den Wolken nur hin und wieder mal zu sehen. Die Luft war mild. Alexa hoffte, dass sie nicht noch ein Regenschauer von ihrem Vorhaben abbringen würde. Vor zwei Tagen hatte es ausgiebig geregnet und noch immer waren stellenweise Pfützen und Schlammstellen im Gras zu spüren. Die Stelle, die sie ausgesucht hatte, sollte aber trocken sein, da sie durch einen kleinen Felsvorsprung verdeckt wurde. Sie steuerte darauf zu und hielt seine Hand dabei fest umklammert. Damian blieb plötzlich stehen und versuchte scheinbar, sich zu orientieren.

»Mir ist tatsächlich, als wäre ich doch schon mal hier gewesen. Kann es sein, dass man von anderswo auch hierhin kommt?« Er nahm ihr die Lampe ab und leuchtete seinerseits den Verlauf des Weges ab.

»Ja klar, entgegengesetzt von der Hauptstraße – ein Stück über das Feld da oben kommst du auch hier herunter. Wann warst du hier? Und mit wem?« Alexa wollte gern mehr erfahren.

»Das ist erst paar Tage her. Lisa und Elli hatten mich hierher abgeschleppt, aber das war keine gute Idee.« – »Wieso nicht? Hattest wohl keinen Erfolg? Gleich mit zweien?«

»Ach, lass gut sein. Sei nicht so neugierig. Da war nichts.«

Sie waren noch ein paar Meter weiter gegangen und inzwischen an ihrer auserwählten Stelle angekommen. Damian ließ sich im Gras nieder. Dabei hielt er ihre Hand fest und zog sie zu sich herab. Sie küssten sich leidenschaftlich und entledigten sich dabei rasch ihrer Kleidung. Damian hob sie auf seinen Schoß und bestimmte Stellung und Rhythmus. Sie wollte alles gutheißen, hatte sie doch ihr Ziel erreicht. Hoch aufrecht sitzend öffnete sie die Augen und stieß plötzlich einen grellen Schrei aus. »Hier …, hier steht plötzlich eine Frau!«, rief sie hysterisch. Der Mond hatte soeben sein diffuses Licht unter den Felsspalt geschoben und da stand sie, nur ein paar Meter entfernt. Sie bewegte sich nicht. Damian schaute zurück. Auch auf Alexas Schrei hatte die Gestalt nicht reagiert. Damian war sofort aufgesprungen und sie purzelten übereinander.

Er tastete aufgeregt nach dem Handy und suchte die Lichtfunktion. Die Frau stand starr, unnatürlich. »Das ist eine Vogelscheuche!«, presste er hervor.

»Eine Vogelscheuche macht hier keinen Sinn. Mein Gott, was ist das nur?«

Alexa fuchtelte panisch mit den Armen. »Lass uns hier abhauen! Irgendwie ist das gruselig. Ist die tot?«

Damian wagte sich ein paar unsichere Schritte auf die Gestalt zu, um schließlich entsetzt zu stammeln: »Die ist tot. Und sie sieht aus wie Elli! Solche Klamotten hatte Elli an!«

»Hast *du* etwas damit zu tun? Lass uns die Polizei anrufen!» Alexa sammelte ihre Kleidungsstücke zusammen und wählte auf ihrem Handy die 110.

Damian war ihr nachgeeilt und schlug ihr das Telefon aus der Hand. »Nein, lass das! Ich will da nicht reingezogen werden! Lass uns lieber abhauen!«

»Bist du verrückt? Das müssen wir melden. Vielleicht sind die Spuren ja noch frisch.«

» Ja, unsere! Ich verschwinde hier. Mir ist das zu heiß. Du kannst den Bullen ja erzählen, was du weißt. Aber halt *mich* da raus!« Er schob noch ein »Bitte« nach während er sich anzog und den Weg zurück stolperte.

»Du hast was damit zu tun! Du Idiot, du kannst mich doch hier nicht allein lassen. Du hast sie wohl nicht Alle?« Alexa schrie es ihm empört hinterher, aber da war er schon den Hang hinunter geeilt. Sie war geschockt, dass er sie alleine ließ, wusste nicht, was davon zu halten war. Kurz zuvor hatte er erwähnt, dass er mit den beiden Mädchen hier gewesen sei. Er hatte sich etwas vorzuwerfen.

Die Polizei hatte sie gebeten, an Ort und Stelle zu bleiben bis sie einträfen. Sie hatte ihnen umsichtig erklärt, dass man die Stelle nicht mit einem Auto erreichen könne. Zwei Beamte würden mit dem Motorrad kommen. Es war dunkel, gegen 23 Uhr und der Mond hatte seinen Entschluss noch nicht geändert und blieb versteckt.

Alexa lief aufgeregt im Kreis, konnte kaum einen klaren Gedanken fassen. Es war schon ein starkes Stück von Damian, sie hier mitten in der Nacht allein zu lassen. Seine Bemerkung, ihn da raus zu lassen, zeugte von seinem schlechten Gewissen. In wie weit *war* er verwickelt?

Sie begann zu frösteln. Nervosität und Kälte trieben sie zur Bewegung an. Sie sprintete zum Hauptweg und wieder zurück, hielt sich dabei weit weg von der Fundstelle. Angst? Nein Angst hatte sie nicht, nur ein massives Unwohlsein bei dieser prekären Lage.

Das Motorgeräusch ließ sie aufatmen. Es hatte eine gefühlte Ewigkeit gedauert. Zwei Beamte waren kurz vor ihr zum Stehen gekommen, da sie ihnen aufgeregt gewinkt hatte.

Sie stellten sich ihr als Hauptkommissar Jens Löwe (in Zivil) und Hartmut Meusel (in Uniform) vor.

Kurz erklärte sie, dass sie mit einer Gruppe anderer junger Leute beim Nachhause gehen auf diesen Leichenfund gestoßen wäre. Die Anderen hatten keine Zeit, zu warten. Nein, sie kenne sie nicht namentlich, sie sei ihnen erst heute beim Bowling begegnet.

Alexa war selbst verwundert, wie locker ihr die Lügen über die Lippen kamen. Aber das tat ja ohnehin nichts zur Sache. So log sie auch für Damian? Sie war ja eigentlich bitter enttäuscht von ihm, dass er sie so in der Dunkelheit allein zurückgelassen hatte. Ihre extreme Verliebtheit hatte zwar einen ordentlichen Dämpfer bekommen, war aber nur einer leichten Skepsis gewichen.

Nachdem sie den Beamten ihre Personalien und Telefonverbindung genannt hatte, konnte sie gehen. Es war ja nun nicht mehr allzu weit bis ins Dorf, sie hatte keine Bedenken, allein zu laufen.

Hauptkommissar Löwe kam aber die zündende Idee, sie solle sich doch von einem Bekannten abholen lassen. Er hätte ein ungutes Gefühl, sie so allein durch die Nacht ziehen zu lassen.

Ein Anruf bei ihrem Vater, den sie damit wohl aus dem Bett geholt hatte, führte dazu, dass Herr Friedrich völlig konfus – in Hauspantoffeln – mit dem Fahrrad losfuhr.

Nachdem er von den Polizisten nichts erfahren hatte, ließ er seine Tochter auf den Gepäckträger klettern und fuhr mit ihr davon. Zu Hause warteten ihre Mutter und ihr älterer Bruder bereits gespannt auf ihr Ankommen.

Mit wenigen Worten schilderte sie den grausigen Fund, blieb aber im Prinzip bei der Variante, die sie auch den Polizisten aufgetischt hatte. Von Damian kein Wort. Sie wusste, dass ihr Bruder ihn ohnehin nicht leiden konnte.

Inzwischen hatten die beiden Polizisten bei ihrer Dienststelle um Verstärkung angerufen. Vor allem die Spurensicherung und ein Pathologe waren von Nöten. Sie sollten morgen in aller Frühe ausrücken, denn der Wetterbericht hatte Regenschauer gemeldet. Heute ließ sich nichts Brauchbares mehr ermitteln. Der Umstand, dass man den Fundort (Tatort?) nicht mit einem PKW erreichen konnte, bedurfte besonderer Erwähnung. Das erschwerte die gewöhnliche Vorgehensweise ungemein.

Die beiden Beamten Löwe und Meusel sicherten den Tatort erst einmal großräumig mit einem Absperrband. Hauptkommissar Löwe hinterließ in seiner Dienststelle noch die Nachricht, dass seine Kollegin Selma Habrecht morgen früh zuerst nach einer Vermisstenmeldung suchen sollte, die auf diese Leiche passte.

Ohne der Toten zu nahe zu kommen, ließ sich erkennen, dass es sich um eine junge Frau handelte.

Sie war mit einem roten Sommerkleid mit großen und kleinen weißen Punkten bekleidet.

Ihre langen, blonden Haare fielen ihr wirr ins Gesicht, das von Blut fast völlig bedeckt wurde. An ihrem Hals hing irgendein Fetzen, der auf den ersten Blick nicht zu definieren war. Das Eigentümlichste war die Stellung, in der sie aufgefunden wurde. An die Felswand gelehnt hatte man ihr beide Arme so arretiert, dass sie waagerecht vom Körper abstanden.

»Sie sieht auf den ersten Blick aus wie eine Vogelscheuche«, stellte Kommissar Meusel fest.

»Und sie scheint noch nicht lange hier zu sein«, sinnierte Hauptkommissar Löwe. »Wir können aber hier nichts mehr ausrichten, man sieht ja kaum etwas. Außerdem hat das ohne Spurensicherung alles keinen Wert. Es ist aber einfach zu dunkel, um etwas Sinnvolles zu untersuchen. Außerdem hätten wir jetzt viel zu wenig Leute.« Und nach kurzem Nachdenken verkündete er: »Ich würde am liebsten hier bleiben, damit nichts verändert wird. Es haben einige junge Leute die Leiche gesehen. Nicht, dass die aus Abenteuerlust oder warum auch immer nochmal hier aufschlagen.«

»Okay, ich bin dabei. Ich fahre kurz zurück und hole zwei Schlafsäcke und etwas Verpflegung.« Damit hatte der junge Kommissar Meusel schon sein Motorrad gestartet.

Eine halbe Stunde später war er zurück. Auf seinem Rücksitz hatte er zwei Isomatten, zwei Schlafsäcke, eine große Thermos-Kaffekanne und eine große Tupperdose mit belegten Broten.

»Das Frühstück ist gesichert. Meine Frau hat das fix arrangiert. Aber wer weiß, ob wir überhaupt schlafen können. Ich hab auch mal paar Einschlafbiere mitgebracht, wir haben ja jetzt doch vielleicht Feierabend?« Mit diesen Worten breitete er die Isomatten aus und die beiden setzten sich nebeneinander, jeder ein Bier in der Hand.

»Wir werden die ganze Nacht zusammen verbringen, mit einer Leiche als Gesellschaft. Das schweißt zusammen. Wir sollten zum *Du* übergehen. Ich bin Jens«, sagte der Ältere und Ranghöhere.

»Hartmut«, meinte Meusel beim Anstoßen der Bierflaschen. Eingemummt in ihre Schlafsäcke, so weit entfernt, dass sie zwar den Weg, aber nicht die Leiche in Sicht hatten, schliefen sie nach langem Gedankenaustausch doch ein. Jens Löwe erwachte als erster durch die andauernden Rufe eines Kuckucks, der gar keine Pause machte. Es war 4:20 Uhr, wie ihm sein Smartphone signalisierte. Gegen sechs Uhr würden die Kollegen eintreffen. Nach einer halben Stunde blinzelte auch Hartmut ungläubig und orientierungslos aus einer kleinen Ritze seiner Decke. »Kaffeezeit?«

Es war gerade mal kurz nach fünf Uhr, als zwei Fahrräder auf dem Weg zu sehen waren. Es waren Alexa Friedrich und ihr Bruder Jens. Ganz erstaunt – und auch sichtbar erschrocken – registrierten sie die Anwesenheit der Beamten, mit der sie offensichtlich nicht gerechnet hatten. »Wir wollten nur mal hören, ob ich vielleicht noch gebraucht würde«, stammelte Alexa verlegen.

Sie hatte nicht wissen können, dass die beiden hier übernachten würden und so konnte deshalb *das* auch nicht ihr Anliegen gewesen sein. Mit Sicherheit war ihr Bruder neugierig und wollte sich die Fundstelle bei Tageslicht in aller

Ruhe anschauen. Hauptkommissar Löwe verwies sie aber kurzerhand des Ortes. »Die Spurensicherung hat noch nichts aufnehmen können. Sie stören hier nur. Bitte verlassen sie das Territorium.«

Er musste an sich halten, um nicht ärgerlich zu erscheinen. Wer weiß, man würde sie sicher noch einmal als Zeugin benötigen. Zu Hartmut Meusel resümierte er nach dem Weggang der beiden: »War doch gut, dass wir hiergeblieben sind. Ich hab mir sowas schon gedacht. Diese Neugier liegt in der Natur des Menschen. Wir haben das doch schon so oft erlebt.«

Sie hockten sich auf einen Baumstamm und betrachteten sich die Gegend im Licht der aufgehenden Sonne. Es war ein hübscher Flecken Grün für Spaziergänger und für die Kleinen zum Toben und Verstecken. Zum Glück hatten nicht etwa Kinder die Leiche entdeckt, was sicher nur noch eine Frage der Zeit gewesen wäre.

Der kleine Mischwald bot verschiedenen Kleintieren Behausungen, so dass sie nicht verwundert waren, als ein schwarzes Eichhörnchen von einem Ast hoch oben zu ihnen herunter äugte. Vielerlei Vogelarten, die die beiden nicht unterscheiden oder benennen konnten, waren erwacht und zwitscherten um die Wette, in einer offenbar lebhaften Unterhaltung. Der Kuckuck war inzwischen verstummt, was Jens Löwe bedauerte. Diese Art von Wecker hatte ihm gefallen.

Sie hörten ein Motorengeräusch und langsam bog ein Motorrad auf dem Seitenweg zur Herthahöhle ein. Ein sehr junger uniformierter Beamter war der Fahrer. Er hatte sich allerlei Utensilien und Equipment auf seine Maschine aufgeladen. »Gleich werden Dr. Maschke und Dr. Straubel zu Fuß eintreffen. Die haben ihr Auto vorn am Eingang ins

Tal stehen lassen. Ich hab ihnen schon mal was abgenommen.« Damit entlud er sein Motorrad und stellte die Kisten und Taschen auf den Waldboden.

»Von der anderen Seite kommt dann noch ein Geländefahrzeug übers Feld. Die wollen dann die Leiche auf *dem* Weg abtransportieren. Der Mörder hätte aber auch bedenken können, wie unwegsam hier das Gelände ist.« Das Flachsen verging ihm aber in dem Moment, als er näher heran kam und das junge Mädchen in ihrem entstellten Zustand erblickte.

Alle warteten jetzt gespannt auf die beiden Doktoren, die den Fundort (Tatort?) und den Leichnam untersuchen würden. Dr. Maschke hatte für alle diese weißen Ganzkörper-Kondome und Einweghandschuhe ausgepackt.

Die Unterhaltung war verstummt. Dr. Straubel sprach leise in sein Diktiergerät, während er alle Äußerlichkeiten der Kleidung, des Körpers und der Haare betrachtete.

Dr. Maschke untersuchte akribisch das Umfeld, ließ sich von den anwesenden Beamten versichern, dass außer ihnen niemand das Terrain betreten hatte. Na ja, so gut sie es wussten. Nach zwei Stunden wurde die Leiche schließlich in einer Plastikplane, die obenauf durch einen Reißverschluss verschlossen war, den kurzen Weg bis zum Feld hinaufgetragen. Der Regen vor zwei Tagen hatte den Pfad ganz ordentlich aufgeweicht, so dass das Fahrzeug nur mit Mühe vorankam.

Der Pathologe Dr. Straubel sagte Kommissar Löwe zu, die Obduktion so schnell als möglich durchzuführen, so dass ihm kurzfristig ein Untersuchungsprotokoll zur Verfügung gestellt werden könnte. Er schüttelte besorgt den Kopf. »In unserem kleinen Kommissariat haben wir ja wirklich nicht oft mit Mord zu tun. Dieser Fall wird sicherlich sehr schwierig werden. Ich bin total aufgeregt.«

Das war natürlich im positiven Sinne gemeint. Seine Spannung und Neugier war ihm anzusehen und nicht verwunderlich. Aus beruflichem Interesse konnte er kaum erwarten, das Mädchen auf den Tisch zu bekommen.

Dr. Maschke von der Spurensicherung bestätigte in seinem Kommentar die eben geäußerten Befürchtungen. »Nach den ersten schnellen Erkenntnissen ist die Spurenlage äußerst dürftig. Es gibt nicht viel, was einen Tathergang rekonstruieren ließe. Offensichtlich handelt es sich um eine Beziehungstat. Dr. Straubel hatte eine blutende Wunde am Hinterkopf erwähnt…«

»Nein, nein! Es waren wenigstens *drei* Einschläge. Ein Tatwerkzeug – Stein oder Knüppel – wurde aber nicht gefunden. Aber die Wunden sind oberflächlich. Dadurch kann der Tod nicht eingetreten sein. Genaueres kann ich erst nach der Obduktion sagen. Wahrscheinlich erfolgte der Tod durch Ersticken, was den Fund dieser Plastiktüte erklären könnte.« Dr. Straubel zeigte auf das Relikt, das vom Spurensicherer nochmals in eine durchsichtige Hülle gelegt worden war.

Hauptkommissar Löwe hatte den Beutel in die Hand genommen. Selbst noch aus der Beweis-Sicherungs-Hülle heraus war ein angenehmer, intensiver Duft zu bemerken. Auf dem Plastikbeutel stand „Irish peerless allure“. Schrift und Blumendesign waren in warmen roten und orangenen Farben aufgetragen. Diese Verpackung könnte ein exquisites Geschäft der Modebranche in Irland repräsentieren.

»Diesem Duft bin ich schon einmal begegnet, weiß aber nicht wo.«

»Ha!«, lachte Dr. Straubel. »Er wieder mit seiner feinen Nase!« Er sagte es ein wenig spöttisch, wie um ihn zu necken. »Natürlich angenehmer als in meinen heiligen Hallen!«

»Ja, Dr. Maschke hat sicher Recht, wenn er auf eine Beziehungstat tippt. Es sieht so aus, als hätte man ihr nach Eintreten des Todes absichtlich die Tüte wieder vom Gesicht entfernt, um dieses *Kunstwerk* zu vollführen. Da muss großer Hass im Spiel gewesen sein.«

Auch die abgebrühten Beamten hatten das entstellte Gesicht des jungen Mädchens wahrgenommen. Zum einen war es stark überschminkt. Der Mund war mit Lippenstift sehr vergrößert und nicht in akkuraten Linien nachgezeichnet. Auf den Wangen waren rote Bäckchen – auch mit Hilfe des Lippenstiftes – aufgetragen worden. (ein Lippenstift wurde nicht gefunden) Wie aus Unzufriedenheit mit dem Kunstwerk hatten tiefe Schnitte das ganze wieder zerstört:

ausgeführt mit einem stumpfen Gegenstand – eventuell mit einem Stein oder Holzstab.

Auch dieses Werkzeug war nicht aufzufinden. Die Schnitte verliefen in einem großen Kreuz quer über das ganze Gesicht. Auch die Brüste des Mädchens waren auf diese Weise entstellt worden. Stunden später in der Dienststelle liefen die Zahnräder präzise ineinander.

Hauptkommissar Jens Löwe hatte sein Team um sich geschart. Auf herangeholten Stühlen saßen in dem kleinen Büro die Kollegen Meusel, Dr. Maschke und sein Mitarbeiter der Spurensicherung Olaf Pichel. Kommissarin Habrecht hatte sich elegant auf die Fensterbank geschwungen und dabei zufrieden registriert, dass ihre langen, schlanken Beine den Herren auch gut im Blickfeld waren.

Sie trug überwiegend Röcke, da sie um die Wirkung ihrer Beine wusste.

Jens Löwe blieb vor der neu erstellten Bilderwand stehen und hatte auch einen Bildwerfer im Griff.

„Zusammenfassung für alle am Freitag, dem 08. Juli 9:45 Uhr::

- Unsere Leiche ist die siebzehnjährige Elinore Urban. Die Beschreibung einer Vermissten-meldung passt zu unserem Leichnam. Sie wurde inzwischen eindeutig von ihren Eltern identifiziert.
- Die Eltern hatten sie am Dienstag dem 05. Juli um 8:16 Uhr als vermisst gemeldet. Sie war den gesamten Montag unterwegs gewesen und am Abend nicht nach Hause gekommen, Sie hatte sich – entgegen ihrer Gewohnheiten – nicht gemeldet und war auch auf ihrem Handy nicht erreichbar gewesen.
- Ihre Schwester Lisa-Marie konnte ihnen nur bestätigen, dass sie nach der Berufsschule noch zusammen mit anderen unterwegs waren und sich schließlich gegen 17:30 Uhr getrennt hatten. Die Schwester vermutete, Elli hatte ein Date mit einem Jungen, dessen Identität sie nicht preisgeben wollte.

»Wurde überhaupt inzwischen das Handy von Elli gefunden? Gestern am Tatort hatten wir es nicht entdecken können?«, wollte Kommissar Meusel wissen.

»Ja, das steckte in einer Art Gürteltasche, die das Mädchen umhatte. Dieser Gürtel hatte so etwas wie ein Geheimversteck. Jedenfalls entdeckten wir es erst, als ihre Kleidung separat abgelegt und überprüft wurde. Es waren außerdem noch zwei Kondome in der Tasche.

Da wir gerade das Handy ansprechen, diese Aufnahmen zeigen in der Abfolge die Whats-App-Korrespondenz der letzten Tage. Unsere Techniker haben die Daten sichtbar machen können, der Akku war natürlich tot.«

Auf der Leinwand erschienen die letzten Kontakte von Elinore Urban mit verschiedenen Personen.

04.07. 13:21 < Hi Elli! Lust auf Sex? Würde dich gern sehen!

04.07. 13:28 < das wäre total abgespased, auf Sex hab ich immer Lust, bin aber heute mit meiner Schwester unterwegs. Habs ihr versprochen. Und jetzt Berufsschule, bei so nem Vollpfosten, Scheißöde! Lieber Sex!

04.07. 13:37 < Bring doch Lisa einfach mit. Mega geiler Gruppensex? Oder einfach nur chillen? Ich mag euch beide. Sag was!

04.07. 13:48 < okay, ich ruf dich an, wenn wir Schluss haben.

»Diese Korrespondenz hat sie mit einem Mann namens Damian geführt. Jedenfalls stand er so in ihrem Verzeichnis. Wir haben recherchiert. Aufgrund des äußerst seltenen Vornamens sind wir schnell auf einen Damian Goland gestoßen. Er ist achtundzwanzig Jahre alt, könnte also passen.«

»Sollen wir ihn einbestellen?«, wollte Selma Habrecht wissen.

»Ist schon geschehen. Der wird gegen sechzehn Uhr hier erscheinen. Laut Telefonliste hatten die beiden ab 14:13 Uhr ein Gespräch, das vierunddreißig Minuten dauerte.

Ich habe außerdem vorgegriffen und auch Elinores Schwester Lisa-Marie zu uns bestellt.

Es gibt eine weitere interessante whats-app-Unterhaltung mit einer Alexa. Sie ist die Dame, die gestern Nacht die Leiche gefunden hat.«

Kommissar Jens Löwe weist wieder auf die Leinwand.

04.07. 14:41 < mein Gott Alexa, du nervst. Jetzt hast du schon vier Mal angeklingelt. Was willst du?

Ich hab gesagt, ich will darüber nicht reden. Halt die Füße still. Ich melde mich.

Vielleicht heute noch, oder morgen.

04.07. 14:52 < Mein Gott versteh doch, ich **muss** das wissen. Sag einfach ja oder nein, dann lass ich dich in Ruhe. Bitte, bitte, bitte.

04.07. 15:02 < fick dich selber! Blöde Kuh.

05.07. 10:20 < Und, was glaubst du: es war schöner, als du dir je erträumen kannst. Sei ruhig

neidisch. Kannst mich ja mal anrufen. Am besten gegen 15:00 an, wenn du Näheres wissen willst.

- Da hing ein Foto dran, das die beiden Schwestern zeigte, die von beiden Seiten einen Mann in ihrer Mitte auf die Wange küssten. (Ob das Foto auch gerade aufgenommen worden war, war nicht zu deuten.)
- Von Alexas Handy aus ging auch ein Telefonat an Elionore. Das war um 10:40 und dauerte sechs Minuten.
-

Und dann gibt es noch interessanten Gesprächsstoff mit einem UHU:

Am 05.07. 9:17 schrieb Elli: < stell mir nicht mehr nach. Begreifst du nicht, dass du zu alt für mich bist – und zu fett! Da kannst du dich noch so aufpimpen. Ich will nichts von dir, bin sowieso vergeben.

Laß mich endlich in Ruhe!!!!!

Mit diesem Uhu, der tatsächlich Ulrich Unger heißt, gab es tatsächlich im Laufe von zwei Tagen vierundzwanzig Anrufe, die alle von ihm ausgingen.

Mit ihm werden wir uns auch unterhalten müssen.

Am 06.07. und am 07.07. haben wir insgesamt zwölf Anrufe von Damian, Alexa und UHU gefunden, die alle nicht angenommen worden waren.

Die hundert anderen Kontakte, whats-app-Bilder und Korrespondenz ist für uns kaum relevant. Das heißt aber nicht, dass wir sie nicht wenigstens mal anschauen müssen. Was die Jugendlichen für einen Müll auf ihren i-phones sammeln, ist erschreckend, vom Inhalt gar nicht zu reden.

Für uns kann aber vieles von großen Nutzen sein.

Ich denke, wir wissen doch schon allerlei und können dann mit unseren Spekulationen beginnen. Ich möchte aber den anderen nicht vorgreifen. Das war´s erstmal von mir.«

»Gut gebrüllt, Löwe. Jetzt bin ich dran.« Dr. Maschke und Jens Löwe wechselten die Plätze.

Alle Anwesenden waren gespannt bei der Sache und fühlten sich gestört, als plötzlich das Telefon läutete. Hauptkommissar Löwe meinte erfreut: »Danke, Selma holt es ab.« Er legte den Hörer wieder auf die Gabel und bat Kommissarin Habrecht, den Autopsie Bericht in der Gerichtsmedizin abzuholen.

Alle konzentrierten sich wieder auf Dr. Maschke. »Bei der Kleidung haben wir also diese Gürteltasche mit dem Geheimfach gefunden, in der sich das Handy und zwei Kondome befanden – ungenutzte. Sie trug außerdem ein Paar roter Pumps – ohne Strümpfe, einen zerfetzten roten BH, aber **keinen** Slip. In ihrem BH steckte ein Haargummi. Es befanden sich zwei blonde Haare darin. Sie sind noch im Labor zur DNA-Untersuchung.

Ihre Arme waren an die Felswand arretiert worden. Das war einfach mit Hilfe von langen Grashalmen – beziehungsweise hochwachsenden Staudengräsern erfolgt.

Der Plastiktüte einer Boutique in Irland „irish peerless allure“ haftete der sündhafte Duft eines sicher exquisiten Parfüms an. Eine Handtasche mit Kosmetikartikeln und – oder Ausweispapieren und Geldbörse konnten wir nicht finden; auch keinen Lippenstift, auch nicht einzeln in der Nähe. Ebenso keine Spur von dem scharfen Gegenstand, mit dem ihr Gesicht und ihre Brüste zerschnitten worden waren. Im Gras und auf dem Weg zur Fundstelle konnten wir lediglich einen Fußabdruck sichern, der einem Herrenschuh der Größe dreiundvierzig zuzuordnen ist. Er war ziemlich tief im Weg versunken, muss ja aber nicht vom Täter stammen. Ansonsten konnten wir nur kreuz und quer zertrampeltes Gras feststellen. Also von den Spuren her recht dürftig. Ach ja, ein Kondom lag im Gras – benutzt. Ist zur DNA- Kontrolle.«

»Okay«, Hauptkommissar Löwe seufzte leicht. »Wir stehen doch erst am Anfang. Dr. Straubel hat uns hier seinen Bericht zukommen lassen. Beziehen wir den gleich mit ein und dann können wir – jeder aus seiner Sicht – einen Tathergang entwickeln.

Ich lese ihn mal vor:

Leiche weiblich: 1,68 m groß, 53 kg schwer. Gut proportionierte Figur. Naturblonde, lange Haare.

Am Hinterkopf drei offene Blessuren, stark blutend, aber nicht tödlich.

Todesursache: Ersticken. Vermutlich mit dieser irischen Plastiktüte.

Todeszeitpunkt: ich gehe von einem Zeitraum um die dreißig Stunden aus, nicht länger.

Dafür spricht auch der Wetterbericht; es hatte bis zum 05.07. gegen 14:30 Uhr geregnet.

Weder ihre Haare, noch ihre Kleidung wiesen Spuren davon auf, dass sie dem Regen ausgesetzt waren.

Die Schnitte im Gesicht und an den Brüsten waren nicht mit einem Messer ausgeführt worden. Sie sind nicht scharfkantig. Ich tippe auf ein Holz oder einen Stein. Ich denke aber eher an einen Stein, denn vom Holz wäre bei dieser Gewalt sicher ein Splitter zurück geblieben.

Bei dem fehlenden Slip und dem benutzten Kondom liegt der Gedanke nahe, dass das Opfer Geschlechtsverkehr hatte. Dem war auch so. Eine Vergewaltigung lässt sich aber nicht nachweisen.

Zum Allgemeinzustand wäre noch zu sagen, dass das Opfer eine sehr gepflegte Erscheinung war, was Körperhygiene und Kleidung betrifft.

Ihre letzte Mahlzeit war wohl das Frühstück, das aus einem voluminösen Müsli bestand.

Es war auch reichlich Alkohol in ihrem Blut, aber keine Medikamente.

Lasst uns jetzt versuchen, einen ersten möglichen Tathergang zu konstruieren.«

Damit gab Hauptkommissar Jens Löwe den Ring frei zur Diskussion.

»Aus dem ersten Impuls heraus würde ich denken, dass sich ein Kerl aus verschmähter Liebe gerächt hat. Dafür sprächen diese Verstümmelungen, um sie absichtlich und nachträglich hässlich zu machen. Dagegen spricht das benutze Kondom.« Kommissarin Habrecht äußerte ihre Überlegungen bestimmt.

»Das Kondom muss ja nicht zwangsläufig vom Täter sein. Was spricht gegen einen zweiten Beteiligten?« Hartmut Meusel zuckte die Achseln. »Wer weiß, wer alles diesen Tatort frequentierte? Das könnte ein beliebtes Vögelparadies sein!« Gelächter.

»Ist der Fundort denn der Tatort?«

»Wir haben nichts anderes. Vorerst ja.«

»Wir haben doch das Angebot mit diesem Damian. Hat sie sich mit ihm getroffen? Sie schien doch dazu recht bereitwillig zu sein?«

»Seine Befragung ist der nächste Schritt.«

Bevor noch jemand darauf etwas erwidern konnte, klopfte es an der Tür. Ein Wachtmeister meldete einen Ulrich Unger an, der dringend einen zuständigen Kommissar sprechen wollte. Hauptkommissar Löwe ließ ihn in ein Besprechungszimmer bringen.

»Woher weiß dieser UHU von dem Mord? Bisher wurde noch niemand eingeweiht?« Neugierig und auch ein wenig verärgert über ein offensichtliches Leck machte er sich auf den Weg zum Besprechungsraum.

Herr Unger war sehr aufgebracht, konnte seine Nervosität nicht in den Griff bekommen. Der Hauptkommissar glaubte sogar, Angst in den umher huschenden Augen zu sehen.

Ulrich Unger war von gedrungener Statur, nicht eben dick, aber für seine Größe sicherlich übergewichtig. Er hatte schütteres, helles Haar. Er trug es als Bob, was äußerst ungepflegt wirkte. Altersmäßig schätzte ihn Löwe auf vierundvierzig, was sich als ziemlich exakt herausstellte.

Seine Kleidung war konservativ. Er würde in der Menge niemandem auffallen, weder positiv noch negativ. Er schien der Typ zu sein, der Gürtel und Hosenträger gleichzeitig benutzt. Nachdem die Personalien aufgenommen worden waren, forderte ihn Löwe auf, zu schildern, was ihn hergeführt hätte.

Er legte los, gestikulierte dabei mit den Händen, zog seine Finger fahrig durch sein Haar und wischte immer wieder den Schweiß von seiner Stirn. Als er die andere Hand vom Schreibtisch hob, konnte man die feuchten Abdrücke sehen, die seine angstschweißige Hand hinterließ.

Hauptkommissar Löwe unterbrach ihn nicht, auch wenn alles ziemlich konfus aus ihm heraussprudelte. Bei ihm musste man wohl Intelligenz als relative Größe betrachten.

»Diese verdammte Bitch. Die war doch schon mit jedem in der Kiste, der mit heruntergelassenen Hosen nicht mehr wegrennen konnte. Ist Ihnen aufgefallen, wie sie geschminkt ist? Widerlich! Bei mir stellt sie sich an, als könnte sie kein Wässerchen trüben. Nur wenn sie Geld braucht, für Klamotten oder Schminke, dann erledigt sie auch mal einen Blowjob. Aber sonst bin ich ihr schnuppe. Angeblich erlaubt sie Keinem Sex. Ich hab sie vorige Woche aber erst beobachtet, da war sie mit vier Kerlen gleichzeitig nackt am Badesee. Die Aktionen, die zwar unter Wasser stattfanden, so dass man nichts Konkretes sehen konnte, waren trotzdem eindeutig. Mit **vier**, sag ich Ihnen. Am liebsten hätte ich sie ersäuft wie einen räudigen Hund. Ich war zwei Stunden zwischen diesen Astgabeln festgeklemmt und danach ganz steif. Manchmal unterstützt sie ja auch ihre Schwester. Viel besser ist die auch nicht, aber nicht mein Typ.

Auch wenn mich ihr Lebenswandel abstößt, hab ich mir doch vorgenommen, sie wieder auf den Pfad der Tugend zurück zu führen. Ich war, denke ich, auch kurz davor.

Ich kann verstehen, dass sie sich in der Öffentlichkeit noch nicht mit mir treffen will. Der Altersunterschied ist ihr wohl noch peinlich. Deshalb haben wir uns ja auch in diesem abgelegenen Waldstück verabredet. Meiner Mutter ging es aber an diesem Nachmittag nicht gut, deshalb konnte ich nicht pünktlich erscheinen. Danach, dachte ich, es hätte keinen Sinn mehr.

Ich wollte ihr aber irgendwie nahe sein und kam auf die Idee, gegen Abend zu dem potentiellen Treffpunkt zu gehen. Ich dachte, wenigstens an dem Ort zu sein, wo sie doch vergeblich auf mich gewartet hatte. Und da fand ich sie so verstümmelt an dem Felsen! Mir war das Herz stehen geblieben. Ich wusste nicht, was jetzt zu tun sei. Ich hab nichts angefasst, hab alles so gelassen.«

Er war regelrecht erschöpft, als er endete.

Hauptkommissar Löwe bekam bruchstückhaft heraus, wann er verabredet war, wie lange er sich an dem Ort aufgehalten habe und ob er nicht auf die Idee gekommen wäre, die Polizei zu benachrichtigen.

»Na ich bin doch heute freiwillig hier erschienen. Das beweist doch wohl, das ich unschuldig bin.«

Löwe berichtete seinem Team, dass Unger kein Alibi hat. Er war bei seiner Mutter, die aber unter fortgeschrittener Demenz leidet. Er war extrem wütend auf Elinore Urban, sprach davon, sie ersäufen zu wollen. Andererseits war sein ganzes Auftreten so devot, dass man sich gut vorstellen konnte, dass er wie ein dressierter Affe für sie turnte.

Löwe traute ihm die Tat nicht zu; was aber nichts heißen musste. Erst einmal hatte er ihm Fingerabdrücke und DNA nehmen lassen. Auf die naheliegende Frage, warum er ihr denn nachgestiegen wäre, wenn er sie doch für ein Flittchen hielt, meinte er nur lakonisch: »Na, weil ich sie liebe.«

Kurz nach sechzehn Uhr vermeldete Kommissarin Habrecht, dass Damian Goland angerufen habe. Er hatte sich entschuldigt, dass es ihm nicht möglich wäre, den Einbestellungstermin wahrzunehmen. Er sei in Jena festgehalten worden und würde am nächsten Morgen zehn Uhr im Kommissariat erscheinen.

Damian saß in seinem alten, zerschlissenen Ledersessel und legte das Handy zur Seite. So, das hatte erst einmal funktioniert. Aber was konnte es ihm helfen. Der Termin war auf morgen verschoben. Aber er würde morgen nicht klüger sein als heute. Was hatten sie alles in diesem Waldstück gefunden? Er war ziemlich achtlos gewesen. Gab es eindeutige Spuren. Würden die ausreichen, um womöglich sogar eine Hausdurchsuchung zu veranlassen? Er sah sich in seinem Zimmer um und musste fast lachen. An diesem Chaos würden sie ihre Freude haben. Sollte er aufräumen? Nein, sie würden nicht kommen. Sein *Schatz* befand sich im Keller. Da würde keiner schnüffeln. Sogar seine Großmutter ließ die Dose unbeachtet, nachdem sie einmal – in seinem Beisein – hineingeschaut hatte. Die in verschiedenfarbigen Folien geschichteten Rollen interessierten sie nicht weiter. Dami hatte ihr erklärt, das sei für ein Experiment, das er für seine Schüler des Chemieunterrichts benötigte, es müsse dunkel und kühl lagern.

Er müsste aber wenigstens seine Großmutter informieren, dass er morgen einen Termin bei der örtlichen Polizei haben würde und die eventuell auch ins Haus kämen. Alles ganz harmlos, er sei nur Zeuge. Frau Goland liebte ihren einzigen Enkel abgöttisch. Er wohnte bei ihr, seit er am Gymnasium unterrichtete. Ihr Drängen, eine eigene Familie zu gründen, zumal doch hier eine Menge Platz sei, wies er stets lachend ab. »Ach Omi. Du bist noch immer die einzige Frau, die ich wirklich liebe. Und das wird auch noch lange so bleiben.« Sie war stolz und zufrieden.

Sie hatte gerade an seine Tür geklopft und durch einen Spalt hereingeschaut. »Was wäschst du denn in der Maschine, und was rumpelt da so laut?«

»Ich hab nur ein paar Outdoor-Klamotten reingeschmissen, und die Turnschuhe, die ich da anhatte. Das ist sicher gleich durch.«

»Ich hätte dir das doch gemacht, seit wann wäschst du denn selber?«

Kopfschüttelnd stieg sie wieder die Treppen hinunter. »Wenn du unbedingt waschen willst, dann zieh mal dein Bett ab, das muffelt!«, rief sie noch einmal zurück.

Jens hatte den Kopf in Alexas Schoß gelegt und weinte. Er kniete vor seiner Schwester, hatte beide Arme um ihre Unterschenkel geschlungen und schluchzte, dass sie völlig ratlos war. Zaghaft strich sie ihm übers Haar und redete behutsam auf ihn ein.

»Wieso geht dir das so nahe? Du kanntest sie doch kaum. Außerdem war sie wirklich nichts wert.«

»Das kannst du nicht beurteilen«, erwiderte er erbost und hob sein verheultes Gesicht, um sie anzuschauen. »Ich habe sie geliebt. Du hast keine Ahnung!«

»Aber du hast sie doch gar nicht richtig gekannt…«, wiederholte sie stur. »Als wir alle in Irland waren, hat sie mir ständig Hoffnung gemacht. Immer, wenn ich dachte, ich wäre am Ziel, hat sie mich ausgelacht und ist Damian hinterher gestiegen.«

»Ja das ist mir schon aufgefallen. Dabei hat sie ganz genau gewusst, dass **ich** scharf auf den war!« Zornesfalten erschienen auf Alexas Stirn. »Sie war eine Hure!«

»Nein!«, widersprach ihr Bruder heftig. »Sie konnte halt nur jeden haben, und das hat sie ausgenutzt.«

»Ich kann auch jeden haben!«

Er lachte gönnerhaft. »Aber erst, wenn **sie** ihn schon hatte. …oder nicht wollte, wie den UHU.«

Jens war inzwischen aufgestanden und lief ruhelos im Zimmer umher. »Habt ihr Mädels nicht mal über mich gesprochen? Hätte ich eine Chance gehabt? Sie hat mich so am langen Arm verhungern lassen…«

»Ich hab nicht bemerkt, dass du ihr nachgestiegen bist, ich war mit mir beschäftigt.« Sie stierte vor sich hin. Ich zeig dir mal was. Sie zog eine kleine rote Schachtel unter ihrem Kopfkissen vor. Nebeneinander lagen zwei gleiche Silberketten mit einem silbernen Herz-Anhänger und einem kleinen roten Perlentropfen am unteren Rand. Es wirkte wie ein blutendes Herz.

»Woher hast du die, und wieso zwei?«, wollte ihr Bruder kaum wirklich interessiert wissen.

»Die sind von Damian. Eine für mich und eine für Elli.«

»He? Wieso hast du dann die von Elli?«

»Ach die … Ich wollte, ich hatte … Ich hatte sie ihr abgenommen.« Alex war sichtlich verlegen.

»Aber das Interessiert dich ja nicht wirklich!«

»Hast Recht. Weiberkram! Hast du etwa etwas mit ihrem Tod zu tun? Ach, ich will´s auch gar nicht wissen.«

Lisa-Marie saß auf der vordersten Stuhlkante. In ihrem Schoß knüllte sie ihr Taschentuch zu einem kleinen Ball zusammen und zog ihn im nächsten Moment wieder auseinander. Es bestand nur noch aus dünnen, durchscheinenden Fetzen. Sie war für alle erkennbar nervös und ängstlich. Ihre Augen und die Nase waren vom vielen Weinen gerötet. Die Haare hingen ihr vernachlässigt in Strähnen ins Gesicht und es schien sogar, als hätte die Trauer um ihre Schwester auch die einfachsten hygienischen Regeln außer Kraft gesetzt.

Immer aufs Neue schluchzend stieß sie hervor, dass sowohl sie, als auch ihre Eltern nur noch vor sich hin vegetierten. Die Psychologin, die ihnen zur Seite stehen sollte, war mit ihrem Latein am Ende.

Kommissarin Habrecht hatte ihren Stuhl dicht an Lisas herangezogen und versuchte, sie mit sanften Worten etwas zu beruhigen, fand aber keinen Zugang zu ihr. Im Gegenteil. Sie schreckte bei der kleinsten Annäherung zurück. Ihr Blick konnte sich einfach nicht vom Boden lösen.

»Lisa, wenn Sie nicht reden können, oder möchten, verschieben wir das einfach noch einmal. Aber die Zeit läuft uns davon. Ihre Familie möchte doch sicher auch wissen, wer der Mörder von Elli ist. Sie waren nach unseren Erkenntnissen die Letzte, die mit ihr zusammen war.«

»Das war ich mit Sicherheit nicht«, stieß sie zwischen den Zähnen hindurch hervor. »Sie hatte sich mit dem Idioten verabredet. Sie hat sich sogar noch eine neue Handtasche gekauft, um ihm damit zu imponieren.«

»Wer war das, der Idiot? Dieser Damian? Warum ist er ein Idiot?«

»Hinter ihm sind alle her und er glaubt, er sei ***das*** Geschenk für die Menschheit, der Erfinder der tiefen Teller.«

»Waren Sie nicht vielleicht ein wenig eifersüchtig? Wollten Sie ihn nicht vielleicht selbst?«

»Was soll denn *die* Unterstellung? Ich finde an den Kerlen… Ich finde an dem Kerl überhaupt nichts!«

Die Beamtin zog aufmerksam die Augenbraue über ihrem rechten Auge in die Höhe.

»Hat ihre Schwester sich über ihn beschwert? Hatte sie gar Angst vor ihm? Hatten Sie selbst einen Freund?«

»Was wollen Sie denn noch alles von mir? Ich hab sie nur zu diesem Treffen begleitet, damit es einen größeren Anreiz für ihn hätte, zu kommen. Ich hab mich dann gleich wieder aus dem Staub gemacht. Beim Weggehen hab ich aber noch mitgekriegt, dass er deshalb Zoff gemacht hat.«

Auf weitere suggestive Fragen der Kommissarin gab Lisa zu, dass sie immer tat, was ihre Schwester von ihr verlangte. Auch wenn das ziemlich nervig wäre, aber dann hätte sie ihre Ruhe.

»Aber Lisa – darf ich Sie so nennen? – Sie machen mir eigentlich einen recht selbstbewussten Eindruck. Wieso ließen Sie sich von Ihrer Schwester so gängeln? Was heißt: dann hatten Sie ihre Ruhe? Hat sie Sie mit irgendwas erpresst? Hatten Sie öfter gemeinsame Freunde? Beziehungsweise Liebhaber?«

»Wissen Sie was? Ich antworte jetzt nicht mehr.« Lisa war abrupt aufgestanden und hatte dabei ihren Stuhl fast umgeschmissen. »Das wird mir alles zu persönlich. Nehmen Sie denn keine Rücksicht auf unsere Trauer?«

Mit den letzten Worten knallte sie die Tür hinter sich zu und stakste schnellen Schrittes davon. Kommissarin Habrecht hörte ihre Absätze noch auf der steinernen Treppe klappern.

Als sich die Crew wieder im Versammlungsraum traf, war die Stimmung gedrückt. Sie waren noch keinen Schritt weiter gekommen. Sowohl Hauptkommissar Löwe als auch seine Kollegin Habrecht schilderten, dass es sich bei den von ihnen vernommenen Personen durchaus um die Täter handeln konnte. Sie hatten sich beide seltsam benommen. Das konnte aber natürlich an der extremen Stresssituation liegen, die solche Verbrechen immer auslösten.

Sie sammelten erstmal weiter Fakten und schauten sich wiederholt die Fotos und Textnachrichten von Ellis Handy an. Erst wenn Damian Goland und Alexandra Friedrich ausgesagt hätten, würde man sich eventuell ein vollständigeres Bild machen können.

Die Wahrheit ist nicht immer auf den ersten Blick erkennbar, erst recht nicht, wenn es um Mord geht. Was wie der logische Verlauf von Ereignissen wirkt, kann vollkommen anders aussehen, wenn die Reihenfolge auf den Kopf gestellt wird.

Als nächste war Alexandra Friedrich einbestellt worden, Selma Habrecht würde sie befragen. Am nächsten Morgen wurde dann Damian Goland erwartet.

Hauptkommissar Jens Löwe hatte einige Bilder aus dem Handy der Toten ausdrucken lassen und jetzt auf seinem Schreibtisch ausgebreitet. Fortwährende Betrachtungen und Verschiebungen brachten ihm aber keine Erkenntnisse. Auch die Zeiten der letzten Telefonate führten nicht weiter, sie verwirrten eher. Er musste abwarten, bis die nächsten Zeugenaussagen vorlagen.

Plötzlich hob er den Kopf. Seine Nase war gezielt in Richtung der offenstehenden Tür gerichtet. Eine Erkenntnis durchströmte sein Hirn.

In sehr schlichter Kleidung und völlig ungeschminkt saß Alexa auf dem unbequemen Holzstuhl. Sie demonstrierte Gelassenheit, war aber äußerst angespannt. Das erkannte die erfahrene Kommissarin bereits nach den ersten Minuten.

Auf ihrem Hals und dem Dekolleté hatten sich hässliche rote Flecken gebildet und ihr Blick war provokant. Sie hatte nur auf dem vorderen Drittel des Stuhles Platz genommen und drohte, herunter zu fallen.

»Das dauert doch hier hoffentlich nicht lange, ich muss gleich wieder weg«, waren ihre ersten Worte in einer unnatürlich hohen Stimme. Sie wollte suggerieren, dass sie hier das Tempo bestimmen würde.

Selma Habrecht überhörte dies beflissentlich. Für sie war der Ausdruck der Stimme ebenso wichtig wie das gesprochene Wort. Sie machte ihrem Gegenüber in ruhigem und sachlichem Ton klar: »Das kommt ganz darauf an, wie Sie mit uns kooperieren, Frau Friedrich. Oder darf ich Alexandra sagen?« – »Alexa, von mir aus. Ich hab doch schon alles erzählt, was ich weiß.«

Kommissarin Habrecht bat sie, noch einmal alle Einzelheiten und Umstände über die Entdeckung der Leiche zu erzählen. Auch ihr generelles Verhältnis zur Getöteten interessiere die Polizei.

Gerade, als Alexa genervt mit den Augen rollend zu einem Bericht ansetzen wollte, läutete das Haustelefon auf Selmas Schreibtisch. Sie nahm ab und hörte ein paar Sekunden zu. »Ja, kannst nochmal kurz kommen. Wir fangen gerade an. Nimm dir deinen Ordner gleich mit«, war ihr kurzer Gesprächsbeitrag.

Kurz darauf erschien Hauptkommissar Löwe im Zimmer. Er erkannte die junge Frau, die er im Wald getroffen hatte; stellte sich selbst aber noch einmal kurz vor.

Er entschuldigte sich, dass er seine Kollegin für ein paar Minuten entführen müsse, es gehe aber gleich weiter.

Etwas erregt wies er Selma an: »Du musst herausfinden, woher das Parfüm stammt, das sie benutzt. Selma, es ist genau der Duft, den diese Plastiktüte ausströmte. Ich hatte das Parfüm auch in der Nacht bereits an ihr wahrgenommen. Ich wusste, dass ich ihm schon mal begegnet war, wusste aber nicht mehr wo. Selma! Es ist die Tüte, die die eigentliche Mordwaffe war!«

Er ließ jetzt ihren Arm los, den er fest, fast schmerzhaft gedrückt hatte.

Sie lächelte ihn an. »Mach ich, Schatz. Du mit deiner Nase!« Sie lächelten sich an und trennten sich, jeder zurück in sein Büro.

Alexa hatte sich ein wenig entspannt und bat um ein Glas Wasser, um Zeit zu gewinnen.

Dann berichtete sie in knappen Sätzen, woher sie die Schwestern Lisa und Elli kannte. Nein, eigentlich sei sie nicht mit Elli befreundet gewesen. Die habe es sich zum Sport gemacht, ihr ständig alle Kerle auszuspannen. Sobald sie bemerkte, dass Alexa auf irgend Einen scharf war, eroberte sie ihn für sich. Sie musste auf Nachfrage der Kommissarin widerwillig zugeben, dass ihr das auch immer gelang. Dabei gab ihr Gesichtsausdruck deutlich zu erkennen, wie verhasst ihr die Rivalin war. An der Art und Weise, wie ihr Fingerknöchel weiß unter der Haut ihrer geballten Fäuste hervortraten, erkannte Selma ihre angespannte Haltung.

»Dafür, dass sie Elli nicht mochten, waren Sie aber doch sehr häufig zusammen«, unterbrach die Kommissarin kurz.

»Nein, wir waren sehr selten zusammen – eigentlich nie! Wenn, dann war ich bei Lisa, die war meine Freundin. Wir beide haben viel unternommen – allein. Lisa ist cool. Wir verstehen uns super.«

Sie konnte nicht widerstehen, ihre Lügengeschichten auch noch breit auszuschmücken. Im Detail erfuhr Frau Habrecht so viele Einzelheiten aus der freundschaftlichen Beziehung zwischen Lisa und Alexa.

»Seien Sie mir nicht böse, aber ich habe da einen ganz anderen Eindruck gewonnen. Ellis Handy ist voll von Fotos auf denen explizit Sie beide zu sehen sind. Ja, auch manchmal mit Lisa. Aber sehr oft nur sie beide – Dutzende. Es hat sogar den Anschein, dass Sie die Rivalin kopieren, was die Kleidung und das Outfit betrifft. Das ist das Schöne an den neuen Handys und an WhatsApp – für uns eine ideale Informationsquelle.«

»Scheiß Handy!«, murmelte Alexa. Plötzlich schaute sie erschrocken auf. »Woher haben Sie denn Ellis Handy? Das war doch…«

»Was war damit? Hatten Sie es gesucht?«

»Sie hatte gesagt, sie hätte es verloren.« Alexa war jetzt erkenntlich verunsichert. »Und dass ich sie imitiere! Wer sagt denn das? Es war eher umgekehrt. Sie hat sich immer die Klamotten besorgt, die ich hatte! Blöde Kuh! **Nichts, aber auch gar nichts** konnte ich für mich alleine haben!«

»Hatten Sie auch das gleiche Parfüm? Ihres riecht übrigens sehr angenehm.« Selma beugte sich wohlwollend zu ihr vor und lächelte sie freundschaftlich an. (gut gemacht Selma, Vertrauen gewinnen)

»Na klar. In der Boutique in Irland hatten die eine Riesenauswahl. Aber nein! Den Duft, den *ich* mir ausgewählt hatte, musste sie unbedingt auch haben. Mein blöder Bruder hat ihr den dann gekauft, weil sie selbst gar kein Geld mehr dafür hatte. Der Flakon lag während der ganzen Heimfahrt in meinem Beutel, ich wollte eigentlich …» Sie ließ den Satz unvollendet in der Luft hängen.

Kommissarin Habrecht kam dann aber auf die Nacht zu sprechen, in der Alexa die Leiche gefunden hatte. Zuerst hielt sie sich an Damians Bitte, ihn da nicht mit hinein zu ziehen. Das ließ sich aber nicht lang aufrechterhalten, da sie nicht erklären konnte, was sie allein in der Nacht an dieser unwirtlichen Stelle gewollt hatte – abseits vom eigentlichen Weg.

»Warum haben Sie gezielt zweimal gelogen, was ihren Liebhaber betrifft?», wollte Selma wissen.

»Warum schützen Sie ihn? Haben Sie beide ihre Rivalin umgebracht? Oder sind Sie Zeuge geworden, als Damian sie tötete?»

»Jetzt wird es mir aber zu bunt!», Alexa schrie es hysterisch. »Ich denke, ich bin als Zeugin hier! Wir haben beide nichts mit ihrem Tod zu tun. Wir …, ich hab sie nur gefunden, fuck! Schließlich habe ***ich*** die Polizei gerufen«, trumpfte sie jetzt auf. Jetzt war sie störrisch. Aus ihr war nichts mehr heraus zu bekommen. Selma versuchte, die Wogen wieder zu glätten, aber wie ein Stück nasse Seife entglitt ihr die Zeugin immer wieder.

Jens Löwe nahm erfreut zur Kenntnis, dass es einen Zusammenhang zwischen Alexas Parfüm und dem Plastikbeutel am Tatort gab. Das entsprach seiner Spekulation.

Damian Goland war ein ausgesprochen schöner Jüngling. Selma Habrecht konnte verstehen, dass die Mädchen hinter ihm her waren, auch wenn er nicht ihrem eigenen Beuteschema entsprach.

Er stand wartend in der Tür, seiner Wirkung voll bewusst. Und er zählte auf diesen ersten Eindruck. Die Chance für einen ersten Eindruck erhält man kein zweites Mal. Er zelebrierte sein Erscheinen. Breitbeinig, die Daumen in den Jeanstaschen, die Lippen zu einem machohaften Lächeln verzogen war sein Blick herausfordernd auf die Kommissarin geheftet. Dieser Blick sagte: »Auf eigene Gefahr!«

»Hoffentlich erweist sich dieses Sahneschnittchen mal nicht als trockener Krümelkuchen«, wandte sich Selma Habrecht leise lachend an ihren Kollegen und stellte eine Schachtel mit Gebäck auf den Tisch.

»Holst du uns einen Kaffee?«, schob sie noch nach, während sie ihren neuen Zeugen mit einer Handbewegung zum Sitzen einlud.

Ihre Aufforderung, seine persönlichen Daten anzugeben, ließ er erst einmal unbeachtet. Indes versuchte er noch einmal die Wirkung seines Charmes, indem er sein Gegenüber unverhohlen musterte. Selma war an diesem Tag wieder ein besonders hübscher Anblick. Sie verstand es sehr gut, ihre weiblichen Reize zur Geltung zu bringen, ohne nuttig zu wirken. Ihre dezente Schminke hob die großen braunen Augen hervor, der volle Mund war nur leicht in der Kontur nachgezogen. Mattes Puder auf ihrer – wie sie meinte – viel zu großen Nase wirkte korrigierend.

Die oberen drei Knöpfe ihrer Bluse standen wie zufällig offen. Die Bluse steckte im Bund ihres kurzen Rockes, so dass der Betrachter vollends ihre hervorragende Figur ins Auge fassen konnte. Ihr langes, blondes Haar trug sie heute zu einem losen Knoten geflochten, aus dem kess ein paar Strähnen hervor quollen. Sie war gerade aufgestanden und ging um den Tisch herum auf Damian Goland zu. Ihr Gang erinnerte an ein menschliches Rennpferd.

Selma setzte sich auf den Tisch und schlug die Beine übereinander.

»Wenn wir hier andere Umstände vorliegen hätten, würde ihre Begutachtung meiner Person vielleicht Sinn machen, Herr Goland. Aber in unserem Fall möchte ich lediglich aus Ihrem Munde hören, wer Sie sind und später, was Sie mit der Leiche zu tun hatten.«

»Entschuldigung, sagen Sie doch bitte Damian zu mir. Das ist so ein schöner Name, deshalb höre ich ihn gern. Natürlich sage ich Ihnen alles, was Sie wissen möchten.«

Und er begann sachlich und chronologisch zu berichten.

»Es ist halt so, dass mir die Mädels zufliegen. Da kann ich mir die Schönsten aussuchen und stoße dann auch mal eine vor den Kopf. Von Elli wollte ich nichts, die war mir zu oberflächlich, ging mit jedem ins Bett. Ich habe sie auch seit Irland nicht gesehen.«

Selma schaute ihn amüsiert an. Als nichts mehr kam, kommentierte sie ganz ruhig: »Haben Sie sich nicht mit ihr verabredet? Sogar den Vorschlag gemacht, ihre Schwester mitzubringen?«

»Wo haben Sie denn diese Weisheiten her?« Man konnte sehen, dass sein Gehirn auf Hochtouren arbeitete.

»Das spielt erstmal keine Rolle, interessanter ist, warum Sie lügen.«

»Dazu habe ich keinen Grund.« Er war sich seiner Sache sicher, da ihn niemand gesehen hatte.

»Damian, die Handy-Auswertung des Opfers hat uns viele Informationen geliefert. Für unsere Ermittlungsarbeit sind diese Handys ein Segen. Sie geben so viele Informationen – oft sogar bebildert, dass wir eine ganze Reihe Zusammenhänge erkennen können.«

»Wo war ihr Handy?« Er war erschrocken. Offenbar war er erstaunt, dass es aufgetaucht war, nachdem er es lange gesucht hatte. Das konnte doch nicht sein!

»Und was soll da drauf gewesen sein? Ach so, ja. Ich hatte sie am Telefon verarscht; so getan, als wollte ich mich mit ihr treffen. Ich hatte nie die Absicht.«

Selma Habrecht erkannte, dass sie im Moment keine weiteren Erklärungen von ihm bekommen würde. Sie wiegte ihn in Sicherheit, versuchte, ihn zu ihrem Verbündeten zu machen.

»Gut Damian. Das war's auch erstmal. Sie stehen uns weiter zur Verfügung, falls wir Sie noch einmal benötigen?« Sie schob ihm ihre Visitenkarte über den Tisch.

»Darf ich die Nummer auch privat benutzen?« Die Frage wurde mit einem koketten Lächeln begleitet. »Daraus kann leider nichts werden. Sie sind in einen Kriminalfall involviert, da bekäme ich Interessenskonflikte.« Sie musste ein Lachen unterdrücken, meinte aber für sich anerkennend, dass er gehörigen Schneid hatte.

Wochenende. Für alle. Sowohl Täter und Ermittler. Jeder konnte für sich selbst alles noch einmal Revue passieren lassen und mit neuen Gedanken am Montag in die Woche starten.

Im Konferenzzimmer hatte Hauptkommissar Löwe dann auch für alle interessante Neuigkeiten.

»Die Ergebnisse aller DNA-Tests sind da. Keine Ahnung, ob uns das wirklich weiter bringt oder womöglich noch mehr verwirrt. Und, davon wisst ihr noch nichts, am Samstag, als ihr schon alle weg wart, kam dieser UHU und brachte mir die Handtasche von Elionore. Er hätte sie im Gebüsch gefunden. Das Labor hat meiner Bitte entsprochen und auch über ´s Wochenende nach Spuren gesucht. Macht euch selbst ein Bild.«

- Plastiktüte: es gibt Fingerabdrücke von Elionore, Alexandra, Damian, Lisa-Marie und Jens.

und zwei unbekannten Personen

- Herrenschuhabdruck: keine Zuordnung
- Kondom: eindeutig Sperma von UHU
- Haargummi: blonde Haare von Damian
- Handtasche: äußerlich alle Spuren – wenn vorhanden – abgewischt. Innen – auf allen Gegenständen natürlich Ellis Abdrücke. Und – zwei Spuren von Damian.

Die Tasche ist winzig klein, kann nur Schminksachen, Taschentücher, Geldbörse und Schlüssel aufnehmen. Das Handy hätte da gar nicht hineingepasst, deshalb noch die Gürteltasche.

- Es gibt auch noch Faserspuren an Ellis Kleidung. Die könnten (oder müssten) wir ebenfalls auswerten, je nachdem wie weit wir mit den anderen Spuren kommen.
-

»So, nun seid ihr dran«

Aufgeregtes Getuschel untereinander, Achselzucken und plötzliche Ruhe Selma meldete sich zaghaft.

»Wenn die Haare aus dem Gummi von Damian stammen, muss er ja wohl intensiv mit ihr Kontakt gehabt haben. Die Abdrücke in der Handtasche? Na klar, die Handtasche war neu! Das konnte nicht von einem früheren Treffen herrühren! Dieser Stricher! Von wegen, er hätte sie sitzen lassen. Er hat damit zu tun! Wollen wir ihn gleich nochmal bestellen?«

»Besser noch: wir suchen ihn auf, mit einem Durchsuchungsbeschluss.«

Da er als Lehrer am Vormittag sicherlich im Unterricht sein würde, verschoben sie diesen Termin auf Nachmittag.

»Was hatte denn UHU mit der Tasche zu tun? Warum waren seine Fingerabdrücke nicht darauf? Das Kondom mit seinem Sperma macht ihn aber fast zum Verdächtigen Nummer eins.«

»Den holen wir uns am besten gleich nochmal.« Jens Löwe griff schon zum Telefon. »Das muss er uns erklären.«

»Die Tüte hatte ja offensichtlich jeder in der Hand. Wenn sie vom gemeinsamen Ausflug nach Irland stammt, ist das nicht weiter verwunderlich. Das hilft uns nicht weiter.«

Hartmut Meusel war sichtlich enttäuscht. Sie trennten sich vorerst und jeder hing im eigenen Büro seinen Gedanken nach.

Als es an der Bürotür von Jens Löwe zaghaft klopfte, dachte er sofort an Herrn Unger. Aber erstaunlicherweise kam Dr. Maschke herein. Zaghaft und mit schuldbewusster Miene. »Jens, ich habe etwas übersehen. Schau hier:«, er schob ihm ein Foto über den Tisch. »In dem Schuh der Toten hatte sich ein Ahornblatt verklemmt.«

»ja und?« Löwe schaut ihn verständnislos an.

»Dort, wo wir die Tote gefunden haben, gibt es keinen Ahorn!«

»Sicher? Da müssen wir doch noch mal vor Ort. Müssen wir ohnehin. Wer weiß, was uns der Unger auftischt.«

Wie auf ´s Stichwort wurde Ulrich Unger gemeldet. Hauptkommissar Löwe bat ihn in den angrenzenden Verhörraum.

»Hallo, Herr Unger. Freundlicherweise haben sie am Samstag die Handtasche von Elionore Urban an der Pforte abgegeben. Es stellt sich natürlich die Frage, warum Sie das Teil nicht gleich bei der ersten Vernehmung dabeihatten. Warum haben Sie die Fingerabdrücke abgewischt? Wir wissen doch nun, dass sie die Tasche in der Hand hatten – angeblich gefunden.«

Unbehaglich rutschte der Vernommene auf seinem Stuhl hin und her. Seine Augen folgten unstet den Händen des Kommissars, der auf seinem Schreibtisch Dokumente verschob. »Eigentlich … Eigentlich wollte ich die Tasche als Andenken behalten. Das war mir dann doch zu heiß. Da dachte ich …«

Er wand sich in seinen Aussagen. Jens Löwe erlöste ihn aus diesem Dilemma, stürzte ihn aber dabei in ein viel größeres.

»Und wie erklären Sie uns das Kondom mit ihren Spermaspuren?«

»Wieso? Welches Kondom?« Seine schuljungenhafte Verlegenheit tat dem Kommissar fast leid.

»Herr Unger! Wir fanden ein Kondom eindeutig von Ihnen benutzt. Erklären Sie das!«

Das Gesicht von Jens Gegenüber lief bis in die Haarspitzen purpurrot an, auf der Stirn erschienen Schweißperlen und in seinen Augen schimmerte es verdächtig. Seine Hände erfassten die Tischkante, so als wolle er erregt aufstehen, am liebsten weglaufen. Jetzt fuhren seine Hände in die Haare und er riss förmlich daran, als könne dies ihm kluge Erklärungen hervorbringen.

»Dazu sag ich gar nichts. Sie müssen sich irren.«

»Herr Unger“, Jens Löwe bemühte sich um einen ruhigen Ton. »Sie wissen doch selbst, wie exakt die Wissenschaft solch eindeutige Spuren lesen kann. Wir denken uns das so: Sie sind schon so lange um die Gunst dieser jungen Dame bemüht. Nun ergibt sich eine solch günstige Gelegenheit, ihr Ziel endlich zu erreichen. Sie ist allein in dem Wald – versetzt von ihrem Liebhaber. Ob nun einvernehmlich oder durch eine Vergewaltigung – es kam zum Geschlechtsverkehr.«

»Nein!» Ulrich Unger schrie es förmlich, wobei Speichel auf Jens Schreibtisch spritzte. »Nein! Sie war tot, als ich sie fand!«

Vor sich selbst entsetzt schlug er sich mit der Hand auf den Mund.

Auch der Kommissar glaubte zuerst, sich verhört zu haben, dann dämmerte ihm.

»Sie haben … Sie hatten Verkehr mit der Leiche?« Er war entsetzt über solche menschlichen Abgründe. Da Herr Unger in sich zusammengesunken war und sich nur noch schluchzend immer wieder erklärte: »Ich habe sie so maßlos geliebt«, wurde er erst einmal in Gewahrsam genommen.

Zum Ortstermin bei Damian Goland öffnete die Großmutter die Haustür. Nachdem sich Selma Habrecht und Jens Löwe vorgestellt hatten, bat sie die beiden ins Haus. Sicher käme auch Damian jeden Augenblick. Ja, sie wisse, dass ihr Enkel als Zeuge in dieser furchtbaren Sache gehört worden war und wolle ihrerseits helfen, wenn sie könne. Jens zeigte ihr den Durchsuchungsbeschluss und bat sie, ihnen das Zimmer ihres Enkels zu zeigen. Mit müden Schritten ging sie voran. Auf dem Weg in den ersten Stock lobte sie Damian in den höchsten Tönen. Er sei ein sehr lieber und aufmerksamer junger Mann. Er würde doch hoffentlich nicht in kriminelle Kreise geraten sein.

Nach dem Öffnen der Zimmertür entschuldigte sie sich wortreich für das Chaos im Raum. Sie dürfe hier nichts ordnen, das sei einzig sein Reich. Jens beruhigte sie, das sei normal bei den jungen Kerlen, auch er sei da früher keine Ausnahme gewesen.

Nichts war gefunden worden, was ihnen weitergeholfen hätte. »Hat ihr Enkel noch anderswo im Haus oder im Schuppen Dinge gelagert, die ihm gehören?«

Nach kurzem Bedenken äußerte sie in vorauseilendem Gehorsam: »Nur die Dose im Kühlschrank im Keller, die er für seinen Chemieunterricht braucht.«

»Könnten Sie uns die zeigen?«

Ohne direkt zu antworten ging sie die Stufen bis in den Keller voraus. Sie übergab den beiden die Tupper-Dose und Selma öffnete den Deckel.

»Oh weh, er hatte mir eigentlich verboten, die Büchse zu öffnen. Sie muss kühl und dunkel lagern, er braucht sie für den Unterricht!« Selma hatte inzwischen die in Folie eingeschlagenen Teile entnommen und vorsichtig ausgewickelt. Alle drei staunten nicht schlecht, als kleine bunte Slips zum Vorschein kamen. Alle erotischen Farben waren vertreten, mit und ohne Spitzenbesatz. Sie waren gar nicht gezwungen, dafür eine Erklärung zu suchen. Die lieferte ihnen Damian selbst, der gerade in den Kellerraum gekommen war. Wütend schaute er von seiner Großmutter zu den beiden Beamten. »Was gehen Ihnen meine Sachen an! Stellen Sie das gefälligst sofort zurück!«

»Solches Anschauungsmaterial hätte ich in der Schule auch gern gehabt«, ließ sich Jens Löwe vernehmen. »Aber mal im Ernst, Herr Goland, Ist dieser rote Slip hier in Ihrer Trophäen Sammlung das Eigentum von Elionore Urban? Wann haben Sie sich den beschafft?«

Schnell hatte er sich gefasst und antwortete generös: »Den hat sie mir mal geschenkt, als Aufmunterung.«

»Ach ja, und sie ist dann gleich mal ohne Höschen zum Stelldichein gekommen.« Selma musste lachen.

Gegen den Protest der alten Dame nahmen die Polizisten ihren Enkel mit aufs Präsidium. Im Verhörzimmer legten sie ihm die Fakten dar, die sie bisher über ihn gesammelt hatten.

»Weiteres Leugnen hilft Ihnen nicht wirklich weiter. Wir haben einen Haargummi, der in den BH der Toten geraten war, mit Ihren Haaren. Also sehr enger Körperkontakt, an diesem Tag. Die Handtasche wies ebenso Ihre Fingerabdrücke auf: Innen. Sie hatte sie erst an diesem Tag gekauft, also können sich die Abdrücke nicht bei einer früheren Gelegenheit da hinein verirrt haben. Und nun auch der verschwundene Slip, der vom Design her eindeutig zu ihrem roten BH passt. Abgesehen davon gibt es auch noch Faserspuren, die wir gerne noch mit Ihren Kleidungsstücken vergleichen können. Es wird eng Herr Goland. Erzählen Sie uns lieber, was passiert ist und wie sie zu Tode kam.«

Damian war leichenblass. Gerade stürzte mit großem Getöse seine Welt in sich zusammen. Er sah von Ferne nur Chaos und Enttäuschung vor seinem geistigen Auge. Und das alles wegen dieser Bitch. Wie hatte das alles nur passieren können? Was war er für ein Idiot? Schadensbegrenzung!

»Mein Gott, was hab ich getan?«, begann er stöhnend und zitterte dabei am ganzen Körper. »Ja, Sie haben Recht. Ich hab mich mit ihr getroffen. Wir sind zu dieser Herthahöhle gelaufen (Lisa war anfangs dabei, hat sich aber bald verabschiedet). Ich kannte diese Gegend gar nicht und ich schwöre ihnen, es war nicht die Stelle, an der ich mit Alexa war und an der wir Ellis … Ellis Leiche gefunden haben.«

Er schaute die Kommissare flehentlich an. »Ja gut, erzählen Sie weiter.«

»Ich wollte schnellen Sex, aber Elli wollte es romantisch. Ich stellte mit Entsetzen fest, dass ich keine Kondome dabei hatte. Ohne geht bei mir gar nichts. Sie hätte auch keine, aber das wäre doch kein Drama. Ich glaubte ihr nicht und wühlte deshalb in ihrer Tasche. Wir stritten uns. Was sei schon dabei. Sie lachte und streichelte mich. Was spricht gegen ein Baby. Von dir hätte ich gerne eins, das würde hübsch sein. In mir kam Panik auf. Sie hatte ihren

Slip ausgezogen und in meine Brusttasche geschoben. Dann begann sie, mich zu entkleiden und ich wurde immer wütender, weil sie mich nicht verstand. Ich schubste sie ziemlich derb und sie fiel ins Gras. Sie schrie schmerzvoll auf und ich habe nur schadenfroh gesagt, dass dies jetzt ihre Strafe sei. Da ließ ich sie liegen und ging den gleichen Weg zurück, den wir gekommen waren.« Er traute sich nicht, den Kommissaren in die Augen zu schauen. Am liebsten wäre er im Erdboden versunken. Wie konnte sich ein Leben von heute auf morgen so dramatisch verändern.

»Na gut, bis hierhin nachvollziehbar. Aber Elionore hatte drei Wunden am Hinterkopf. Ist sie denn dreimal gefallen?«, wollte Selma Habrecht wissen. »Sie haben nachgeholfen und ihren Kopf auf den Stein geschlagen!«

»Oh mein Gott!« Er schaute überrascht und entsetzt. »Ich habe von keinem Stein gewusst! Ja, sie hat schmerzvoll geschrien und ich habe sie in meiner Wut an den Haaren gepackt und ihren Kopf nach zweimal ins Gras gedrückt. Aber ich wusste nicht, dass da ein Stein war. Und sie hat gelebt, als ich ging. Sie hat mich noch sehr derb beschimpft.«

Selma und ihr Kollege sahen sich an und standen von ihren Stühlen auf. »Wir kommen gleich zurück«, sagten sie ihm im Hinausgehen.

»Ich denke eigentlich, er sagt die Wahrheit«, meinte Selma in der Kaffeeküche. Jens bereitete für beide einen Cappuccino vor. Sein Gesichtsausdruck drückte noch Zweifel aus. »Ich weiß nicht, vielleicht verschweigt er uns den Rest der Geschichte?«

»Wir wollten ja sowieso nochmals an den Tatort. Wir nehmen ihn mit. Er soll uns den Hergang vor Ort schildern. Sicher bekommen wir dann auch noch Spuren, die wir vorher nicht finden konnten. Sie gingen mit einem weiteren Cappuccino für Damian zurück in den Verhörraum.

»Gut, Herr Goland. In einer Stunde besichtigen wir *Ihren* Tatort. Da können wir noch über Einzelheiten reden. Rufen Sie inzwischen Ihre Großmutter an, um ihr zu sagen, dass Sie in den nächsten Stunden nicht nach Hause kommen.«

Hoffnung flackerte in den Augen des Delinquenten auf. »Danach aber schon?«

Jens Löwe stieß ein kurzes Lachen aus. »Das wird sich herausstellen. Machen Sie sich keine allzu großen Hoffnungen.«

Kooperativ führte Damian Goland die Polizisten über das Feld auf dem schmalen Weg zur Herthahöhle. Den Platz, auf dem er sich mit Elionore niedergelassen hatte, fand er nicht sofort, war sich dann aber ziemlich sicher. Es stellte sich auch sofort heraus, dass es der richtige Flecken war. Etwas im Gras eingesunken ragte ein ziemlich spitzer Stein heraus, der voller Blut war. Dr. Maschke nahm das Relikt in einen Plastikbeutel auf. Alle waren sich sicher, dass es Ellis Blut war.

Dr. Maschke zeigte mit der Hand in die Luft: »Ein Ahornbaum«, meldete er lapidar. Die anderen nickten. Es war der Einzige in der Umgebung.

Plötzlich kam Harald Meusel sehr aufgeregt den Waldweg entlanggestolpert. Er hatte inzwischen einen Weg, eine Verbindung zu dem Fundort suchen wollen. Er hielt in seiner behandschuhten Rechten einen Gegenstand wie eine Trophäe in die Höhe. »Ich hab den Weg gefunden, und noch etwas!« Stolz präsentierte er einen roten Pumps, der erhebliche Schlamm-Anhaftungen aufwies, den neugierigen Augen der Crew.

»Das hättest du erstmal lassen sollen, wo es war«, schnauzte ihn Dr. Maschke an. Und Selma wusste sofort: »Das ist Ellis Schuh!»

»Nein, kann nicht sein; sie hatte beide Schuhe an.»

»Oh!«

Damian blickte erstaunt auf den roten Pumps, der tatsächlich aussah wie Ellis Schuh.

»Dann gehört er Alexa, die zwei haben doch immer die gleichen Klamotten.»

»Da finden wir sicher DNA. Das lässt sich leicht prüfen. Jetzt zeig uns aber mal, wo du *den* gefunden hast.« Dr. Maschke war angepisst. Bei ihm konnte nur eine Sache auf die andere folgen. »Er denkt rechtwinklig und in kleinen Karos«, sagten seine Kollegen. Manchmal war das hinderlich.

Harald Meusel führte die Truppe den Weg zurück. Alle waren bemüht, keine Spuren zu verwischen. Die Fundstelle ergab nur die Erkenntnis, dass in dem weichen, vom letzten Regen noch durchnässten Boden der Schuh wohl stecken geblieben sein musste. Er war ziemlich weit und verdreht in den Morast eingedrungen, so dass er auf den ersten Blick gar nicht zu erkennen war, äußerte Meusel.

»Das soll uns mal die Alexandra Friedrich erklären.« Jens Löwe hatte schon sein Handy herausgeholt und rief bei ihr an. Zu Damian gewandt wollte er noch wissen: »Und sie kennen diesen Verbindungsweg hier nicht? Waren noch nicht an dieser Stelle?«

»Nein. Ich hatte auch zuerst gedacht, ich wäre hier in der Gegend noch nie gewesen, als mich Alexa hierher führte. Die tote Elli da vorn zu sehen hat mich völlig geschockt.«

»In einer halben Stunde kann Alexandra mit dem Fahrrad hier sein. Wir warten hier auf sie!«, bekundete Jens.

Sie fragten inzwischen Damian nach den Freundschaftsverhältnissen zwischen den Mädchen und ihm selbst aus, erhielten aber keine weiteren interessanten Aufschlüsse.

An einem Quietschgeräusch hörten sie Alexandra näher kommen. Alle drehten sich gespannt nach ihr um und ihr wurde bei dem Anblick der versammelten Polizisten sehr mulmig. Sie hatte sich aber gesagt, eine mutige Flucht nach vorne wäre immer noch eine gute Strategie. Sie konnte nicht ahnen – und vermutete es auch keineswegs, wie viel die herausgefunden hatten.

»Frau Friedrich, es war notwendig, Sie noch einmal an diesen Ort einzubestellen. Wir haben eine Menge von Spuren gefunden, die vermuten lassen, dass Sie an der Tötung Ihrer Freundin beteiligt waren.«

»Das ist doch Bullshit! Ich habe die Leiche gefunden, das ist richtig. Das war, als ich mit Damian gerade Sex haben wollte, da stand sie plötzlich da. Ich war vorher nicht hier. Was wollen Sie mir unterstellen?«

»Wir haben Ihren Schuh gefunden, auf dem Weg nach da oben. Wie hört sich Ihre Erklärung an?«

Sie schaute erschrocken auf den roten Pumps, sammelte sich einen Moment, um dann achselzuckend zu erklären: »Das wird Ellis Schuh sein, die hatte solche.«

»Nein, das ist Ihrer. Ihre tote Freundin hatte noch beide an. Zwar haben wir die DNA-Spuren darin noch nicht überprüfen können. Wir sind uns aber sicher, dass die zu Ihnen führen. Sie können das Ergebnis auch gerne noch abwarten, oder gleich die Wahrheit sagen.«

Sie war sichtlich überfordert. In ihrem Kopf drehte ein Karussell, immer schneller und alles überschlug sich. »Ich möchte einen Anwalt. Ich kann dazu nichts sagen.«

»Natürlich hat Sie das jetzt überrumpelt. Wir sorgen für einen rechtlichen Beistand und fahren dann erst einmal ins Präsidium zurück. Es verwundert mich schon, dass sie nach einem Anwalt verlangen, wo Sie doch unschuldig sind?« Jens Löwe blickte Sie erstaunt an.

»Hier wird einem doch das Wort im Mund umgedreht. Dem bin ich nicht gewachsen. Schließlich habe ich den Fund der Toten gemeldet. Aus jetziger Sicht hätte ich das besser gelassen.«

»Oh nein, das war schon schlau von Ihnen. Auf diese Weise haben sie gut von sich als Täterin abgelenkt«, konterte Löwe.«

Harald Meusel bemächtigte sich des Fahrrades und fuhr den beiden Polizeiwagen hinterher, die sie über den Feldweg zurück wieder erreicht hatten. Er schüttelte den Kopf und meinte zu sich selbst:

»Nein, die Kleine hat einen so netten Eindruck gemacht. Sie hat uns ja auch zu der Leiche gerufen? Wie passt das? Was mag da nur passiert sein?«

Die Beamten waren sich alle ihrer dürftigen Beweislage bewusst, hatten sich aber nach dem Auffinden des Schuhs einen Tathergang konstruiert, der ihrer Ansicht nach nur so abgelaufen sein konnte.

Im Vernehmungsraum gesellte sich Tilo Schwarz, ein junger Anwalt zu Jens und Selma. Er ließ sich von Ihnen kurz berichten, was seiner Mandantin vorgeworfen wurde. Dann nahm er sich eine halbe Stunde, um mit Alexandra Friedrich allein zu reden. Bei ihrer Vernehmung hatte er ihr eindringlich geraten, sich nicht zum Fall zu äußern.

Er blickte wissend über seine rahmenlose Brille, die ihm – gepaart mit dem Bartansatz – einen erfahreneren Eindruck verschaffen sollte. »Ich rede, Sie sagen kein Wort«, wies er sie streng an.

Außer dem Schuh hatten die Beamten ja keine Beweise. Nicht einmal das war ein wirklicher Beweis, denn die DNA Spuren waren noch nicht ausgewertet.

Selma Habrecht konstruierte ein Szenario. »Es war für Sie einfach unerträglich, dass Elli immer alle Liebhaber, die Sie gern hätten, zuerst abfasste. Sie äffte Sie in den Klamotten nach, im Parfüm und allem Persönlichen. Sie ließ Sie in ihren Whats-App-Nachrichten so abblitzen, dass sich ihr Hass noch weiter steigern musste. Nun hat sie ausgerechnet noch mit Damian geprahlt, hinter dem sie so lange schon her waren... Womöglich hatte den sogar Ellis Schwester Lisa vor Ihnen?«

Schroff unterbricht Alexa den Redefluss der Kommissarin: »Lisa hat damit gar nichts zu tun, die ist lesbisch. Aber ihre blöde Schwester hat sich einen Sport daraus gemacht, mich überall nachzuäffen. Bei den Klamotten war es mir noch relativ egal. Aber dass sie mir ständig die Kerle weggenommen hat, hat mich schon auf die Palme gebracht.« Sie schaute Selma unmittelbar an. »Wie würden Sie denn reagieren, wenn Ihnen das laufend passieren würde?«

»Zugegeben, es würde mich auch ganz schön wütend machen. Aber ich würde meine Rivalin sicher nicht deshalb umbringen.«

»Wie hätte ich diese dauernden Demütigungen denn sonst stoppen sollen!« Erschrocken blickte sie in die Runde. Immer wieder ihr vorlautes Geplapper. Sie redete erst und überlegte dann – immer.

Die Wut, die noch immer in ihr loderte, hatte die Kontrolle über ihr Hirn übernommen.

Schon grätschte der Anwalt dazwischen: »Mein Gott, Frau Friedrich! So halten Sie doch den Mund. Sie reden sich um Kopf und Kragen!«

»Ist eh zu spät. Die haben sich doch schon ihr Bild gemacht. Ich muss reden, ich kann seit Nächten nicht schlafen. Immer sehe ich diese Nutte vor mir. Mein liebeskranker Bruder macht mich dazu auch noch fertig mit Verdächtigungen. Aber es war Notwehr, das müssen Sie berücksichtigen.« Alexa setzte sich mit einem provokanten Gesichtsausdruck auf ihrem Stuhl zurück.

Sie trank einen großen Schluck aus ihrem Wasserglas und ihre Hand zitterte nicht einmal. Sie hatte sich bereits in Rage geredet und war mit Vernunft, die ihr Anwalt eindringlich anmahnte, nicht zu stoppen.

»Sie hatte mich am Telefon so runtergemacht, dass ich keinen klaren Gedanken fassen konnte.«

Alexas Stimme ließ an Aggression kaum noch Steigerung zu. »Ich wollte sie unbedingt zur Rede stellen und hab mich auf die Suche nach ihr gemacht. Da ich wusste, dass sie sich mit Damian in der Herthahöhle verabredet hatte, bin ich schnurstracks da hin. Ich kam von unten, vom Hainweg und sah Damian über ´s Feld davon laufen. Elli lag im Gras und wimmerte. Das versetzte mich in einen wahren Freudentaumel. Sie tat mir direkt schon leid, als ich sie so verletzt und hilflos liegen sah. Ich half ihr auf und versprach, sie nach Hause zu begleiten. Sie stützte sich schwer auf mich und wir stolperten so – Arm in Arm – den Weg, den ich gekommen war, zurück. Ich war wirklich bemüht, ihr zu helfen«, beteuerte sie mit Nachdruck und gönnte sich einen weiteren Schluck Wasser.

Keiner der Anwesenden unterbrach sie, alle hörten gespannt zu. Auch ihr Anwalt hielt sich resigniert zurück.

»Anfangs zeigte sich Elli dankbar. Dann fing sie plötzlich an zu kichern. Dass ausgerechnet ich sie retten würde, wo ich doch so eine Wut auf sie haben müsste. Sie gäbe zu, mir gegenüber manchmal ein Biest zu sein, aber ich sei auch das typische Opfer. Und schon legte sie wieder los. Immer wäre ich neidisch auf sie, sie könne alle Kerle ganz leicht haben. Würde sie die nicht immer mal animieren, auch mal mit mir zu vögeln, würde ich ja gar keinen abkriegen. Bei Damian hätte ihr Zureden aber nichts geholfen, der hätte von mir gar nichts wissen wollen. Das könne sie auch gut verstehen, ich solle mich doch mal im Spiegel betrachten.

Da sind bei mir alle Sicherungen durchgebrannt. Ich habe sie weggestoßen und sie ist hingefallen. Jetzt habe ich sie meinerseits beschimpft. Aber sie hat nur wieder gelacht und gemeint, ich solle die Tatsachen doch einfach akzeptieren. Ich hatte auf dem Weg, als ich sie abschleppte und stützen musste, meinen linken Schuh verloren.

(ich dachte, ich hätte gehört, wie er den Hang hinunter gekullert wäre) Der andere war mir jetzt im Weg und ich steckte ihn in meine Tasche. Dabei berührte meine Hand die Plastiktüte. Ohne Nachzudenken nahm ich sie heraus und stülpte sie ihr über den Kopf. So, schnauzte ich, sie solle nun mal die Schnauze halten und nachdenken. Ich wäre nicht länger bereit, mir ihre Gemeinheiten anzuhören.

Natürlich wehrte sie sich so gut das im Liegen ging. Sicher war sie auch durch den Blutverlust geschwächt. Jedenfalls konnte sie sich nicht von der Tüte befreien, die ich ganz fest zugedrückt hielt. Ich traute mich auch kaum loszulassen, als längst keine Gegenwehr mehr kam.«

Sie war erschöpft, aber seltsamerweise kein bisschen ängstlich. Offensichtlich verkannte Alexa ihre Lage, indem sie immer noch glaubte, im Recht zu sein. Schließlich hatte diese Schlampe das verdient, wie sie mehrfach äußerte.

Selma ließ das Geständnis erstmal sacken. Freundlich fragte sie nach, warum Alexa der Toten dann noch diese Verstümmelungen an Gesicht und Brüsten zugefügt hätte.

Als wäre sie nicht von dieser Welt, berichtete die Befragte: »Ich hatte ihr angedroht, ich würde sie jetzt so entstellen, dass sie kein Kerl mehr haben wollte.«

»Aber da war sie doch schon tot. Was hätte ihr das noch gebracht oder geschadet?«

»Muss es immer *ihr* was bringen? *Mir* hat es was gebracht. Ich hab sie hässlich gesehen. Und ich wollte, dass von nun an auch die ganze Welt sie so sieht. Eine hässliche Fratze. Ich hab sie aufgestellt wie eine Vogelscheuche, die sie auch war.«

In ihrer Wut und Unbeherrschtheit hätte man Angst vor ihr bekommen können. Ihre dunklen Augen funkelten irr und die Arme gestikulierten wild, wie sie ihre Schnitte vor ihrem geistigen Auge noch einmal ausführte. Ja, und es war schade, dass sie sich so nicht mehr im Spiegel sehen konnte!«

»Aber warum in aller Welt haben Sie Damian ausgerechnet dahin geführt, wo er sie doch sehen musste.?« Jens Löwe schüttelte verwundert den Kopf.

»Ich wollte ja, dass er sie so sieht. Ich tat so, als wäre ich äußerst überrascht. Und ich wollte auch, dass er da hineingezogen wird, dass er als der Schuldige erscheint.

So hätte ich mich erfolgreich an **beiden** gerächt.«

Landlust

De Bauern hatten friher in der Erntezeit immer etliche Mächte und Knachte im Hause, wenn viel Arweit wor.

Am Tage warn se uffn Felde. Se schnitten das Getreide mit Sicheln ab, nahm´s in Arm und stellten´s als Puppen auf.

Nachert wurds mit Gabeln angebackt un uff´n Pferrewachen nauf gehievt.

De Weiber saßen obendrauf un hielten alles zam.

Derzwischen nein gabs Mittachsbrot un kalten Tee oder sißen Essigsaft.

Erscht, wenn´s dunkel wurde, fuhr mer offn Hof.

De Tache danach wurde off der Tenne gedroschen. Met viel Kraft mussten de Kerle mit ihren Dreschflegeln auf das Getreide neinschlache, damit de Kerner nauspurzelten.

Das war anstrengnd. Aber beim Amdassen waren se alle fröhlich un machten Witze.

Vier Mächte und drei Knachte saßen met den Bauersleiten Blachschmidt an een Tisch.

Ä grußer Topf met Suppe stand mittsche un jeder hatte sein Löffel. Se aßen alle aus densalben Topfe.

Mästens glotzen mehr Ochen in de Suppe nein, als Fettochen raus.

Kaum war der Topf leer, rämten de Weiber ´s Geschirre ab un machten Ordnung.

De Karle tranken mit´n Bauer noch´n Schnaps un warn och glei verschwunden.

Ämal frachte der Bauer: »Ihr seid immer so schnell verschwunn. Was machten ihr abns noch?«

»Ach Bauer, mer ham ä neies Spiel. De Weiber stelln sich offn Heiboden im Kreise uff, mit´n Köpfen im Hei.

Mir Kerle lieben die nachert von hinten und die missen rate, warsch war.«

»Donnerwetter, das is´n scheenes Spiel. Kann ich da vleicht ah metmache?«

»No klar, Bauer. Moch nor met. De Beierin is a schonn ene Woche derbei!»

Riesenrummel

Laute Musik, chaotisch durcheinander huschende Töne mit schrillem Quietschen und lautem Dröhnen. Dazwischen immer wieder Rufe von den Karussell-Schreiern. »Nur hier und nur heute können Sie für die Hälfte fahren! Steigen Sie ein! Bei uns kommen Sie auf Ihre Kosten.«

Ein lauer Wind streifte den Platz und trieb auch die unterschiedlichsten Düfte heran.

Die vielen Bratwurststände konkurrierten mit den Buden, die Softeis oder Zuckerwatte anboten.

An vielen Ständen hatten sich lange Schlangen gebildet. Die Menschen waren ausgelassen; hungrig nicht nur nach Leckereien, sondern auch nach Vergnügen.

»Vogelschießen« in Rudolstadt.

Sonja hatte ihn vorhin gesehen. Sie hatte geahnt, dass er hier sein würde. Er war mit einem hübschen Mädchen auf den Rummel gekommen. Das machte sie eifersüchtig. Andererseits konnte er nichts von ihrer Sehnsucht wissen. Aber sie wollte nicht aufgeben, ihn auf sich aufmerksam zu machen. So lange schon hatte sie gewartet, gehofft, hatte jeden Ort besucht, von dem sie wusste, dass ihm auch sein Interesse gelten würde. Nie war sie ihm dort begegnet.

Und heute nun endlich hatte sie Glück, ihn wieder zu sehen. Mit Bedacht hatte sie ein sexy Outfit gewählt: Ihr weißes Kleid war mit vielen kleinen Rosen bedruckt, die sich an dem tiefen Dekolleté zu einem Kranz gerüscht formten. Der kurze, schwingende Rock gab viel von ihren langen, braunen Beinen preis. Sie fühlte sich wohl darin und war sich ihrer Wirkung bewusst. Die Mode kam ihr entgegen, man konnte so viel von sich zeigen, ohne dass es aufdringlich wirkte.

Schon mehrfach am Abend musste sie Annäherungsversuche abwehren. Sie kannte ihren Ruf, unnahbar und arrogant zu sein. Das stimmte aber nicht. Trotz ihrer Attraktivität war sie eher schüchtern. Nie würde sie spontan auf einen Mann zugehen können, um ihm ihr Interesse zu offenbaren. Seit langem war sie nur auf Greg fixiert und hoffte, er würde sie endlich ansprechen.

Alles begann, als der durchgängige Regen eines trüben Morgens sie zwang, mit dem Zug, statt mit dem Fahrrad zu fahren. In den Semesterferien ihres ersten Studienjahres hatte Sonja wieder bei ihrem Bruder und seiner Familie in Rudolstadt Quartier bezogen. In Saalfeld war ihr in der Schokoladenfabrik ein Ferienjob angeboten worden, bei dem sie sich etwas zum Studium dazu verdienen konnte.

So fuhr sie jeden Morgen mit dem Fahrrad die vierzehn Kilometer zur Arbeit und am Nachmittag über eine andere Variante der Strecke zurück.

An diesem verregneten Morgen – es war erst ihr dritter Arbeitstag – überraschte sie dieses scheußliche Wetter. Petra hatte ihr schon eine Zugverbindung herausgesucht. Zuerst widersprach sie ihrer Schwägerin, die ihr die Zugfahrt anriet.

»Ach was, der Regen hört schon wieder auf. Und wie soll ich überhaupt vom Bahnhof dann zum *Rotstern* kommen?«

»Du kannst im Zug das Rad mitnehmen. Wenn es am Nachmittag schöner ist, könntest du dann auch mit dem Rad zurück fahren.« Das war schlau, so würde sie es machen. Und es war letztlich eine glückverheißende Entscheidung.

Schon auf dem Bahnsteig entdeckte Sonja unter den Wartenden einen attraktiven, jungen Mann. Er war von großer, kräftiger Statur; schlank, aber muskulös. Sie schätzte ihn auf wenigstens Eins neunzig, nicht kleiner. Seine dichten kurzgeschnittenen schwarzen Haare waren durch den Regen ein wenig an seinem markanten Hinterkopf angeklebt. Er trug eine modische Brille, die durch die Nässe beschlagen und seine Augenfarbe nicht zu erkennen war.

Als Sonja ihr Fahrrad an den Bahnsteigrand schob, wurde er auch auf sie aufmerksam und schaute interessiert in ihre Richtung.

Durch Zufall kam der Zug so zum Stehen, dass direkt vor ihr eine Abteiltür von den Aussteigenden geöffnet wurde. Behände hatte schon ein älterer Mann ihr Fahrrad ergriffen und über die Trittstufen ins Abteil geschoben. Sie nickte ihm dankend zu.

Der Hübsche stieg kurz darauf mit ein paar Freunden ebenfalls in ihren Wagen ein. Gesprächsfetzen wurden zu ihr getragen. So erhaschte sie, dass die Freunde ihn Greg oder Gregor nannten. Sie traute sich nicht, zu ihm hinzublicken, spürte aber aus ihren Augenwinkeln, dass er sie wohlwollend fixierte. Sonja ärgerte sich, als sie wieder eine aufkommende Gesichtsröte verspürte. Sie fühlte dabei immer ihre Gefühle verraten.

In Schwarza stieg er leider schon wieder mit seinen Kumpels aus. Für sie ging die Fahrt noch eine Station weiter.

Bereits am nächsten Morgen nahm Sonja wieder den Zug nach Saalfeld, obwohl das Wetter angenehm mild und trocken war. Petra schaute erstaunt, fragte aber nichts. Ihre Schwägerin zuckte nur lächelnd die Achseln und machte sich selbst auf den Weg zur Arbeit.

Ja, es hatte geklappt. Sie entdeckte Gregor schon von weitem, da er die anderen um Kopfes Länge überragte. Es schien fast so, als hätte er auf sie gewartet. Er lächelte leicht und wandte sich wieder der Unterhaltung mit seinen Freunden zu. Ein Lächeln und ein roter Kopf waren Sonjas Antwort.

Ihr Fahrrad einzuladen übernahm wieder der Herr vom Vortag. Die Frau an seiner Seite schaute ein wenig grimmig. Sonja wählte einen Platz, von dem aus sie Greg beim Aussteigen sehen konnte. Er drehte sich leicht lächelnd zu ihr um, als er das Abteil verließ. Es war für sie wie ein Abschiedsgruß.

Am Pralinenpackband ertappte sie sich selbst oft dabei, dass sie ihre Gedanken zu diesem Prachtburschen abschweifen ließ. Auch ihre Bandkolleginnen übergeführten sie dabei, wie sie träumte und dabei vergaß, die richtige Praline in das dafür vorgesehene Fach der Schachtel einzulegen. Das ging gar nicht, das hielt völlig den Verkehr auf.

Erstaunlicherweise konnten diese routinierten Fachkräfte stundenlang über alle Themen ihres Alltags losschwätzen, ohne auch nur einmal aus dem Rhythmus zu kommen.

Ihr wurde schließlich nahegelegt, doch den Platz am Band mit dem Platz am Rollwagen zu wechseln.

Dem stimmte sie bereitwillig zu. Ihre Aufgabe war es nun, das Pralinenband ständig mit Pralinennachschub der jeweils auslaufenden Sorte zu versorgen, so dass dort kein Leerlauf im Bestücken der Schachteln entstehen konnte. Die Aufgabe führte sie im ständigen Wechsel vom Schokoladenlager in den Pralinensaal und wieder zurück; sie war in ständiger Bewegung. Keine von den behäbigen Damen am Band übernahm gern diesen Job.

Im Lager standen Säcke mit gebrannten Nüssen und Mandeln. So belohnte sich Sonja ihre Wege selbst mit einer Handvoll dieser Köstlichkeiten, denn Schokolade konnte sie schon vom zweiten Tag an weder riechen noch essen.

Seit sie diesen Gregor nicht mehr aus dem Kopf bekam, behielt sie die morgendlichen Zugfahrten bei, auch bei schönem Wetter. Das Prozedere war täglich das Gleiche. Ihre Augen suchten einander, sie lächelten sich an – und schwiegen.

Die insistierenden Blicke ihrer Schwägerin musste sie schließlich beantworten: »Es gibt da einen hübschen Jungen …« Nichts weiter war dazu zu sagen. Tagelang. Petra lächelte verstehend und Sonja zuckte mit den Achseln. Das sollte so viel heißen wie: »Es hat sich noch nichts ergeben.« Erfreut sinnierte Petra: »Oh! Da bahnt sich bestimmt bald was an.«

»So weit sind wir noch lange nicht!« Und sie wusste gar nicht, wie Recht sie damit hatte. Das ging nun schon seit zehn Tagen so.

Eine Eingebung machte sie sicher, dass er heute am Freitag, am letzten Tag des »*Vogelschießens*« auf dem Platz sein würde.

Da sah sie die Beiden gerade wieder. Er hielt sie nicht an der Hand, das war ein gutes Zeichen! Er konnte sie nicht an der Hand nehmen. In der einen hielt er einen riesengroßen Teddybär und in der anderen eine Bratwurst. Dafür küsste sie ihn aber gerade auf die Wange. »oh nein!«

»Was soll ich nur tun?«, fragte sie sich panisch. Ihr Kopf bot keinen Platz für rationale Gedanken.

Am liebsten wäre sie zu den beiden hingeeilt und hätte ihn mit sich gerissen. So lange hatte sie ihn sich gewünscht. In all ihren Träumen war er präsent und es machte sie ärgerlich, wenn sie zu früh erwachte.

Was? Was? Was konnte sie nur tun?

Geduld, es würde sich eine Gelegenheit ergeben.

Sie kaufte sich eine große Eistüte und genoss diese kalte Süßigkeit. Dumm, die Portion war zu groß und begann bereits, ihr über die Finger zu laufen. Sonja stellte sich erst einmal an den Rand, neben den Zaun der Geisterbahn. Ein Plakat war auf Augenhöhe angebracht, über dessen Inhalt sie schmunzeln musste:

»Berliner Gruselkabinett sucht für die laufende Saison einen Vollzeit-Erschrecker. Der Mitarbeiter muss in der Lage sein, etwa acht Stunden im Dunkeln zu arbeiten.

Bei Interesse melden Sie sich bitte an der Kasse des Fahrgeschäftes.«

»He Puppi! Hast du nicht Lust, mit uns ein wenig über den Rummel zu ziehen?«, wurde sie gerade von drei offensichtlich angetrunkenen Männern angepöbelt.

Sonja antwortete nicht. »Oh, die Schöne ist stolz. Komm mit, wir wollen nur ein bisschen Spaß. Du kannst uns glauben, wir sind die absoluten Experten.«

»Ihr seid vielleicht Experten hierfür.« Sie wies mit ihrer Eistüte auf das Plakat. »Ich habe jedenfalls keine Zeit für euren Service, ich warte auf meinen Freund.«

Es war definitiv eine dumme Idee gewesen, allein auf den Rummel zu gehen. Überall, wo sie auch hinschaute, sah sie Pärchen oder Gruppen und Familien. Als sie am Nachmittag mit ihrem Bruder und dessen Familie auf dem Platz war, kam ihr spontan der Gedanke, am Abend noch einmal hierher zu kommen. Freitags – am letzten Freitag des »*Vogelschießens*« – gab es immer ein großes Feuerwerk.

Die drei Burschen waren dichter an sie herangerückt. Sie trat kurz zur Seite, um ihrer Aufdringlichkeit zu entkommen. Zum Glück erblickte sie den Maschinenmonteur aus ihrer Schicht und ging schnellen Schrittes auf ihn zu. »Hallo, hier bin ich! Tu bitte so, als wärest du mein Freund«, raunte sie ihm leise zu. Verwundert und erfreut begrüßte er sie mit einer Umarmung. »Ich muss diese drei aufdringlichen Kerle loswerden. Bist du allein hier?«

»Ich suche meine Frau.« Dabei ließ er weiter seine Blicke über die Menge schweifen. „Ich möchte dringend nach Hause, mir geht´s nicht gut, aber ich kann sie nicht finden.« Man konnte ihm ansehen, dass er sich nicht wohl fühlte. Sein sonst so fröhlicher Gesichtsausdruck war verschwunden und Schweißperlen standen zwischen seinen Stirnfalten. Die Augen flackerten fiebrig.

Sonja wusste, dass er ebenfalls in Rudolstadt wohnte. „Warum gehst du nicht allein? Sie ist doch sicher nicht sauer.«

»Kann ich nicht, wir sind mit den Rädern hier.«

»Versteh ich nicht, da kannst du doch auch mit deinem Rad …» Er unterbrach sie, jetzt lachend. „Nee, geht nicht. Wir haben die Räder angeschlossen; zusammen! Und sie hat die Schlüssel.«

Er bot ihr an, sie während seiner Suche noch ein Stück zu begleiten, damit sie aus dem Dunstkreis ihrer neuen Verehrer entkommen konnte.

»Das ist lieb von dir. Ich gehe, glaub ich, am besten mal auf die Toilette, um meine Hände zu waschen.« Das Eis war inzwischen vollends geschmolzen und klebte ihre Finger zusammen.

Kurz darauf verabschiedeten sie sich: »Bis Montag.«

Den Rückweg von der Toilettenanlage wollte Sonja direkt zum Riesenrad abkürzen. Es waren nur wenige Schritte über die Wiese, einen Abhang hinunter. Sie verlor das Gleichgewicht, als sie plötzlich in etwas Weichem ausrutschte. Der Konsistenz und dem Geruch nach war es Hundekot.

Und es hatte sich voll gelohnt. Sie schlitterte vom Absatz über die Waden den Po entlang. Dabei schob sich ihr Kleid nach oben und beschmutzte sowohl ihren Slip als auch den gesamten Rock von innen. Ihre Hände fassten auch noch in den Dreck bei dem Versuch, sich abzufangen.

Einen Moment saß sie reglos in diesem Haufen. Dann überkam sie ein unüberwindbarer Würgereiz und sie spie ins Gras. »Das teure Eis«, dachte sie blödsinniger weise.

Nun war alles aus! Sie stank wie eine Jauchengrube und wusste nicht, wie sie das beheben sollte. Am Rande der Wiese bleibend, immer darauf bedacht, nur ja niemandem zu begegnen, schlich sie auf das Saaleufer zu. Unter der Brücke entledigte sie sich zuerst ihrer Sandalen. Sie hatte gesehen, dass der Kot quasi zwischen jedem der schmalen Riemchen saß. Das ließ sich nicht einfach wegwaschen. In hohem Bogen schleuderte sie die Schuhe in den Fluss.

Vorsichtig zog sie ihr Kleid über den Kopf und befürchtete zu Recht, dass dabei ihr Haar verunreinigt würde. Ihr Lieblingskleid war hin. Dieser dämliche Hund hatte mit seinem Haufen ganze Arbeit geleistet. Wie weiter? Sonja zog sich auch den Slip aus, um ihn im Saalewasser auszuwaschen und ihn gleichzeitig als Waschlappen für ihren Körper zu benutzen. So stand sie quasi splitternackt auf den glitschigen Steinen und fröstelte. Das Wasser war recht kalt, auch wenn draußen sommerliche Temperaturen vorherrschten.

Obwohl kaum Licht der Brückenlaterne unter dem Übergang ankam, hatten sie die drei Männer von vorhin entdeckt. Sie waren an den Saaleufern auf der Suche nach einem Abenteuer der besonderen Art; nun hatten sie eines entdeckt. Johlend kamen sie zu ihr herunter gerannt.

»Da ist ja unsere spröde Schöne. Und auch schon bereit für eine schnelle Nummer!« Der erste watete, ohne Rücksicht auf seine Kleidung, ins Wasser und zog Sonja grob am Arm. Sie schlug verzweifelt um sich, um ihn abzuschütteln, aber es gelang ihr nicht. Die anderen beiden zerrten sie vollends ans Ufer und schubsten sie brutal ins Gras.

»Das wird ein himmlisches Vergnügen. Die beschert uns eine besondere Erquickung zum Feuerwerk.«

Die ersten Raketen stiegen gerade in den Himmel und die explodierenden Sterne färbten ihn in wunderschönen Gelb- und Rottönen. Dafür hatte Sonja keine Augen. Ihre Augen sahen nur drei durchgeknallte Burschen, die hungrig nach ihrer Nacktheit griffen und stritten, wer sie zuerst haben durfte. Strampeln, beißen kratzen – alles half ihr nichts. Sie setzte alle Waffen ein. Sie beendeten ihre wilde Abwehr schließlich damit, dass einer ihr eine kräftige Ohrfeige verpasste. Sie schmeckte Blut in ihrem Mund.

»Ich will die nicht, ihr könnt sie euch teilen. Die stinkt nach Hundescheiße.«

Das hörte sie und freute sie fast. Konnte es sein, dass ihr das eine Vergewaltigung ersparte?

Die beiden anderen zögerten. Ihnen wurde die Gelegenheit zu einem ausgiebigen sexuellem Abenteuer schließlich auf einem Tablett serviert. Aber sie drehten sich nun doch auch angewidert von ihr weg.

Sie waren richtig sauer und sehr zwiespältig, was sie nun weiter tun sollten.

»Ja, du hast Recht. Das ist ja ekelhaft. Sicher finden wir noch anderswo ′ne schnelle Nummer. Brrr.!« Sie ohrfeigten sie noch einmal. Kräftig, voller Lust und Wut. Sie traten nach ihr, immer und immer wieder; obwohl sie ja schon auf dem Boden lag. Ihre Schläfe traf auf einen Stein und sie blutete sofort. Ihre Schmerzen waren unerträglich und gar nicht mehr zu lokalisieren. Klugerweise mimte sie in diesem Moment eine Ohnmacht. Sie war aber auch in der Realität nicht weit davon entfernt.

»Lasst uns von hier verschwinden bevor uns noch jemand sieht. Bis man die gefunden hat, sind wir über alle Berge.«

Sonja registrierte die plötzliche Ruhe um sich herum. Sie öffnete vorsichtig die Augen und sah noch, wie sich die drei lachend und schulterklopfend entfernten.

Aber es war zu spät. Vielleicht war sie ja schon tot? Um sie herum war laute Musik und ein phänomenales Feuerwerk. Der Himmel stand in Flammen und sie glaubte, sie würde in diesem Feuer verbrennen. Sonja wollte gar nicht aufstehen. Einfach nur hier liegen bleiben. Ihr Körper war geschunden, noch mehr ihre Seele. Apathisch lag sie da, unfähig, rationale Entscheidungen zu treffen.

»Schön, dass meinen Tod ein solch hübsches Feuerwerk begleitet. Wird mich jemand vermissen?«

Sonja dachte jetzt daran, was ihr in den qualvollen Minuten durch den Kopf gegangen war. Sie hatte sich als Zehnjährige gesehen, an der Hand ihres großen Bruders. Sie standen vor dem Grab ihrer Eltern, die bei einem Verkehrsunfall ums Leben gekommen waren. Sicher hatten die viel mehr leiden müssen, als sie eben.

»Meine kleine Schwester, ich bin immer für dich da. Auch wenn du ab jetzt bei der Oma wohnst; wenn du mich brauchst, bin ich da.«

Und so war es all die Jahre. Thomas war zwölf Jahre älter als sie. Sie liebte ihn wie sonst nichts auf der Welt. Er wäre untröstlich, würde er sie verlieren. Und auch ihre Nichten. Die Zwillinge – Johanna und Josephine – gerade mal sieben Jahre alt. Für sie sollte sie weiter leben. Sie hatte ihnen schon so viele schöne Abenteuer versprochen, sie durfte sie nicht im Stich lassen.

»Ich zähle jetzt bis zehn, dann steh ich auf.«

Sonja zählte bis fünfunddreißig und lag immer noch lethargisch im Gras. Als sie betrunkene Stimmen und Gelächter näherkommen hörte, wälzte sie sich hinter einen Busch und hielt die Luft an. Zwei Pärchen liefen laut lärmend nur knapp an ihr vorbei.

Als sie außer Sichtweite waren, stemmte sie sich wankend in die Aufrechte. Ihr war schlecht, sie übergab sich aufs Neue. Alle Körperteile taten ihr weh. Den schlechten Geschmack in ihrem Mund versuchte sie, mit etwas Saalewasser auszuspülen, was ihr aber nicht gelang.

Sich selbst eindringlich Besonnenheit befehlend, kam sie langsam zur Ruhe. Jetzt war es ihr auch möglich, einigermaßen rational zu denken. Sie war hier unter der Brücke vor fremden Blicken relativ sicher. Aber hier konnte sie ja nicht bleiben. Aus diesem Schutz herauszutreten, konnte sie aber auch nicht wagen, sie war nackt.

Ihr Slip lag vor ihr im Gras. Er war pitschnass. Sie nahm ihn auf, wobei ihr beim Bücken fast der Rücken zerbrach. Als sie das nasse Teil anzog, lief ein eisiger Schauer durch ihren drangsalierten Körper. Was besaß sie für ihre nackten

Brüste? Ihr Kleid hatte sie zu allem Anfang einfach achtlos in die Büsche geworfen. Sie suchte jetzt nach ihm.

Sie brauchte nur dem penetranten Gestank nachzugehen, schon hielt sie es in den Händen. Da war mit Auswaschen nichts zu reparieren. Aber die obere Hälfte des Kleides war nicht beschmutzt.

In ihrer schmalen Gürteltasche, die sie beim Ausziehen neben das Kleid geworfen hatte, befand sich ihr Fahrradschlüssel. Die Zacken am Bart waren ziemlich scharf. Sie benutzte sie, um notdürftig das Oberteil vom Rest des Kleides abzutrennen. Das ging leichter als gedacht. Erstmal mit dem Schlüssel einen Anfangsschlitz erzeugt, konnte sie den Stoff reißen und hielt kurz darauf das rüschenbesetzte Teil in der Hand. Sie zog es an und konnte so erfolgreich ihre Nacktheit verbergen.

Wohin jetzt? In die Wohnung ihres Bruders? Er wohnte an der Heidecksburg – das würde bedeuten: einen Fußmarsch durch die gesamte Stadt. Das war unmöglich. Sie schlich sich an den Brückenpfeilern entlang die Böschung auf der Stadtseite hinauf. Da sie barfuß war, spürte sie jedes kleine Steinchen als unerträgliche Qual. Plötzlich trat ihr Fuß in etwas Weiches! Erneut kam Panik in ihr auf! Wieder ein Haufen?

Nein, es war nur ein durchnässtes Papiertaschentuch. Sie hatte das Glück, durch den schmalen Weg einer Schrebergarten Anlage ungesehen auf ein Seitengässchen zu gelangen.Vor dem ersten Haus leerte gerade ein älterer Herr seinen Mülleimer.

»Hilfe! Bitte helfen Sie mir!» Ihre Bitte war nur leise. Zuerst dachte der Mann, sich verhört zu haben. Nein, da stand tatsächlich ein junges Mädchen, nur halb bekleidet, zitternd vor Angst und Kälte. Er trat einen Schritt auf sie zu und sie vor Entsetzen zwei Schritte zurück.

»Ich helfe Ihnen. Ganz ruhig! Was ist passiert?«

»Hallo Paps. Wo willst du hin?«

» Oh Anna! Du kommst gerade recht!« Er war froh, durch seine ankommende Tochter dieser unerwarteten Verantwortung zu entkommen. »Kümmer dich um das Mädchen.« Anna trat vorsichtig auf Sonja zu.

»Mein Gott, was ist dir passiert?«

»Drei Kerle – auf dem Rummel – keine Klamotten…«

Anna reichte ihr die Hand. » Erzähl ´s mir später, komm erstmal mit rein!«

»Mutsch! Ich bin ´s! Ich lass mal eben Badewasser ein und komm dann gleich!» Annas Mutter streckte ihren Kopf aus der Küchentür. Natürlich konnte sie sich den seltsamen Anblick ihrer Tochter neben dem halbnackten, fremden Mädchen nicht erklären. Kopfschüttelnd zog sie ihn deshalb wie in ein Schneckenhaus zurück. Anna würde ihr das schon erklären. Die ließ im Bad ohne viele Umstände die Badewanne voll Wasser, gab richtig viel Badzusatz dazu und prüfte mit der Hand die Temperatur. Sonja stand wie ein Häufchen Unglück neben ihr. Sie zitterte.

Anna streichelte ihr sanft über den Arm. »Ich mach dir fix einen heißen Tee und entsorge deine… Klamotten. Du stinkst…« Sie zuckte entschuldigend mit den Achseln.

Sonja stieg aus ihrem Slip und zog das Oberteil über den Kopf. Anna hielt ihr einen Müllbeutel auf. Bevor sie den aus dem Bad schaffte, entnahm sie dem Spiegelschrank eine eingeschweißte Zahnbürste und gab ihr auch die Zahnpasta.

»Danke«, hauchte Sonja und erschrak im nächsten Moment, als sie sich im Spiegel sah.

Sie war nicht als Sonja Mertens zu erkennen. Ihre Augen waren verheult, übermäßig groß mit dunklen Rändern. Die linke Augenbraue war aufgeplatzt und ein dicker Blutstreifen lief an der Schläfe entlang. Er war schon verkrustet. Ihre Unterlippe war an der linken Seite geplatzt und hatte ebenso eine Blutspur hinterlassen. Erst jetzt, als sie es sah, tat es ihr noch einmal richtig weh.

Sie erinnerte sich an den Schlag ins Gesicht. Oder waren es mehrere? Ihnen hatte sie aber zu verdanken, dass sie danach kurz weggetreten war.

Vorsichtig tauchte sie in das angenehm temperierte Wasser ein und hätte fast geschrien. Unerträglich brennende Schmerzen durchfuhren ihren Körper und machten sie fast wieder bewusstlos. Aber das würde vorüber gehen.

Sie fuhr sich mit beiden Händen durch die Haare und fühlte verklebte, verdreckte Stellen. Sie brauchte nicht daran zu riechen um zu wissen, was es war. Sie hatte sich beim Ausziehen des Kleides auch die Haare beschmiert. Sie tauchte voll unter Wasser und scheuerte mit beiden Händen ihren Kopf. In diesem Moment kam Anna ins Bad zurück. Sie erschrak, dachte ihr Gast wolle sich etwas antun. Zum Glück kam Sonja gerade prustend nach oben.

Anna setzte sich an den Wannenrand. »Darf ich hier bleiben?«

»Natürlich, ich bin dir auch eine Erklärung schuldig.«

»Nein, nur, wenn du willst. Kannst mir auch später erzählen. Wir wechseln erst noch einmal das Wasser.«

Es klopfte an der Badtür. Annas Mutter kam mit einer Tasse Tee. Sie lächelte Sonja wohlwollend an und wandte sich dann an ihre Tochter. »Wo ist eigentlich dein Bruder? Wart ihr nicht zusammen auf dem Rummel?«

»Doch, aber der hat Kumpels getroffen, da hab ich mich verpisst. Du kennst doch Greg, er wird nachher sicher noch helfen, alle Lichter zu löschen.«

Sonja blickte kurz auf. Jetzt war es ihr klar. Während der letzten Stunde war sie ständig am Grübeln, ob sie Anna schon irgendwo einmal gesehen hatte. Na klar! Sie war das Mädchen, mit dem Gregor auf dem Rummel war. Ein warmes Gefühl der Freude durchdrang sie: dann war sie seine Schwester, keine Freundin. Sie gab nichts von ihren Erkenntnissen preis. Dankbar nahm sie den heißen Tee und schlürfte Schluck für Schluck.

»Ihr kommt zurecht?«, wollte Annas Mutter mit einem besorgten Blick auf ihren Badegast wissen.

Sie wartete aber gar keine Antwort ab, sondern verschwand wieder nach draußen. Anna hatte ihren Bademantel mitgebracht, den sie auf den Toilettendeckel legte.

»Möchtest du etwas essen, oder sonst irgend Etwas?«

»Nein, danke. Du bist so lieb.«

»Auf jeden Fall kannst du erstmal hier bleiben, auch in meinem Zimmer schlafen. Was hast du vor, willst du zur Polizei gehen? Oder soll ich sie dir hierher rufen? Oder einen Arzt?« Sonja schüttelte den Kopf. » Nein. Äußerlich bin ich ja kaum verletzt.« Sie deutete mit der Hand auf ihre Augenbraue und die Wunde an der Schläfe. Anna hatte schon Heftpflaster aus der Hausapotheke entnommen, das sie ihr jetzt auftat.

»Ach Anna, mir ist das alles so peinlich.«

»Wieso denn? Du bist doch nicht schuld! Sei unbesorgt, hier bist du sicher aufgehoben. Mir ist, als seist du schon lange meine Freundin.« Sonja fand ohne großartig nachzudenken die richtigen Worte für ihren Bericht. Sie fühlte sich hier sicher aufgehoben.

Annas Gesicht konnte man den Wechsel der Gefühle deutlich ansehen. Sie war schockiert, empört und voller Mitleid mit ihrer neuen Freundin.

Du kannst mir aber noch einen großen Gefallen tun. Ich wohne zur Zeit bei meinem Bruder, oben an der Heidecksburg. Die warten bestimmt schon auf mich. Würdest du ihnen Bescheid sagen? Da hat in der Nähe keiner ein Telefon. Du könntest mir auch gleich noch ein paar Kleidungsstücke mitbringen. Meine Schwägerin weiß, was sie dir mitgeben kann.«

Anna war schon vom Wannenrand aufgesprungen. »Natürlich mach ich das. Du kannst dann in mein Zimmer hinauf gehen – gleich am Treppenende geradeaus, die Tür mit dem Blumenkranz. Meine Mutter hat dir Bettzeug auf die Couch gelegt, ich komm dann auch gleich zu Bett, wenn ich zurück bin.« Schon war sie verschwunden.

Sonja zog den Stöpsel aus der Wanne, blieb aber weiter darin hocken. Mit der Handbrause ließ sie noch einmal ausgiebig warmes Wasser über Kopf und Körper laufen, bevor sie sich unter Schmerzen aus der Wanne quälte. Sie zog Annas Bademantel über und wagte noch einmal einen Blick in den Spiegel. Ihr Gesicht war noch immer blass unter der Bräune. Sie fühlte sich aber bereits wesentlich besser, da sie zumindest rundum sauber war.

Sie sehnte sich jetzt nur noch nach Schlaf und Vergessen. Hoffentlich würde ihr das gelingen.

Sie konnte nicht wissen, dass Frau Herrmann eine ihrer eigenen Schlaftabletten im Tee aufgelöst hatte.

Das zerwühlte Laken zeugte von einer sehr unruhigen Nacht. Anna bestätigte das auch. Sie habe immer wieder kurz aufgeschrien und angstvoll die Decke über den Kopf gezogen. Anna hatte ein spärliches Licht brennen lassen und so ihren fahrigen Schlaf ängstlich verfolgt.

Sie konnte sich kaum vorstellen, was Sonja da am gestrigen Abend durchlitten hatte. Noch nie zuvor hatte sie so eine körperlich und seelisch dermaßen geschundene Gestalt gesehen. Noch nie hatte sie so viel Mitgefühl für eine Fremde empfunden.

Anna hoffte nur, dass es Sonja gelingen würde, einen normalen Alltagsrhythmus wiederfinden. Und sie beschloss, sie dabei tatkräftig zu unterstützen.

Sie startete den ersten Versuch am Morgen, als sie Sonja resigniert auf dem Rand der Schlafcouch sitzen sah.

Ihr war schwindelig und übel, und sie musste sich mehrere Sekunden am Bettrand festhalten. Sie glaubte nicht, dem Tag gewachsen zu sein.

Anna drängte: »Komm mit nach unten. Es gibt Frühstück. Du musst keine Hemmungen haben, die sind alle so lieb wie ich.« Sonja erwiderte ihr liebenswürdiges Lächeln.

»Darf ich nochmal kurz duschen? Was hat eigentlich mein Bruder gesagt?«

»Ich hab versprochen, dass du heute zum Mittag bei ihm bist. Lass uns das unten bereden. Natürlich kannst du duschen, lass dir Zeit.«

Sonja erschien wenig später am Frühstückstisch der Familie Herrmann. Gregor schnellte von seinem Sitz auf. Seine Augen blickten ungläubig und erfreut zugleich. Seine Überraschung spiegelte sich in seiner Miene wider: »Das ist SIE! Mein Gott, das ist SIE!« Er war völlig neben sich. Ohne die anderen zu beachten, schoss er von seinem Platz nach vorn und nahm sie bei der Hand. Als er Sonja neben sich platziert hatte, erinnerte er sich schließlich an die fragenden Blicke der Anderen. »Ich hab euch doch von ihr erzählt, das Superweib, das ich jeden Morgen am Bahnhof treffe ...!«

»... und nicht anzusprechen wagst“, ergänzte seine Schwester. Alle waren begeistert. »Nein, aber so ein Zufall!« Sonja war einigermaßen baff. So also hatte er von ihr geredet. Sie strahlte ihn an:

»Seit zehn Tagen wünsche ich mir, dass du mich ansprichst. Aber auf diese Weise wollte ich dich nicht kennenlernen!«

Jetzt schaute Gregor sie mitfühlend an: »Mein Gott, was du durchgemacht haben musst!«

»Lass gut sein.« Sie bedeutete ihm mit einer wegwischenden Handbewegung, dass sie im Moment nicht darüber sprechen möchte.

»Wie geht das denn nun weiter?«, wollte Herr Herrmann wissen.

»Na, ich lass sie jetzt nicht mehr gehen!« Er hatte ihre Hand fest in seine genommen. Anna mischte sich ein: »Jetzt lass erstmal ihre Hand los, damit sie frühstücken kann. Danach kannst du sie ja zu ihrem Bruder begleiten.«

»Kannst du bitte vorher noch mein Fahrrad holen? Es steht noch auf dem Rummel – angeschlossen an einem Laternenpfahl.«

»Ja klar, ich weiß doch auch, wie ´s aussieht: rot mit weißen Streifen, es hat einen knallroten Sattel und eine Satteltasche gestrickt aus weißem und rotem Garn. Auf dem Lenker sitzen zwei lustige Micky-Mäuse.« Gregor war stolz auf sein Wissen.

»Alles korrekt; nur die Satteltasche ist gehäkelt, nicht gestrickt.«

Sie sahen sich beide selig lächelnd in die Augen und Anna hatte den festen Glauben, dass ihr Bruder sie wieder ins Leben zurück holen würde.

Noch eine Stunde bis zum Tod

Dadong, dadong, dadong ... »noch eine Stunde bis zum Tod« Langsam verging Minute um Minute.

Dadong, dadong, dadong... eine harte Melodie, die die Schienen mit den alten Rädern des Zuges im Canon sangen.

»Noch eine Stunde bis zum Tod« hieß das Buch, das ich am Bahnhofskiosk noch schnell gekauft hatte. Jetzt wollte ich es weiterlesen, aber dieses »dadong, dadong, dadong« lenkte mich ständig ab. Außerdem konnte man bei dieser Beleuchtung kaum den Text erkennen.

Ein hässlicher Zug.

Es schüttelte mich innerlich. Schmutzig und kalt. Dieses Abteil war seit Wochen nicht gereinigt worden. Papierschnipsel, Brotkrümel und Staubwusel bedeckten überall den Fußboden. Und die bewegten sich! Die Sitzbänke waren mit einem Samtcord bezogen, der vor vielen Jahren einmal grün gewesen sein musste. Ausgeblichen und fleckig deutete er kaum noch den vergangenen Luxus des Abteils an. Daran änderten auch die Spitzendeckchen nichts, die in Kopfhöhe an den Rückenlehnen angebracht waren. Sie hatten auch einmal bessere Tage gesehen.

Obwohl es draußen dunkel war, sah man, dass auch die Fensterscheiben seit langem dem Reinigungstrupp entgangen waren. Drinnen mehr noch als draußen. Sinnigerweise hatte jemand »*Sau*« in den Schmutz geschrieben.

Noch mehr Worte aus der Fäkalsprache waren zu finden.

Die Landschaft, die draußen vorbeiglitt, war ebenso trist. Gut, dafür konnte die Bahn nichts. In dem dunklen Regen tauchte nicht einmal eine Ortschaft oder wenigstens eine

Straßenlaterne auf. Es kam mir vor, als führen wir bereits stundenlang durch Niemandsland.

Meine Güte, wie war ich denn heute drauf. Zugegebenermaßen war ich in *sehr* schlechter Stimmung, bin tatsächlich mit dem falschen Bein aufgestanden. Im Bett meines Mannes wachgeworden, war mir zuerst unklar, wie ich da überhaupt ′reingekommen war. Das Aufstehen bereitete mir Probleme, weil sein Bett einen so geringen Abstand zur Wand hat, dass man nur mit Mühe oder Übung in den Stand kommt. Ich holte mir die ersten Beulen des Tages. Und dann war keine Zeit für Frühstück, weil ich den Wecker gestern auch noch falsch gestellt hatte. »Guten Morgen, liebe Sorgen, seid ihr auch schon alle da? …«

Und dieses Abteil zog mich noch zusätzlich ′runter, nach dem verkackten Rest des Tages. Ratlos hielt ich mein Bonbonpapier in der Hand. Ich traute mich nicht, den Abfallbehälter zu öffnen, dessen Deckel vom überquellenden Inhalt schon angehoben war. Auf keinen Fall wollte ich wissen, was da alles drin war.

Der Geruch! Ja einen sonderbaren Geruch hatte ich von Anfang an wahrgenommen. Es stank nach kaltem Rauch und schalem Bier. Aber irgendwie auch typisch für solche Eisenbahnabteile, die noch aus DDR-Zeiten stammten. Hätte man mich mit verbundenen Augen hier hereingebracht, ich hätte sofort sagen können, dass ich in einem alten Zug bin. Dadong, dadong, dadong - wir polterten weiter durch dieses öde Niemandsland.

War denn gar kein Leben zwischen Berlin und Magdeburg?

War ich denn überhaupt zwischen Berlin und Magdeburg?

Resigniert schlug ich die Beine übereinander und startete einen neuen Versuch, in dem Buch zu lesen.

Von der Decke schien diffuses Licht herab. Die düstere Lampe erinnerte an die gespenstischen Funzeln schummriger Kneipen in blutrünstigen Krimis. »Noch eine Stunde bis zum Tod.« Mich fröstelte.

Nein, es war hier auch wirklich kalt. Das verstärkte mein Unbehagen noch mehr, obwohl ich gedacht hätte, dass dies gar nicht mehr möglich wäre. Ich nahm meinen Mantel vom Haken und kuschelte mich hinein. Mit hochgeschlagenem Kragen und einer Hand in der Manteltasche setzte ich mich auf die vorderste Kante des Sitzpolsters.

Zuerst hatte es am Bahnhof geheißen »Schienenersatz« na ja, heute war ja mein absoluter Glückstag! Dann hatte man wohl irgendwo diesen Zug hier gefunden.

»Die Fahrkarten bitte!« hörte ich von weitem schon den Schaffner im Gang. Mit brachialer Gewalt zerrte er die klemmende Abteiltür auf, so dass sie hart ans andere Ende der Füllung anschlug. Ohne seinen Satz zu wiederholen, streckte er mir verlangend seine Hand entgegen.

Ich reichte ihm meinen Fahrausweis mit der Frage: «Wie lange fahren wir denn noch bis Magdeburg?«

»Der Zug fährt gar nicht nach Magdeburg«, hatte ich schon als Antwort erwartet. Zum Glück kam die Aussage: »Noch zirka eine Stunde.«

»Tut mir leid«, fügte er noch hinzu, als er mich kritisch von oben bis unten betrachtete.

»In den beiden letzten Waggons ist die Heizung ausgefallen. Versuchen Sie doch, in den drei vorderen Wagen noch einen Platz zu bekommen.«

»Sind die so voll?«

»Na ja, da konzentriert sich halt alles. Versuchen Sie's einfach mal.« Er gab mir meine Karte zurück und verschwand wieder mit dem entgegengesetzten Knallen der Tür.

Wenn da vorn so ein Gedränge herrscht, habe ich auch nichts gekonnt - dachte ich bei mir. Jetzt würde ich halt hier weiter leiden. Dadong, dadong, dadong...

Und da sah ich es. In der Ecke. So was Ekeliges! Wo vorher mein Mantel gehangen hatte, war ein Fleck Erbrochenes. Nur mit Mühe konnte ich verhindern, dass ich selbst gleich noch daneben spie.

»Das langt jetzt wirklich!«, erboste ich mich laut.

Schnell hatte ich den Mantel wieder ausgezogen, um nachzusehen, ob er etwa mit dem Fleck in Berührung gekommen war. Nein, zum Glück nicht. Ich sammelte all meine Sachen auf und verließ fluchtartig das Abteil.

»Ist das eine Sauerei. In Magdeburg werde ich aber eine gepfefferte Kritik in der Bahnhofsinfo abgeben«, führte ich laut mein Selbstgespräch fort.

Nachdem ich die Sitzreihen im Nachbarabteil inspiziert hatte, knallte ich meine Tasche darauf und zog meinen Mantel wieder an.

Dieses Abteil war nur um den fehlenden Fleck besser. Derselbe überquellende Abfallbehälter, ebenso viele wabernde Flusen auf dem Boden, die schmutzigen Fenster – diesmal mit der Inschrift *Willkommen in der DDR* – und draußen das regnerische dunkle Niemandsland.

Noch zirka eine Stunde, hatte der Schaffner gesagt.

»Noch eine Stunde bis zum Tod.«

Nur blöd, ich hatte keine Uhr dabei und in dieser unwirtlichen Umgebung auch keinerlei Zeitgefühl.

Ich legte das Buch in meine Tasche zurück. (Aha, daher der Name »*Taschenbuch*«)

Es konnte mich nicht fesseln. Nicht nur wegen meiner schlechten Laune oder dieser miesen Umgebung. Es war auch vom Inhalt her öde. Ich hatte bereits im Bahnhofscafé bei einer Tasse Cappuccino über zehn Seiten gelesen. Vom Inhalt war nichts hängen geblieben.

Sollte ich es gleich zum Fenster rauswerfen? Nein, eine Chance gebe ich ihm noch. Vielleicht in einer warmen Wanne bei einem Glas Rotwein.

»OH, das wäre jetzt schön«, seufzte ich sehnsuchtsvoll.

In dem kleinen, fast erblindeten Abteilspiegel blickte mir eine alte Frau entgegen. Mit dreißig! Na ja, besser eine sehr übermüdete, abgespannte Frau. Sie erschreckte mich zutiefst. Es war einfach nicht mein Tag. Eigene Selbstschuld und womöglich die gerechte Strafe für Anmaßung und Voreingenommenheit.

Mit meinen Kolleginnen Isabelle und Rosi war ich schon vier Uhr nach Berlin gefahren, um dort an einem Fachseminar teilzunehmen.

»Das Bilanzierungsrecht beziehungsweise die Bilanzierungspflicht für GmbH und Aktiengesellschaften im Allgemeinen und im Besonderen«. Das würde hart werden.

Da uns nach der Ankunft des Zuges noch genügend Zeit blieb, suchten wir uns ein kleines Bistro im Hauptbahnhof.

Nein, nicht der neue, teure Hauptbahnhof. Den gab es damals kurz nach der Wende noch nicht.

Es war der von der DDR geerbte. (so wie mein Zug)

Wir gönnten uns ein ausgiebiges Frühstück und jede einen Piccolo. Wir hatten die gesamte Fahrt schon viel gelacht und der Prosecco verstärkte noch unsere Kicherlaune.

Auf dem Weg zum Bahnhofsausgang wollte ich noch kurz an der Auskunft vorbei, um mir einen Nachmittagszug nach Magdeburg heraussuchen zu lassen.

»Wieso willst Du nachmittags noch nach Magdeburg?«, wollte Rosi wissen. »Weil mein Chef schon dort ist, zu einer zweitägigen Energie-Beratungs-Konferenz. Ich sollte schon mit ihm zusammen hin, dieses Berliner Seminar war aber schon gebucht. So bin ich dann wenigstens noch den zweiten Tag dabei.«

Wir liefen also mit klappernden Stöckeln und wehenden Mänteln kichernd auf den Auskunftsschalter zu und stockten unwillkürlich vor diesem bösen Blick.

Die Dame hinterm Tresen hatte ihr Gesicht zur Faust geballt und konnte unserer übermütigen Laune gar nichts abgewinnen. »Entschuldigung, ich brauche bitte eine Zugverbindung gegen 15 Uhr nach Magdeburg.« Dabei lächelte ich sie höflich an. Das beeindruckte sie nicht.

Nachdem sie ihren Computer befragt hatte, hörte ich ein mürrisches: » vierzn zweeunvierzich.

Moment, ick druck noch wat aus, waa!« Und damit überreichte sie mir ein Blatt Papier.

»Na, das könnt ick mir ja jrad noch merken, waa«, dachte ich, als ich den Zettel einsteckte.

Isabelle zerrte mich schon am Arm. »Danke vielmals«, rief ich noch über die Schulter zurück und stürmte mit den beiden zum Ausgang. Sicher hatte die Dame noch mitbekommen, wie wir uns über sie lustig machten.

Die Worte hatte sie hoffentlich nicht verstanden.

»Die ist von der Natur auch nicht gerade mit Schönheit gesegnet worden«, feixte Rosi.»Die weiß zum Feierabend sicher nicht mal, wie sie aus ihrem engen Schaffnerstuhl ′rauskommen soll«, setzte Isabelle noch drauf und ich lach-

te unbeschwert mit. Normalerweise bin ich nicht schadenfroh und schon gar nicht boshaft. Aber in so einer Zicken Clique vergisst man schon mal seine gute Erziehung.
Das Seminar war äußerst anstrengend. Uns dröhnten die Köpfe. Die beiden wollten trotzdem noch shoppen gehen.

»Mein Mann hat mich gefragt, ob ich in der Hauptstadt noch einkaufen gehen würde«, berichtete Rosi lachend. »Ich habe gesagt: nein Einkaufen nicht, aber Shoppen«

Für ihn gäbe es da keinen Unterschied. »Na Schatz: Einkaufen ist Mehl, Butter, Fleisch. Shoppen ist Schuhe, Handtaschen usw.«

»Darauf hat er seine Geldbörse geöffnet und mir einen Hunderter gereicht. Süß, oder?«

Wir trennten uns also mit Kichern und Küsschen. Die zwei S-Bahn Stationen bis zum Hauptbahnhof dauerten nur Minuten. Was war ich müde und ausgepowert!

An der Fahrplanübersicht suchte ich nach »vierzen zweeunvirzich« - Bahnsteig acht.

Das genannte Fernziel interessierte mich nicht, ich würde es ohnehin nicht kennen. Ich gab immer unumwunden zu, ein Orientierungsidiot zu sein. Und dann kam ich auch noch aus der Provinz.

Bereits als der Zug abfuhr und eine Lautsprecherstimme verkündete: »nächster Halt ...«, wusste ich, dass ich im falschen Zug saß.

Mir wurde ganz heiß. »Ich bin hier falsch«, begrüßte ich schon den Zugbegleiter, der meine Karte sehen wollte.

»Aber so was von falsch.« Er klang mitleidig.

»Ihr Zug wäre ab Bahnhof Zoo gefahren. Jetzt müssen Sie bis Schöneweide und dann wieder zurück nach Zoo. Da fährt dann 21:27 Uhr der nächstmögliche nach Magdeburg.« Er hatte sich zum Fahrplanblättern neben mich gesetzt und klopfte mir aufmunternd auf die Schulter. Zum Glück wollte er nicht auch noch eine Nachlösegebühr bis Schweineöde. Er hatte Mitleid mit mir.

Diese dusselige Kuh am Schalter! Das hätte sie doch dazusagen müssen: ab Bahnhof Zoo. Wer kommt denn darauf? Wenn ich am Hauptbahnhof frage, dass sie mir dann eine Verbindung ab Bhf Zoo sagt?

Ich holte den Computerausdruck aus meiner Manteltasche. Dort stand es: 14:42 Uhr ab Bahnhof Zoo. Ankunft Magdeburg: 16:51 Uhr. Ich war die Blöde. Wer lesen kann, ist klar im Vorteil, würde mein Mann jetzt sagen.

Aus einer Telefonzelle am Haltepunkt »Schöneweide« rief ich das Hotel in Magdeburg an und erwischte auch meinen Chef. »Du musst allein zum Abendessen gehen, ich weiß nicht, wann ich komme.«

»Wo steckst du denn?«

»In Berlin Schöneweide«

»Was? Wie bist du denn dahin gekommen?«

»Das ist ´ne längere Geschichte. Ich hab mich total verfahren.«

»Kann ich mir nicht erklären. Ich dachte immer, die Lokführer fahren die Züge.«

»Mach dich nur lustig. Am besten verabreden wir uns für Morgen zum Frühstück.«

»Okay, aber verfahr dich nicht wieder.«

Kurt war für Späße immer zu haben. Da würde ich in den nächsten Tagen noch ´ne Menge an Spott ertragen müssen. dadong, dadong, dadong...

»Noch eine Stunde bis zum Tod.«

Ich fror immer noch, war müde und missgelaunt. Der Mantel hielt gar nicht viel ab. Diese unbehagliche Kälte drang tief unter die Haut. Ich schloss den Abteilvorhang zum Gang hin. Das würde nichts nützen, ich versuchte es aber trotzdem. Dabei brach die Halteschiene ab und der Vorhang hing herunter wie ein Lappen. Er sah auch so aus.

Wenn mich die Dame vom Auskunftsschalter jetzt so sehen würde, hätte sie sicherlich ein schadenfrohes Lächeln für mich. Ja, ich hatte das verdient.

Ein fortdauerndes, unangenehmes Geräusch hatte sich eingestellt. Ich ging der Sache nach.

Unter dem Sitz rollte eine leere Flasche immer hin her. Ich konnte sie doch um Himmels willen nicht anfassen! Nach kurzem Überlegen holte ich das Buch aus meiner Tasche. Ich legte es unter den Sitz und arretierte damit die Flasche. Chance vertan. So erfüllte das Buch einen nützlicheren Zweck. »Noch eine Stunde bis zum Tod« dadong, dadong , dadong...

Erwartungsvoll schaute ich aus dem Fenster. Noch immer gab es nichts zu sehen. War diese Stunde denn *noch* nicht vorbei? Vor lauter Wut über mich selbst wollte ich wie ein kleines Kind trotzig mit dem Fuß aufstampfen.

Selbstmitleid schnürte mir die Kehle zu. »Ich will nicht mehr! Ich kann nicht mehr!« Tränen rannen mir übers Gesicht und in deren Schleier sah ich ein Stellwerk vorbeihuschen. Magdeburg, ja Magdeburg stand darauf. Sind wir denn *schon* da? Ich konnte mich tatsächlich auch noch selbst auf den Arm nehmen.

Minuten später hielt der Zug mit Quietschen und Ächzen.

Ich stand schon lange an der Tür. Nur ´raus hier – so ein Horrortrip!

23:39 Uhr zeigte die Bahnhofsuhr. Ich schleppte meine schwere Tasche über den langen Bahnsteig und die Stufen hinunter. (Damals hatten die Reisetaschen noch keine Rollen, man musste sie noch selbst tragen.)

Vor dem Bahnhofsgebäude steuerte ich direkt auf das nächste Taxi zu.

Der Fahrer stand vor seinem Wagen und rauchte. Er warf sofort seine Zigarette weg und lud meine Tasche ins Auto.

»Wohin soll ´s denn gehen, junge Frau?«

»Zum MARITIM, bitte«

Er sah mich verständnislos an: »Lady, das ist nicht ihr Ernst.«

»Wieso, gibt´s das hier nicht?« Ich merkte, dass ich schon wieder panisch wurde. »Schauen sie mal da ´rüber«, er wies mit seiner Hand auf die gegenüberliegende Straßenseite. »MARITIM« konnte ich in großen Leuchtbuchstaben erkennen. Noch ehe ich etwas äußern konnte, setzte er hinzu: »Steigen sie ein, ich fahr sie ´rüber.«

Er hatte erkannt, dass ich wohl nicht mehr in der Lage gewesen wäre, über die mehrspurigen Fahrbahnen zu gehen. Zwar war kaum noch Verkehr – auch in Magdeburg wurden abends die Bürgersteige hochgeklappt, aber ich hätte es physisch nicht mehr gekonnt.

Als ich ihm ein Trinkgeld gab, wünschte er mir noch schmunzelnd einen schönen Abend. Welche Gedanken wird er sich wohl über mich gemacht haben.

Ebenso wie die Herren Portiers, die meiner Nachfrage nach der Zimmerreservierung sehr zuvorkommend nachkamen. Die Aushändigung des Zimmerschlüssels war mit der Frage verbunden:

»Sollen wir ihnen behilflich sein?«

»Nein danke, das schaff` ich nun auch noch«, murmelte ich eher zu mir selbst.

Nur noch unter die Dusche und ins Bett. Das warme Wasser tat soo gut. Es wusch alle Unannehmlichkeiten des Tages von mir ab.

Im Bett rollte ich mich wie ein Igel zusammen und schlief schnell ein. Das Letzte, was ich hörte, war »dadong, dadong, dadong...« Ich hatte nicht einmal mehr die Kraft, das Licht zu löschen.

Cordula

Sie hatte sich lange nicht mehr so geborgen gefühlt, meinte sie gerade. Doch schnell erkannte sie, dass sie die Situation verklärte, weil sie so zufrieden war.

Wer Cordula Berger kannte, wusste, dass es nicht schwer war, sie glücklich zu stimmen.

Aus einer behüteten Kindheit wuchs sie fast nahtlos in ein Erwachsenenleben, das ihrem Anspruch stets angemessen war. Sehr früh hatte sie erkannt, dass ihre Familie außerhalb der Konventionen lebte. Sie hatte deshalb stets bewusst vermieden, mit anderen über ihre häusliche Situation zu sprechen und konnte sich Freundinnen nicht anvertrauen. Warum auch? Sie war zufrieden, so wie es war, konnte sich kein besseres Leben denken.

Dramatisch und völlig aus der Bahn werfend war in ihrem Leben einzig der Tod ihres Vaters. Im Alter von vierundzwanzig Jahren verlor sie damit ihren liebsten Menschen und mit ihm ihren Anker; ja sogar ihren Lebensinhalt. Er war ihre Motivation, ihr Ehrgeiz, die Grundlage all ihrer Gedanken. Wie konnte sie weiterleben ohne ihn?

Ihrer Mutter sprach sie ab, ebenso wie sie zu trauern. Sie beanspruchte das Leid für sich allein.

Es hatte Jahre gedauert, ehe sie über diesen Verlust hinwegkam. So lange war auch das Verhältnis zu ihrer Mutter – einer sehr gütigen und nachsichtigen Frau – stark unterkühlt.

Als der Vater noch lebte, kam sie der Mutter nicht wirklich nahe. Von Vater und Tochter wurde die hübsche Frau Berger als Mitglied der Familie akzeptiert, weil sie duldend und unauffällig ihren Platz ausfüllte.

Im Schatten dieses großartigen Mannes wurden ihre eigenen Begabungen niemals sichtbar oder schon im Ansatz erstickt. Frau Berger selbst himmelte ja ihren Mann an, sah stets ehrfürchtig zu ihm auf. Sie liebte ihn, Zeit ihres Lebens. Nicht so wie Cordula, mit Stolz und Selbstbewusstsein, sondern auf eine devote Art der Bewunderung und Anerkennung.

Der schöne Herr Professor wusste überall zu brillieren. Ob in der Klinik oder im Hörsaal traf er stets auf kritiklose Bewunderung des weiblichen Geschlechts. Bei Männern kam er naturgemäß nicht so gut an, sei es aus Missgunst oder Erkenntnis der eigenen Unzulänglichkeit. Bei allem Zuspruch von Seiten seiner Studentinnen oder Krankenschwestern konnten ihm niemals sexuelle Übergriffe vorgeworfen werden.

Sein Leben verlief in geordneten Bahnen. Die Familie bedeutete ihm alles. Frau und Tochter waren seine ständigen Begleiterinnen im Privatleben und in der Gesellschaft.

Mit zunehmendem Alter sah man häufiger Cordula allein an seiner Seite. Viel Gemunkel über angebliche Krankheit und Depression von Frau Berger machten die Runde.

Zeigte sie sich mit ihrem Mann in der Öffentlichkeit, so staunte dann jeder über ihr souveränes, freundliches Auftreten. Nein, eine graue Maus war sie niemals. Hoch gewachsen mit schlanker, gut proportionierter Figur wusste sie sich stets gut zu kleiden. Sie war eine sehr schöne Frau, die ihre Manieren aus gutem Hause mitgebracht hatte. Das alles lernte Cordula, ganz unbewusst.

Wenn sie auch eifersüchtig darüber wachte, dass ihre Mutter nicht über die wenige Freizeit ihres Vaters dominieren konnte, so zollte sie ihrem Auftreten die gebührende Anerkennung.

Cordula hatte im Elternhaus keinerlei Verpflichtungen. Zaghafte Ansätze der Mutter, ihr bestimmte Aufgaben verpflichtend zu übertragen, verpufften bereits im Vorfeld; am Widerstand von Vater und Tochter.

Da sie im Bergerschen Haushalt über Personal verfügten, wurde ihre Mithilfe auch nicht wirklich gebraucht.

Ganz anders Frau Berger. Sie hatte Freude daran, in der Küche zu helfen und Gartenarbeit zu verrichten. Ihr oblag die eigentliche Organisation des Haushaltes und die Verwaltung der Finanzen. Alles geschah solide und unspektakulär.

Cordulas geistige Entwicklung war schon sehr früh angelegt. Der Vater war stolz, dass seine Kleine mit fünf Jahren bereits lesen konnte und dies auch ausgiebig nutzte. Es war hauptsächlich das Verdienst der Mutter, die die Energie und den Wissendurst der Kleinen förderte. Deshalb war es für niemanden verwunderlich, dass sie in der Schule eine Klasse überspringen konnte und nach dem Abitur das Studium der Germanistik wählte. Cordula traf man stets mit einem Buch in der Hand, weniger mit weiblichen oder gar männlichen Kommilitonen an. Die Mutter sorgte sich deshalb. Sie hätte kein soziales Umfeld, klagte sie, und sie würde womöglich emotional verkümmern. Noch mehr Gründe, die Mutter zu ignorieren.

Ihrem Vater war sie gerade recht. Sie diskutierte stundenlang mit ihm über sein Fachgebiet – in das sie sich intensiv hineingelesen hatte. Aufgrund ihres umfangreichen Allgemeinwissens konnte sie auch leicht jedes andere Thema aus Politik, Geschichte und Natur bedienen.

Eine Vortragsreise des Herrn Professor – der eine wissenschaftliche Arbeit neuer chirurgischer Methoden publiziert hatte – begleitet sie über ein Jahr.

Weltfremd wie sie ansonsten war, ergaben sich dabei gezielt Möglichkeiten, das Leben kennenzulernen.

Aber weit gefehlt! Sie klebte am Schoss ihres Vaters, himmelte ihn an und versuchte, jede seiner freien Minuten mit ihrer Nähe zu füllen. Ihm gefiel das und er war stolz, wenn die Menschen in fremden Städten sie für ein Paar hielten. Halbherzig schlug er ihr vor, sich doch auch in Kreisen angesagter Jugendszenen zu bewegen, einmal einen Mann kennenzulernen. Das tat sie immer mit einem verächtlichen Achselzucken ab. Die seien alle zu oberflächlich; um nicht zu sagen: unter ihrem Niveau.

Er bedrängte sie diesbezüglich auch nicht. Ihm behagte, wie es war.

Ein Ergebnis dieser Reise war die Erkenntnis, dass Cora – so nannte sie ihr Vater liebevoll – ihr zukünftiges Leben mit Büchern verbringen wollte. Sie nutzten – wieder zu Hause angekommen – die Gelegenheit zum Erwerb einer kleinen Buchhandlung, die aus Altersgründen abgegeben wurde.

Ohne finanzielle Sorgen konnte Cordula das Geschäft nach ihren Vorstellungen umbauen und so modernisieren, dass sie den soliden Kundenstamm sukzessive erweiterte. Es dauerte zwei Jahre, bis sie tatsächlich von ihren Umsätzen leben konnte. Die Buchhandlung, die sehr individuell, für Leser und Autoren anheimelnd eingerichtet war, avancierte zu ihrer Herzensangelegenheit. Niemals würde sie deshalb die Anbetung zu ihrem Vater schmälern, aber es fiel ihr immer schwerer, die für sie richtigen Prioritäten zu setzen. Das machte ihr oft ein schlechtes Gewissen. Es ging sogar so weit, dass sie sich schließlich am Tod ihres Vaters eine Mitschuld gab. Hätte sie die Intensität ihrer Beziehung nicht so oft leichtsinnig vernachlässigt, wäre ihr doch seine

Krankheit, die schleichende Verschlechterung seines Gesundheitszustandes eher bewusst geworden. Frau Berger war es, die ihren Mann schließlich förmlich an der Hand nahm, um ihn zur Untersuchung zu bewegen. Sie könne nicht verstehen, wie er als Arzt so gleichgültig gegenüber seiner eigenen Gesundheit sein könne.

Trotz aller erkennbaren Vorzeichen kam sein Tod zu plötzlich. Der Lungenkrebs war schon zu weit fortgeschritten, als er entdeckt wurde. Er hatte – die Krankheit ahnend – einfach die Symptome ignoriert.

Für ihn war sein Zustand kein Gesprächsthema und er verweigerte nach Feststellung der Diagnose jede Art von Behandlung. Das Einzige, was ihm wirklich nahe ging, war das offensichtliche Leiden seiner geliebten Cora. Sie litt körperlich und seelisch. Sie aß kaum noch und schloss ihr Geschäft über Monate.

Zum Glück hatte sie äußerst hartnäckige Autoren, die sie ins Leben und zu ihren Pflichten zurückholten.

Bereits angekündigte Buchpräsentationen und Lesungen bekannter Autoren mussten verschoben oder gar abgesagt werden. Ihr selbst war ihr hervorragendes Image in der Branche schon fast egal.

Ausschlaggebend erwies sich schließlich die Ermahnung der Bestseller-Autorin Annabell Ahrend zu ihrem festgelegten Termin. Die deutsche Schriftstellerin spielte mit dem Gedanken, nach Australien auszuwandern. Ihr letztes Buch wollte sie gern noch ihrem großen Fan Kreis in Deutschland vorstellen. Es gab eine feste Vereinbarung zur ersten Buchvorstellung in Cordulas Geschäft.

Dies abzusagen widersprach allen gesellschaftlichen Regeln der Zuverlässigkeit und Solidität, die sie sich selbst aufgestellt hatte. Auch ihr Vater hätte dies schwerstens verurteilt. So bewegte sie sich langsam ins Leben zurück. Erstaunt stellte die passionierte Buchliebhaberin fest, wie sehr ihr doch der Umgang mit ihrem gewohnten Metier gefehlt hatte.

Sie war überglücklich, sich endlich wieder in ihren gewohnten Kreisen zu bewegen und veränderte damit ihren allgemeinen Zustand zurück zum Positiven.

Äußerlich ihrer Mutter sehr ähnlich, näherte sie sich im Stil und Auftreten auch deren Erscheinungsbild an. Passanten drehten sich um, wenn sie diesen beiden »feinen Damen« im Straßenbild begegneten.

Der Verlust des geliebten Vaters tat nicht mehr so weh und sie lernte die Vorzüge ihrer mütterlichen Freundin schätzen. Frau Berger half ihr oft im Geschäft, wenn Neuerscheinungen darzubieten oder eine Buchlesung vorzubereiten waren. Adrett anzusehen und redegewandt eroberte sie viele Zuhörer im Nu.

Cordula beobachtete amüsiert, wie zwei Stammkunden sich vergeblich um die Gunst ihrer Mutter bemühten. Wenn sie sie liebevoll damit foppte, erntete sie nur ein wissendes Lächeln. »Du kannst ihn genauso wenig vergessen, wie ich das kann. Für mich wird es niemals einen anderen Mann geben. Es scheint mir bei dir ebenso zu sein.« Das Thema erledigte sich damit bei jedem Gespräch.

Die beiden lebten nun zusammen in dem großen Haus. Frau Berger sorgte dafür, dass ihre Tochter regelmäßige Mahlzeiten zu sich nahm und ausreichend an die frische Luft kam. Für sie war es ein Opfer, lange Spaziergänge oder Radtouren durchzustehen. Viel lieber malte sie in ihrem kleinen, neu eingerichteten Atelier an ihrer Leinwand. Cordula bewunderte aufrichtig ihre Bilder. Die naive Malerei ihrer Mutter sprach sie tatsächlich an und berührte ihre Seele. »Wieso weiß ich nicht, dass du so wunderschön malen kannst?«

Frau Berger lächelte nachsichtig. »Weil dein Vater und du nur Augen für euch selbst hattet.« Sie sagte es ohne Bitterkeit, einfach als Feststellung.

»Das war gemein, ungerecht. Dafür muss ich mich wirklich entschuldigen.« Mutter und Tochter umarmten sich innig. »Ich glaube, wir haben dir oft unrecht getan«, sinnierte sie weiter und fühlte sich nicht wohl in ihrer Haut. Eigentlich hatte sie immer so viel Liebe zu geben. Hatte ihr Vater das alles für sich allein beansprucht? Sie selbst hätte es gerechter verteilen müssen.

Es ist noch nicht zu spät. Frau Berger war dankbar, wenn Cordula ihr von ihrer kostbaren Zeit opferte. Oft saß ihre Tochter jetzt in ihrem Atelier. Während sie malte, las ihr Cordula aus einem neuen Roman vor.

Sie waren beide um neue Autoren bemüht. Frau Berger erkannte intuitiv, dass ein Buch sicher leichter geschrieben würde, als verkauft. Deshalb musste man unbedingt die Neulinge unterstützen.

Nichtsdestotrotz erkannte sie auch, wenn ihre Liebesmüh vergeudet wäre. »Diese Anna-Katerina Soundso strengt mich einfach zu sehr an. Sie denkt wohl, wenn sie alle Wörter aneinanderreiht, die der Duden hergibt, ergäbe sich ein besonders brillantes und eloquentes Werk. Dabei übersieht man vollends die eigentliche Geschichte. Sie hat fast 400 Seiten damit gefüllt. Ich habe einfach mal achtzig davon übersprungen und doch nichts verpasst. Und dann … du glaubst es nicht, wird auf den letzten zwanzig Seiten die Geschichte tatsächlich interessant.« Sie hatte sich regelrecht echauffiert. Cordula musste lachen. »Du hast ja recht. Aber eine Chance verdienen sie alle. Ich hatte neulich eine

Lyrik der besonderen Art. Lyrik ist ja nochmal einen Tick schwerer und wunderschön, wenn man's beherrscht. Der Theo Rhetisch schreibt Gedichte, da ist der Titel länger als das gesamte Epos. Manche davon sind aber doch recht witzig.«

Ein schlauer Mensch hat einmal gesagt: *Jedes Buch hat wenigstens eine gute Seite. Und wenn es die letzte ist.«*

Cora las sie alle. In ihrem Laden hatte sie eine bequeme Schmökerecke eingerichtet, in der sie sich in ein neues Werk vertiefte, mit einem Kaffee oder auch einem guten Wein. Oft fühlte sie sich sogar gestört, wenn ein Kunde den Laden betrat, und sie legte widerwillig das Buch zur Seite.

Das Haus wurde den beiden Damen zu groß. Es barg auch zu viele Erinnerungen. Sie verloren sich in den Räumen. Frau Berger hatte noch immer die Angewohnheit, an die Bürotür zu klopfen, bevor sie in dieses Reich eindrang. Unangefochten war das Büro zu Coras Domizil geworden. Sie hatte so mannigfaltige Erinnerungen an die Stunden dort mit ihrem Vater als kleines Mädchen. Zeit zu erübrigen, mit seiner Tochter das wunderschöne Puppenhaus zu bespielen, war für ihn ein Bedürfnis. Cora beschäftigte sich aber auch nur dann mit ihrem Spielzeug, wenn sich Papa als Partner zur Verfügung stellte. Ansonsten zeigte sie nur geringes Interesse an Mädchen-Spielsachen. Bücher, immer Bücher füllten ihre Freizeit und sättigten nie ihren Lesehunger.

Ihr Leben war abwechslungsreich, abenteuerlich, auch mal traurig und wieder heiter – aber nie langweilig – alles durch ihre Bücher.

Eine eigene Familie zu wünschen, kam ihr nie in den Sinn. Cordula ergötzte sich an den Liebesabenteuern der

Protagonisten ihrer Bücher. Ausreichend abstoßende Erzählungen vergällten ihr die Sehnsucht nach Zweisamkeit. Ihr fehlte nichts, sie vermisste nichts.

In den letzten Jahren hatten sich die beiden Frauen ein zufriedenes Leben eingerichtet. Der Tod ihrer Mutter war dann noch einmal ein herber Einschlag. Es passierte in der Phase ihres Umzuges, den sie mit brachialer Gewalt – allein aus Gründen der Vernunft – durchziehen wollten. Cora fand sie zwischen gepackten Kisten, die sie offensichtlich herumgeschleppt hatte, auf dem Fußboden liegend. Cora hatte das ungute Gefühl, dass ihre Mutter nicht wirklich aus ihrem Haus ausziehen wollte.

Ratlos saß sie dann im Lieblingssessel ihres Vaters. Die Schränke und Regale waren leer, ebenso wie ihr Herz. Dafür war das Bankkonto voll, denn das Haus hatte sich schnell verkaufen lassen.

Das Angebot ihrer Lieblingsautorin Annabell Ahrendt, die inzwischen nach Australien ausgewandert war, kam ihr genau recht. In deren Haus hatte sich eine Alten-WG etabliert, in der eine Wohnung explizit für sie reserviert zu sein schien.

Sie hatte sich mit Freude in ´s »Bella d´ Oma« eingekauft.

Als ich zunehmend abnahm

Von allem hatte ich zu viel. Zu viel Gewicht, zu viel Busen, zu viel Blutdruck, zu viel Zucker und jetzt auch noch zu viel Sehschwäche.

Es war schon ein verdammter Teufelskreis, aus dem ich einfach keinen Ausweg fand.

Hatte ich glücklich durch gezielte, selbstquälerische Aktionen ein paar Pfund verloren, waren sie nach einer Weile unbeirrt zurückgekehrt.

Wieder Normalität im Alltag brachte regelmäßig den Jo-Jo-Effekt, den wohl die meisten Übergewichtigen kennen.

Der Weg zum wirklichen, bleibenden Erfolg war tatsächlich ein *Buch mit sieben Siegeln.*

Dabei hatte ich ja die ersten beiden schon geknackt: ich wusste, dass das eine Sache des Kopfes ist:

Man musste weniger essen,

und man sollte sich mehr bewegen.

Das weniger Essen führte zu Hunger, vor allem zu *Fresslust*; zu mehr Bewegung hatte ich keine Lust.

Ja, ist schon klar, dass es so **nicht** gehen kann.

Die Psyche muss trainiert werden, weniger der Magen oder die Beine.

Bereits als Jugendliche kämpfte ich mit meinen Pfunden. Als Fleischertochter wurde ich in den Nachkriegsjahren wohl behütet und wohl genährt. In dieser Umgebung von Fleisch und Wurst zog es mich magisch zu Kuchen und Süßigkeiten – bis heute.

Als ich zum ersten Mal zunehmend abnahm, den Babyspeck verlor, waren schlimme Dinge in meinem Leben passiert. Mir stand der Sinn nicht nach Essen oder Naschen, nur nach Liebe und Geborgenheit. Da war ich dann mit achtzehn plötzlich groß und schlank, mit guten Proportionen. Das ging damals ganz von allein.

Nach der Geburt meines ersten Kindes kamen mit so viel Liebe und Geborgenheit auch die ersten Pfunde wieder zu mir. Ich konnte sie nicht abweisen. Sie blieben mir auch treu. So wie unsere Tochter an Größe zunahm, schaffte ich das mit Gewicht.

Schluss! Jetzt endlich Konsequenzen. Ich besorgte mir Fachliteratur. Die Tatsache, dass es so viele Bücher zum Thema »Abnehmen« gibt, zeigt doch deutlich, wie wichtig das Problem in der Bevölkerung ist. Ich kaufte und las sie alle; nur mit der Entschlossenheit zur Umsetzung haperte es. Ich war dem Glauben verhaftet, das Lesen allein würde positive Auswirkungen haben. Wie lächerlich, die Selbsttäuschung. Hätte ich allein an Gewicht verloren, was dieser Bücherstapel auf die Waage brachte, wäre ich schon zufrieden gewesen.

Mein Gatte belächelte mich. »Das Einzige, was hier abnimmt, ist dein Portemonaise.«

Ich hatte es versucht mit: »Glyx-Diät«, »Turbo-Diät«, »Wight Watchers«, »Trennkost«, »Monddiät«, »Blutgruppen-Diät«, sogar »Wodka- und Bockwurst- Diät«, »denken Sie sich schlank« und »schlank im Schlaf«, »low fat«. Alle suggerierten schnellen und schmerzlosen Erfolg. Dass sie bei mir letztlich nicht wirkten, lag nicht an den Diäten, sondern nur an mir. Hier war ich tatsächlich belehrungsresistent.

Ich hätte mit meinem theoretischen Wissen selbst viele Seminare darüber abhalten können; nur wäre ich natürlich extrem unglaubwürdig gewesen. Einmal raffte ich mich zu einem AOK-Seminar auf, das das Thema abhandelte.

Die Kursleiterin war eine außerordentlich dicke, junge Frau. Ich hab mich gar nicht erst angemeldet.

Die Bücher in meinem Besitz enthalten ja auch immer so schöne »Vorher-Nachher-Bilder«.

Von mir gab es nur Vorher-Bilder, weil ich die restlichen fünf Siegel nicht aufbrechen konnte. Ich warf immer den dicksten Schatten.

Ein schneller Erfolg konnte – bei realistischer Betrachtung – auch eigentlich nicht erwartet werden. Über Jahre hatte der Speck sich angesammelt – natürlich an den unpassendsten Stellen – da konnte man doch nicht erwarten, dass man ihn innerhalb von einigen Wochen wieder verlor!

Konfuze sagt: »der längste Weg beginnt mit dem ersten Schritt«

Mich führten meine ersten Schritte immerzu im Kreis herum.

Mein innerer Schweinehund *Heidrun* konnte meine ständige Aufregung um meine Abnehmorgien nicht verstehen. Auch das hatte ich irgendwo gelesen: Man solle seinem inneren Schweinehund einen Namen geben, damit man sich mit ihm ordentlich auseinandersetzen kann. Mehrere Versuche hatte ich unternommen, sie davon zu überzeugen, dass nunmehr ernsthaft etwas geschehen müsse. Das einzige Zugeständnis, das ich erhielt war: »Na, wir können es ja mal versuchen.«

Zu Beginn hatte ich mir eine Laufstrecke von etwa vier Kilometern herausgesucht, die ich täglich gehen wollte. Nach dem Motto »Lass dich nicht bewegen, bewege dich selbst« war ich nunmehr – meine Heidrun im Schlepptau – bergauf, bergab *täglich* vor dem Frühstück unterwegs. Na, Sie hätten Heidrun mal hören sollen: »Ich will das nicht! Verdammt, lass dir was anderes einfallen. Ich will das nicht!«

Es nützte ihr nichts, ich schleppte sie so drei Jahre mit. Auch wenn mir die Luft und ihr die Lust fehlte, wir hielten durch. Ich hatte acht Kilo verloren und einige Punkte beim Blutdruck – am Essen hatte ich nichts verändert.

Eigentlich war es schon zu einem gewohnten Ritual geworden, fast wie Zähneputzen. Selbst Heidrun bezeugte ihren Widerwillen nur noch durch unlustiges Knurren.

Der Anfang vom Ende war ganz simpel: Hunde.

Die sprinteten plötzlich um die Wegbiegung – erst viel später Herrchen oder Frauchen in Sicht. »Der ist ganz lieb, der will nur spielen.« Darauf konnte ich verzichten. Ich hatte Angst vor Hunden. Das war das Ende unserer morgendlichen Touren, sehr zur Freude Heidruns.

Aber ihr Glück währte nicht lange. Einmal im Erfolgsmodus, wollte ich es jetzt wissen. Also: Bewegung war gut, sagte meine neue Erfahrung. Ich begann, nach Alternativen zu suchen. Mein Sohn schenkte mir einen Gutschein: Schnupperkurs im Fitness-Studio.

Übungen: anstrengend aber gesund. Der Spaßfaktor hielt sich in Grenzen. Ich musste Heidrun Recht geben, Begeisterung sieht anders aus. Mit dem Fahrrad zum Club zu fahren, war eine Zugabe und gute Idee. Wir hielten auch hier zwei Jahre durch, mit mäßigem Erfolg.

Nein, ich bin ungerecht. Einiges war erreicht. Mit meinen Blutdruck war meine Ärztin zufrieden. Gewichtsmäßig hatte ich mit meiner Waage einen Kompromiss geschlossen: Ich würde sie nur noch einmal monatlich quälen (sie kann ja auch nichts dafür), dafür zeigt sie mir keine negativen Ergebnisse. Alles in Allem motivierte mich aber das Studio nicht wirklich, da ich die Aktivitäten in meinem Hinterkopf als Quälerei abgespeichert hatte. Und es fängt ja im Kopf an! Die Initialzündung, die mein Gehirn sofort positiv erfasste, kam beim Angebot eines ZUMBA-Kurses.

Wahnsinn! Diese Musik, dieser Rhythmus, diese Bewegungen! Ich war begeistert!

Sie hätten Heidrun hören sollen: » Ich will das nicht! Bist du jetzt ganz übergeschnappt? Hast du mal in deine Geburtsurkunde geschaut?«

»Nein, aber in den Spiegel.«

»Na und siehst du da nicht, dass du dich lächerlich machst?« Für solche Späße sei ich nun definitiv zu alt und dort tatsächlich deplatziert, giftete sie, während sie fast explodierte. Ich versuchte es mit Ruhe und Argumenten: »Hör zu …«

»Fang den Satz nicht mit *hör zu* an, das bedeutet nichts Gutes!« Sie hatte nicht Unrecht. Ich gebe es ja zu. Abgesehen von der eventuell unvorteilhaften Optik meiner Bewegungen: ich hielt die Übungen nicht durch. Sie waren einfach *zu* flott, extrem kraft- und luftraubend.

Mit Abstand war ich die älteste Teilnehmerin und – so viel hatte Heidruns Intervention erreicht – es war mir jetzt peinlich. Ich ging nicht mehr hin. Heidrun beklagte ohnehin, dass ich zu meinen wunderschönen Hobbys: Lesen, Schreiben, Handarbeiten (die man alle so schön im Sitzen ausüben konnte) gar keine Zeit mehr hätte. Sie beschwerte sich: »Wann liest du endlich mal weiter in dem Krimi mit der hübschen Sekretärin? Ich will doch schließlich wissen, ob tatsächlich ihr Verlobter der Mörder war.«

Aber ich gab nicht auf. Widerwillig gebe ich zu, dass mein Abnehmwunsch hauptsächlich optische Gründe hatte.

Die Schlanken sahen einfach hübscher aus; schon weil sie ganz andere Klamotten tragen können. Aber ich denke mit zunehmenden Alter schon auch mehr über die Gefahren von gesundheitlichen Beeinträchtigungen durch Übergewicht nach. Keinesfalls möchte ich Anderen zur Last fallen, durch welche Gebrechen auch immer. Ich behielt mein Endziel noch immer im Auge.

Mich beim Essen zurückzuhalten, fiel mir äußerst schwer, zumal ich ja ohnehin nicht viel aß. (Alle Dicken essen wenig, wenn man ihnen Glauben schenken kann). Ganz stimmt auch das nicht, denn der gute Wille war ja da und hin und wieder gelang auch die Umsetzung, manchmal rigoros.

Die Wurstverkäuferin fragte höflich – fast ohne wirklich eine Antwort zu erwarten: »Darf es etwas mehr sein?« Und sie war nicht schlecht überrascht, wie auch die umstehenden Kunden, als mein definitives »nein« über die Theke erklang. Ich empfand es sofort selbst als Unhöflichkeit und schob etwas freundlicher hinterher: »Das hab ich dann gleich wieder auf den Hüften.«

»Ja«, sagte ein Herr hinter mir. »So geht es mir auch. Und ich schaffe keine Diät. Ich bin immer vom normalen Essen schon satt.» Die Umstehenden lachten.

Ich kaufte weiter Bücher, hoffte, irgendwo ein Geheimnis aufzutun, was mir natürlich nicht gelang. Oft hatte ich den Eindruck, diese Bücher seien in einer fremden Sprache geschrieben. Ihren Inhalt zu erfassen, hielt ich für paradox. (Mein kleiner Nachbar wollte kürzlich wissen, was paradox sei. Mir fiel nur ein: Das ist so, als wenn man versucht, über seinen eigenen Schatten zu springen, oder wenn du gegen dich selbst Schach spielen wolltest. Blödes Beispiel, er konnte noch nicht Schach spielen. Aber ich beobachtete ihn, wie er ausdauernd versuchte, über seinen Schatten zu springen.)

Zurück zu meinem Problem:

Vor allem Süßes und Kuchen machten mir das Leben schwer. Wie stolz konnte ich sein, wenn ich zur Weihnachtszeit am Marzipan vorbeikam. Doch dann stand ich minutenlang an der Kasse und musste die ausgelegten Marzipanriegel übersehen. Ich achte jetzt immer darauf, dass ich mich an der naschfreien Kasse anstelle. (die wurde für Kleinkinder eingerichtet). Viele Märkte wollen die Quängelkassen ohnehin abschaffen, das wäre auch für mich eine Erleichterung. Mein Gott, ich bin erwachsen! Aber auch hier ist meine Heidrun kontraproduktiv. Sie nascht auch gern. »Heute, nur heute mal.« Aber manchmal sage *ich* dann: »Nein, ich will das nicht.«

Mit mehr oder weniger Konsequenz schaffte ich ja nun immerhin, den Kuchen und andere Süßigkeiten auf jeden zweiten Tag zu verlegen, abends keine Kohlehydrate zu essen (meistens) und auch sonst die älteste und bewährteste Methode zu praktizieren: fdH.

Wenn ich mich beim Wiegen auf ein Bein stelle und den Bauch einziehe, pendelt der Zeiger nun auch nicht mehr nach rechts. (nach links eher selten).

Mein Mann hatte mir kürzlich ein Buch geschenkt, bei dem es um den *Lohn der Faulheit* geht. Die Erkenntnis ist, dass der Mensch viel gesünder und ausgeglichener ist, wenn er sich nicht mit Erfolgszwängen – gleich welcher Art – unter Druck setzt. Natürlich wissen wir; vier Experten – fünf Meinungen. Aber Heidrun gefällt das Buch ausnehmend gut.

Schön, ich habe mich mit dem Leben, meinem Gewicht, meinem Alter und den damit einhergehenden kleinen oder großen Schwächen arrangiert. Freude über Freude, als ich in der Zeitung erfuhr, dass es eine line-dance-Sportgruppe gibt, die gern noch Tänzer aufnehmen würde.

Dorthin zu gehen war die beste Entscheidung überhaupt. Tolle Musik (bei weitem nicht nur Country), wunderschöne Choreographien, dufte Truppe – Bewegung zum Mitmachen und Wohlfühlen. Ja sogar Heidrun drängt an den Trainingstagen, nur ja keine Stunde zu verpassen.

Die Choreographie stellt Ansprüche an den Geist, die ein munteres Köpfchen erfordert. Das beugt Alzheimer vor! Summa summarum: ein Sport für Körper und Geist!

Und weiter im Erfolgsmodus. Als ich jetzt weiter zunehmend abnahm, verdankte ich das einer neuen(?) wissenschaftlichen Erkenntnis. Ich nenne es *Neandertaler-Diät*. In meinen Worten und meiner Art der Umsetzung heißt das etwa: Essen wie unsere Vor-Vorfahren. Wenn die ein Mammut erlegt hatten, war reichlich Essen da, ansonsten gab es nichts, oder Beeren.

Diese Erkenntnis lautet: *Intermittierendes Fasten – der gesunde Essrhythmus*.

Dabei kommen verschiedene Studien zu dem Schluss, dass allein ein alternativer (abwechselnder) Rhythmus in der Nahrungsaufnahme die Risiken für altersbedingte Krankheiten reduziert, das Abnehmen erleichtert und das Leben verlängert.

Auf Phasen der normalen Nahrungsaufnahme folgen Zeitabschnitte, in denen man *nichts* isst. Nichts, auch keinen Snack oder Salat oder nur *einen* Keks.

Trinken ist erlaubt, natürlich ungesüßte Getränke.

Zwischen den beiden Phasen sollten mindestens sechzehn Stunden liegen.

Es ist praktikabel und zeigt Wirkung. In sechs Wochen habe ich meiner Waage stolz drei Kilo präsentiert.

Das tollste dabei ist: ich habe keinen Hunger. Und wenn ich essen darf, darf ich Alles essen, auch wenn Manches Sünde ist.

Selbstredend beachte ich trotzdem noch altgelernte Dogmen: wenig Zucker, wenig Kohlehydrat, wenig Fett.

Aber wenn ich dann sündige, dann ohne schlechtes Gewissen und **mit viel Genuss**!

Der einsame Wolf

Der Saal der Gaststätte war gut gefüllt. Bunte Papierschlangen hingen von Pfeilern und Lampen herab, schlängelten sich auf den Tischen entlang und verbanden völlig fremde Personen miteinander. Das Konfetti, das in jeder Ecke aus Pistolen herausknallte, setzte sich auf die Haare, aber auch in die Gläser mit den verschiedensten bunten Getränken.

Wir blieben beim Wein. Das hatte sich bewährt. Sicher würden wir wieder beschwipst zum Bus wanken, aber wenigstens würde uns nicht schlecht werden von zu viel Durcheinander.

Das diesjährige Faschingsprogramm war eben mit viel Applaus und Zugaben beendet worden. Alle warteten jetzt gespannt auf die ersten Musikstücke, auf die man tanzen konnte. Es war interessant, die verschiedenen, fantasiereichen Kostüme zu betrachten und insgesamt den übermütigen Narren zuzusehen. Fantasievoll schmückten sich die Paare mit Kostümen zum gleichen Thema, so dass man leicht erraten konnte, wer zusammengehörte. Der Adelsmann zum Burgfräulein, die Gärtnerin zum Gartenzwerg, die vierbusige Außerirdische zu E.T.

Bei den vier lustigen Fröschen am Ende unseres Tisches konnten wir das nicht entscheiden. Sie knutschten alle miteinander und durcheinander. Aber gut; es war Fasching.

Mir ziepten meine falschen Wimpern ziemlich arg und ich dachte, dass ich mich wohl bald von ihnen trennen musste. Ansonsten war mir mein Outfit als Haremsdame recht gut gelungen. Aber nicht jeder war maskiert.

In der Nische vor der Bühne stand ein Junger Mann – Aufmerksamkeit heischend, breitbeinig – mit einem Bierglas in der Hand und ließ seine Blicke über das Publikum schweifen. Er fiel aus mehreren Gründen auf; er war allein – es waren vorwiegend Pärchen im Saal.

Er hatte nicht Platz genommen wie alle anderen, offensichtlich gehörte ihm gar kein Sitzplatz und er hatte mit Bedacht eine übersichtliche Position gewählt.

Besonders auffällig war sein ausgesprochen markantes, angenehm männliches Aussehen. Von Statur groß und schlank, vom Alter zwischen fünfundzwanzig und dreißig. Gekleidet in Kniebundhosen, deren Hosenträger lässig an den Seiten herunterhingen als wolle er sich des Beinkleides schnell entledigen können und das langärmelige weiße Hemd stak leger im Bund. Ein schmales buntes Halstuch – auf dem lauter knallrote Kussmünder aufgedruckt waren – war so ziemlich der einzige Hinweis auf Verkleidung.

Sein hübsches, schmales Gesicht mit lebhaften dunklen Augen und dunkle, kurz geschnittene Haare machten diese imposante Erscheinung perfekt.

»Mir wäre der zu schön«, sagte meine Freundin, der er also auch aufgefallen war (wie wohl allen Frauen im Saal) »So jemanden hat man nicht allein.« Da wird sie sicher Recht haben.

Noch war er auf der Suche. Hier und da entdeckte er das eine und andere Single-Mädchen und seine Augen und auch ein ganz klein wenig sein Mund lächelten anerkennend. Die Tochter meiner Freundin, die ein solcher Blick traf, war sofort hin und weg und hatte kaum noch Augen für ihre sonstige Umgebung.

Endlich hatte der DJ die richtige Musik aufgelegt und siehe da, der einsame Wolf hatte sein erstes Opfer bereits auf die Tanzfläche gelockt. Auch sein Tanz, seine Bewegungen waren harmonisch, nichts anderes hätte zu ihm gepasst. Alle hübschen Mädchen, die an diesem Abend solo unterwegs waren, hat er dann zum Tanzen geführt, die eine oder andere auch ein zweites Mal. So auch Steffi, die Tochter meiner Freundin, die dieses Glück gar nicht fassen konnte und außer sich vor Eifersucht starrte, wenn er eine andere erobert hatte.

Automatisch dachte man selbst daran, wie es denn wäre, noch einmal 30 Jahre jünger zu sein. Der ältere Herr uns gegenüber am Tisch – ein Gentleman mit Schirm, Charme und Melone – beobachtete dieses Treiben ebenso. Auch neben ihm – ein junger Mann mit einem alten Gesicht (ungeschminkt) – ließ die Blicke nicht von dem schönen Jüngling auf der Tanzfläche. Seine Mimik konnte den Neid nicht verbergen.

Ihm war – sicher auch im wirklichen Leben – die Looser-Rolle zuteil geworden. Verkleidet als Diener oder Page hatte er dem feinen Gentleman zur Hand zu gehen und zu gehorchen. Dieser demütigte verbal den armen Kerl so sehr, dass ich fast bemüßigt war, dazwischen zu gehen. Aber ein entwaffnendes Lächeln des Älteren in meine Richtung ließ mein Vorhaben im Keim ersticken. »Was geht mich fremder Leute Leid an?« Ich hielt den Mund.

Das aber konnte der feine Herr nicht eine Minute. Wenn er nicht seinen Diener drangsalierte, so zwang er Irene und mir ein Gespräch auf. Wir erfuhren recht schnell, dass der hübsche Kerl auf der Tanzfläche wie auch der Page neben ihm seine Söhne waren.

»Sind die mir nicht prachtvoll gelungen? Das ist auch das Einzige, was ich gemacht habe, das Hand und Fuß hat«, meinte er selbstironisch. Er selbst hielt sich für ein Geschenk der Schöpfung an die Damenwelt. Es traf auf *ihn* zu, wenn jemand sagte: »was heißt, er sitzt zur Rechten Gottes? Nein, Gott sitzt zur Rechten Herrn Bechtermeiers.«

Sein Redeschwall war unaufhörlich und ich bemerkte, dass ich ihm schon eine Weile nicht zugehört hatte. Offensichtlich hatte er mir eine Frage gestellt. Ich antwortete einfach mit »ja« in der Hoffnung, ich hatte jetzt nicht einem Date mit ihm zugesagt. Nein, er wollte nur mit mir tanzen. Okay, ich stand auch auf. Er tanzte gut. Da ich selbst sehr gern tanzte dachte ich, ich hätte nichts dagegen, wenn er mich noch öfter auffordern würde.

In diese Richtung diskutierten wir dann am Tisch. Ich hielt ein langes Plädoyer auf die heutige Emanzipierung. Sie erlaubte es zum Beispiel auch den Frauen, sich ihre Tanzpartner selbst zu wählen. Das stand für viele Fortschritte im Leben der Geschlechter. Zugegeben: meine Rede hatte nun auch etwas länger gedauert. Irgendwann unterbrach mich Herr Anselm Bechtermeier ziemlich barsch, weil er nicht ertrug, so lange seine eigene Stimme nicht zu hören.

In diesem Moment gab es einen Disput auf der Tanzfläche. Torben – wie wir vom Vater wussten – kanzelte gerade die kleine Miezekatze an seiner Seite ab und ließ sie allein auf dem Parkett stehen. Dann kam der Schönling an unseren Tisch. Er stemmte von hinten seinen Bruder mit beiden (muskulösen) Armen vom Stuhl hoch, schob ihn ein wenig zur Seite.

»Hol mir mal ein Bier!« - »Geh doch selbst!«

»Na siehst du, wie viele da anstehen?« Als wäre es unzumutbar, dass er selbst sich in die Schlange einreiht. Wahrscheinlich ist das auch unter seiner Würde.

Er wurde mir zunehmend unsympathischer. Zu allem Überfluss entdeckte ich gerade an seiner Nasenwurzel zwei große Mitesser. Ih! Das ging gar nicht! Das widerte mich an. Würde ich so etwas bei meinem Sohn entdecken, ich würde ihn eindringlich dazu animieren, das zu entfernen. Augenscheinlich war dieser Bursche ein Weichei. Die Entfernung der Pickel an dieser Stelle ist schon äußerst schmerzhaft. Aber, wer schön sein will, muss eben leiden.

Mir gefiel er jetzt nicht mehr. Aber muss ja auch nicht, ich bin eine alte Frau. Die Augen der jungen Dinger suchten schon wieder sehnsüchtig nach ihm.

Alle Mädchen hatten in seiner Nähe den gleichen hingebungsvollen Blick, er wusste, dass er jede erobern konnte. Sehr zum Leidwesen von Steffi tanzte er für den Rest des Abends mit einem großgewachsenen, sehr hübschen Mädchen, dessen Fastnachtsschminke darauf schließen ließ, dass sie erheblich jünger war, als sie so erschien.

»Die ist gerade mal fünfzehn – eher eigentlich noch vierzehn!«, giftete da auch schon Steffi, die doch schon so lange auf eine weitere Aufforderung gewartet hatte.

Stutenbissig fügte sie hinzu: »Habt ihr nicht gesehen, wie sie vorhin den Stevi abgefertigt hat? Der ist momentan ihr Freund und immer für sie da, aber sie behandelt alle Kerle so herablassend, so ein Biest!“

Pech für Steffi, die kleine Conny flirtete beim Tanzen mit ihrem schönen Partner und hatte offensichtlich großen Gefallen daran, vom schönsten Kerl im Saal begehrt zu werden.Er tanzte mit keiner anderen mehr, führte sie mit Leichtigkeit über die Tanzfläche. Es war ein schöner Anblick, ihnen zuzuschauen. Sie passten gut zusammen und genossenen ihre Zweisamkeit.

Irene tröstete ihre Tochter indem sie wiederholte: »Der ist viel zu schön, den hättest du nicht allein.« – »na ja, aber die Conny hat ihn nicht verdienst!«, antwortet Steffi erbost.

Gerade hatte Stevi noch mal probiert, Conny ihrem Partner auszuspannen, hatte aber nur eine sehr barsche – fast schon ungezogen abwehrende Abfuhr erhalten.

»Wo sind die denn jetzt hin?« Steffis aufgeregt suchender Blick glitt über die ganze Tanzfläche. »Ah dort vorn an der Bar stehen die beiden und Conny streitet wieder mit Stevi.

Am liebsten würde ich ihr sagen, wie sich hier zum Löffel macht.« – »Du bist nur eifersüchtig«, lässt sich ihre Mutter hören, aber Steffi hatte nur Augen und Ohren für ihre Rivalin.

Wieder zurück auf der Tanzfläche wurden die beiden von ganz vielen Augenpaaren beobachtet. Darunter waren viele neidische Blicke wie die von Steffi und seinem Bruder, aber ebenso viel belustigt Beobachtende wie die von Irene und mir, die das Spiel und diesen Mann interessant fanden.

Er bewegte sich natürlich, in keiner Weise aufdringlich oder provokant und was mir jetzt auffiel: Er ließ tanzen, er bewegte sich nur minimal zum Takt der Musik.

Gerade dröhnte ein Twist aus den 70ern, Conny twistete tief in die Hocke, sah strahlend zu ihm auf, während er ganz langsam und bedächtig seine Hemdsärmel aufkrempelte. Er lächelte zu ihr hinunter. Ich konnte dieses Lächeln nicht deuten. War es gönnerhaft, stolz, liebevoll?

Geht mich natürlich alles nichts an, war aber total interessant zu beobachten. Mir kam in den Sinn, er könnte sadistisch sein, er genoss irgendwie seine Macht.

Na was soll´s, das Mädchen war glücklich und Irene und ich gehörten jetzt ins Bett. Steffi wollte noch bleiben und wir verabschiedeten uns alsbald.

In der zweiten Flasche Wein, die wir so nach und nach weggetrunken hatten, war nur noch ein kleiner Rest, als wir uns verabschiedeten. Herr Bechtermeier bedauerte unseren Aufbruch, war aber mit seinen Augen eher bei seinem schönen Sohn.

Die geöffnete Haustür warf uns erst einmal eine Brise schwüle Luft entgegen. Obwohl erst Februar, hatte sich eine unangenehme Glocke über die Stadt gesetzt. Die Wolken, die heute Nachmittag so vielversprechend am Himmel hingen, waren vorübergezogen, ohne die Hoffnung auf Regen oder Schnee zu erfüllen. »Fast braucht man den Mantel nicht. Das ist doch nicht normal – für diese Jahreszeit«, stöhnte Irene. Wir liefen zur Bushaltestelle, während ich noch meterweit versuchte, in meinen Mantelärmel hineinzuschlüpfen. Dabei musste ich ständig kichern. Warum eigentlich? Der Wein! Herr Bechtermeier hatte uns außerdem einige Drinks spendiert, die allesamt Gernot – der Bruder von Torben – heranschleppen musste.

Bis zur Haltestelle war es nicht weit. Es warteten keine anderen Fahrgäste. »Ich muss mal Pipi«, verkündete Irene und hatte auf ihrem Weg hinter das gläserne Wartehäuschen bereits Mantel und Rock hoch gerafft. »Bist du verrückt! Du hättest doch drin noch gehen können!«

Gerade, als ich sie empört maßregeln wollte, kamen drei junge Leute auf die Haltestelle zu. Schnell ging ich ihnen ein paar Schritte entgegen und lallte übertrieben:» Habterma ´n Stäbchen für mich? Hab se irgendwo liegen. Mist!« Lachend zog der junge Mann seine Schachtel aus der Manteltasche und hielt sie mir entgegen. Ich tat sehr betrunken, so dass mir nicht gelang, eine Zigarette zu entnehmen. Er tat es für mich und auch den Anzündvorgang zögerte ich unnötig lange hinaus. Aus den Augenwinkeln sah ich, dass

Irene – wieder vollständig und korrekt angezogen – hinter dem Häuschen hervor kam.

»Seit wann rauchst denn Du?«, wollte sie erstaunt wissen.

Zum Glück kam gerade der Bus und ich konnte den Glimmstängel wegwerfen.

Die Nacht war kurz, aber erholsam. Wir hatten beim Frühstück den Lokalsender eingeschaltet, als wir erschrocken hörten:

Die Bevölkerung wird dringend um Mithilfe gebeten.

Seit gestern Nacht – zwischen 23:30 und 2:00 Uhr heute Morgen wird die vierzehnjährige Cornelia A. vermisst. Sie hatte an einer Faschingsveranstaltung im »Goldenen Löwen« teilgenommen und all ihre persönlichen Sachen – vor allem Handtasche und Mantel sind noch im Lokal. Wer hat sie zuletzt gesehen oder kann sonstige sachdienliche Angaben machen?

Vermutlich ist sie noch mit ihrem Kostüm – einem Rotkäppchen – bekleidet.

Geld – wie gewonnen, so zerronnen

Freitag: Das Telefon klingelt heute Morgen schon zum dritten Mal. Ich mag gar nicht mehr dran gehen, weil ich schon mühsam den Staubsaugervertreter und ein Zeitungsabo abgewimmelt habe.

Ich bin immer noch zu höflich. Meine Freundin sagt: »einfach auflegen!« Das kann ich nicht. Die Leute im Call-Center tun mir leid, machen auch nur ihre Arbeit.

Aber ich lerne dazu. Als ich den Hörer abnehme, höre ich eine freundliche, seriöse Männerstimme:

»Hallo, Frau Hartung. Mein Name ist Klaus Jäger vom *Traum der Frau*.«

»Die hab ich gekündigt«, grätsche ich ihm ins Gespräch.

»Ja gut. Das ist eine andere Abteilung. Ich möchte Ihnen mitteilen, dass Sie einen Preis gewonnen haben.«

»Ja, ja. Sicher wieder ein neues Abo!«

»Wenn Sie mir zuhören würden – nur einen Moment. Sie sind ja nun schon seit dem 12. Mai 2015 Leserin der Zeitschrift. Sie hatten sich bei der Vorauswahl zu einem Preisausschreiben für den Bargeldgewinn entschieden – anstatt eines Autos.«

»Stimmt. Ja, ich erinnere mich dunkel, das gesagt zu haben.«

»So, liebe Frau Hartung. Und jetzt ist es soweit. Sie haben den Preis gewonnen: 49 T€. Was sagen Sie jetzt?»

»Hah! Verscheißern kann ich mich selbst. Das stimmt doch niemals! Das glaub ich nicht!«

»Es gibt keinen Grund für Zweifel. Sie wurden ausgewählt. Nun ist es an Ihnen, zu sagen, wann wir Ihnen das Geld übergeben können.« Das ist mir eigentlich zu dumm, aber ich bin jetzt einfach neugierig, wie sich das weiter entwickelt. »Wie jetzt? In bar? Sie können es doch überweisen.« Ich lache dabei, weil ich überzeugt bin, veralbert zu werden. »Geht so nicht. Sie wollten Bargeld. Sie müssen auch keine Bedenken haben. Wir bringen das total unkompliziert zu Ihnen nach Hause. Mit Sicherheitsleuten.«

Ich lasse mich weiter auf das Gespräch ein, weil ich es inzwischen interessant finde. Ich möchte schon gern erfahren, was da noch weiter kommt. Ganz schwach leuchten wohl auch Dollarzeichen in meinen Augen. Aber nur ganz schwach. Ich kenne durchaus Leute, die schon Autos gewonnen haben.

»Also, es läuft folgendermaßen ab: morgen früh ruft Sie ein Mitarbeiter der Sicherheitsfirma an, um mit Ihnen einen Übergabetermin auszumachen. Er bringt dann die volle Summe in bar mit. Den Empfang müssen Sie bei dem Notar – der ebenfalls dabei ist – bestätigen. Keine Sorge. Das ist alles steuerfrei. Es kostet Sie lediglich eine Gebühr von 900 € für Notar und Verwaltung.«

»Aha. Wusste ich´s doch. Irgendwie musste da ja ein Betrag für Sie rausspringen!«

»Ja, aber davon haben wir ja nichts. Es geht nur um die Bezahlung des Notar und die Deckung des Aufwandes.«

»Ich kann das Ganze nicht glauben, tut mir leid.« Eigentlich wollte ich auflegen, aber die Neugierde war doch mächtiger.

»Freuen Sie sich einfach über Ihren Gewinn. Welche Zweifel haben Sie denn? Sie erhalten das Geld, können es in Ruhe zählen und prüfen. Dann zahlen Sie diese Gebühr und alles ist erledigt. Morgen erfahren Sie die terminlichen Einzelheiten. Ich melde mich wieder.«

Ich hatte bei der Hälfte des Gespräches schon den Lautsprecher angestellt. So hatte Ralf mithören können. »Das ist doch garantiert eine neue Masche: Betrugsversuch. Lass uns die Polizei benachrichtigen, die haben vielleicht schon mehr solche Fälle.«

Der Polizeibeamte am Apparat drängt darauf, dass ich noch heute eine Anzeige gegen unbekannt ausfülle. Er zeigte sich auch interessiert, an der Übergabe des Geldes zugegen zu sein, inkognito, wenn ich so mutig wäre, das durchzuziehen. Aber zuerst solle ich unbedingt die Anzeige aufgeben. Heute noch! Wir fahren zur örtlichen Dienststelle. Die Ausfertigung der Anzeige dauert eine halbe Stunde. Ich habe insgeheim die Hoffnung, der Polizist würde doch irgendwo einen Hinweis entdecken, das Ganze könnte reell sein. Ich hätte das Geld wirklich gern gewonnen! Inzwischen bin ich gar nicht mehr so sicher, das dies ein Fake war. Aber nein, er meint sogar, ich würde auch keinen weiteren Anruf erhalten, da sie wohl meine Skepsis erkannt hätten. An einer Teilnahme zu einem potentiellen Übergabetermin wären sie nicht interessiert, sagt er. Das würde eh ins Leere laufen.

„Wozu haben wir dann jetzt die Anzeige aufgenommen?«

»Wir sind daran interessiert, solche Vorfälle zusammenzutragen, bis wir aktiv werden können. Wenn Sie vielleicht noch die Telefonnummer aus ihrem Telefonarchiv herausfinden könnten?«

Mein Sohn meint später: »Die Bullen hier am Ort hast du angerufen? Das hättest du dir auch sparen können. Die sind doch inkompetent und überlastet. Die haben nur Sorge, sich bewegen zu müssen. Die kriegen gerade mal noch auf die Reihe, ihren Kaffee warm zu halten.«

Samstag: Anruf von einem Herrn der Firma *cash-Transporte.* Er hat einen ausgeprägten ausländischen Akzent – türkisch oder russisch.

»Hallo Frau Hartung Mein Name ist Axel Neumann. (mit diesem Akzent). Ich habe den Auftrag, Ihnen 49 T€ zu überbringen. Wir können jetzt besprechen, wie das ablaufen soll. Also, wir kommen mit einer Kassette, zu der nur Sie den Zugangscode erhalten. Haben Sie einen Zettel? Dann schreiben Sie auf …«

Er nennt mir eine achtstellige Nummer. Kopfschüttelnd schreibe ich mit. »Für den Ausgleich der Gebühr besorgen Sie sich bitte für 900 € *Steam-Gutscheine.*«

»Moment, was ist das? Hab ich noch nie gehört?«

»Das sind Bons, die Sie in jedem Geschäft und jeder Bank erwerben können, um sie dann zum Beispiel zu verschenken.«

»Ach so, ja, ist klar.«

»Wenn wir Ihnen die Kassette übergeben haben und Sie sich vom Inhalt überzeugt haben, händigen Sie uns dann die Scheine aus. Damit wäre die Angelegenheit abgewickelt. Wie schnell können Sie heute diese Scheine besorgen?«

»Wieso heute? Von heute war keine Rede. Es ist Samstag, da komme ich nirgends mehr hin.«

»Aber das ist für heute eingeplant. Das müsste heute über die Bühne.«

»Nein, keine Chance. Frühestens am Montag.«

Er will kurz in seinem Kalender nach freien Terminen schauen. Ein wenig später ist er wieder am Apparat.

»Ja gut, ausnahmsweise dann am Montag. Rufen Sie mich an, wenn Sie das erledigt haben.«

Er gibt mir noch seine Telefonnummer.

Also, nochmal der Reihe nach für mich zum Überlegen: Ich habe noch immer Hoffnung, auf reelle Weise das Geld zu bekommen. Die Herren wussten: seit wann ich das Abo habe, dass ich mich in einem Telefonat für Bargeld entschieden hatte. Der Herr Neumann gab mir sogar eine Nummer für den Rückruf. Und außerdem: wenn die mir **zuerst** die Kassette übergeben, ich das Geld zähle und prüfe, dann hab ich es doch! Erst **dann** bekommen sie meine 900 €. Wo ist das Problem oder der Betrug?

»Ach meine liebe Mama«, meint Daniel. „Du hast einen großen Fehler. Du bist einfach zu gutgläubig, um nicht zu sagen *naiv*. Das läuft mit Sicherheit ganz anders ab. Die überrumpeln dich total. Womöglich noch mit einer Kalaschnikow.«

»Na gut, wenn ihr denkt. Ich seh´s ein. Schade.«

Am Montag habe ich dann den Herrn Neumann angerufen. Es meldet sich tatsächlich ein *cash-Transport* und die mussten mich verbinden.

»Herr Neumann, ich möchte Sie darüber in Kenntnis setzen, dass ich die Steam-Gutscheine nicht gekauft habe.

Ich möchte von dieser Aktion Abstand nehmen, da ich sie für unseriös halte. Ich denke, es ist ein Betrugsversuch. Ich habe auch die örtliche Polizei informiert.«

Herr Neumann am anderen Ende bleibt völlig ruhig und gelassen. »Na schön, Frau Hartmann. Wenn Sie sich den

Gewinn entgehen lassen wollen! Wir haben hier nur den Auftrag, das Geld zu transportieren. Ansonsten sind wir nicht eingebunden. Es ist uns ein Leichtes, den Auftrag zu stornieren.«

»Okay, dann tun Sie das bitte.«

Und schon bin ich 49 T€ ärmer. Oder?

Der Polizeibeamte hat sich auch noch einmal gemeldet – wahrscheinlich nachdem er den Kaffee auf die Wärmeplatte gestellt hat.

»Seien Sie froh, dass Sie ihre 900 € noch haben.«

Und doch bleiben mir Zweifel. Hätte ich es nicht doch wagen sollen?

Wenn die Bullen doch nur so viel Interesse gezeigt hätten, hier zum Übergabetermin vor Ort zu sein. **Ich** hätte das durchgezogen und dann hätten wir schon gesehen!

Letzte Nacht habe ich von so vielen Dingen geträumt, die ich mir von dem Geld hätte kaufen können. Wenn doch die Polizei einmal ihren Kaffee hätten vernachlässigen können, um hier vor Ort präsent zu sein. Ich wäre doch kein Risiko eingegangen, oder?

Sie hätten im worst case (für mich) einen Betrüger fassen können.

Ich glaube, ich habe doch 49 T€ verschenkt!

Sinne

Sie konnte sich wieder riechen; und sie roch gut.

Genießerisch sog sie den Duft ein und freute sich, diese Note auf ihrem Körper zu tragen. Sein Geschenk würde ihm ebenfalls gefallen.

Es ist eigenartig, dass man selbst das Parfüm, das man schon lange benutzt, gar nicht mehr wahrnimmt. Zumindest man selbst bemerkt es nicht mehr, andere schon.

Sie bevorzugte immer gutes Parfüm, man benötigte ja auch wenig davon. Martina hielt sich an den Rat ihrer Mutter, niemals in Versuchung zu geraten, bei der Menge noch einmal nachzulegen. »Der Duft darf dir nicht vorauseilen und dir nicht folgen, das wirkt aufdringlich.«

Martina war auf ihre Art eine schöne Frau. Sie war klein, ein wenig rundlich. Ihr Gesicht war von dunklen Locken umrahmt, die sie mit bestimmten Hintergedanken etwas länger trug, als ihr wirklich gestanden hätte. Ihre braunen, mit hellen Flecken gesprenkelten Augen blickten tiefgründig, wissend. Ein kleiner Mund zeigte sehr weiße Zähne, wenn er lächelte. Aber er lächelte selten.

Ihre Füße und Hände waren sehr klein und die Nägel ganz dezent lackiert. Es war schwierig, sich diese Frau als Mutter vorzustellen. Sie wirkte so mädchenhaft, wenn man von der Erfahrung in ihren Augen absah. Hätte sie bei Verlegenheit den Daumen in den Mund gesteckt, niemanden hätte es verwundert. Als sie noch ihren Mädchennamen *Kruse* trug, war sie die *Krusepuppe.*

Zaghaft begann Tina, sich zu schminken. Die Augenbrauen betonte sie nur mit einem leichten Strich und den Lidrändern gab sie nur insofern Ausdruck, als sie eine Nuance von Farbe in den äußeren Ecken auftrug. Für ihren

Mund brauchte sie länger. Geschickt – weil oft geübt – verdeckte sie den Riss in der Oberlippe mit Puder und Grundierung, um danach leichtes Rot aufzutragen. Über das stark angeschwollene, am oberen Rand aufgerissene Ohr drapierte sie eine dicke Locke, die sie mit Zierspangen arretierte, bis nichts mehr zu sehen war.

Eigentlich vermied er immer, sie ins Gesicht zu schlagen. Oft war er aber zu erregt, um noch überlegt handeln zu können. Der kleinste Anlass genügte, um ihn völlig ausrasten zu lassen. In Wahrheit waren es auch keine wirklichen Anlässe. Torstens Wutanfälle häuften sich in immer kürzeren Abständen. Martina bemühte sich ständig, ihn zufrieden zu stellen und alles so zu arrangieren, dass er keine Widrigkeiten vorfand. Doch bei aller Mühe: er suchte und fand die unglaublichsten Aufreger.

Wie Torsten Hartwig seine Arbeit als Porzellanmaler verloren hatte, war allgemein nicht bekannt. Wahrscheinlich war ihm die Flasche dazwischengekommen. Wie das aber passieren konnte, wusste erst recht niemand. Früher hatte sich sein Alkoholkonsum nur auf das Wochenende beschränkt, dann aber auch häufiger unter der Woche nach Feierabend. Allmählich führte er nun aber seine Hand beim Malen nicht mehr so ruhig und präzise und produzierte Ausschuss.

Letztlich hatte er kein Problem mehr mit Alkohol – aber ohne! Erwischte man ihn vor dem dritten Weinbrand, war er noch ganz okay und er sah die Welt optimistisch. Aber, alles was er tat, war maßlos. Früher war es das Tanzen, die Liebe, war es der Sex. Heute ist es das Trinken – und das Schlagen, dachte Martina wehmütig. Wie – um alles in der Welt – hatte das nur so eskalieren können? Sie hatte sich auf den Badewannenrand gesetzt und lauschte auf ihr Inneres, das leer rauschte, wie wenn man sich eine Muschel ans Ohr hält. Immer, wenn sie die Augen schloss, aktivierte sie eine sehr hässliche Galerie laufender Bilder der vergangenen Tage und Wochen. Sie legte den Kopf in den Nacken und dehnte ihn nach beiden Seiten, um die Verspannung im Hals und den Knoten in ihrer Kehle zu lockern. Sie erreichte damit nur, dass ihre Schulter, die kürzlich ausgerenkt war und der letzte Halswirbel unter seinem blauen Fleck deutlicher schmerzten.

Ihre Situation hatte etwas Obszönes. Sie musste sich das alles gefallen lassen. Was hätte sie tun können? Ihn verlassen? Er würde sie totschlagen. Es war ihr, als rudere sie in einem schwankenden Boot mit einem Tennisschläger als Paddel. Martina hatte Torsten geliebt, heiß und begehrlich. Sie war ihm ergeben, hätte alles getan, nur, damit er bei ihr blieb. Liebte sie ihn noch? Liebte er *sie* noch?

Er stammelte es reumütig, nach jedem Exzess versprach er, nie wieder handgreiflich zu werden. Aber inzwischen schlug er sie auch, ohne dass er betrunken war. Die kleinste Unstimmigkeit, die geringfügigste Abweichung von *seinen* Vorgaben brachte ihn gegen sie auf. Immer wieder hatte sie ihn darum gebeten, sie freizugeben, sich zu trennen. Er wollte davon nichts wissen, er liebe sie viel zu sehr. Dies bewies er ihr dann auch prompt, indem er ihr Geschenke brachte – wie gestern das teure Parfüm.

Erschrocken schaute sie zur Uhr. Viel zu lange hatte sie sich mit ihren Gedanken und ihrem Selbstmitleid aufgehalten. Energisch versuchte sie, ihr Kopfkino abzuschalten. Das ist aber gerade so, als ob man sich befiehlt, von nun an nichts mehr zu denken. Es geht einfach nicht. Die Gedanken schleichen sich ganz heimlich in den Kopf und übernehmen einfach wieder die Regie.

»Ich habe immer *dein* Leben gelebt, nicht meins. Aber daran bin ich auch mindestens zur Hälfte selbst schuld. Wann ist das nur alles so aus dem Ruder gelaufen? Alles, was ich möchte, ist ein harmonischer Tagesablauf. Aber der ist einfach nicht möglich.«

Alles war schlimmer, als sie es sich je hätte vorstellen können. Wie sehr sehnte sich Martina nach einem stinklangweiligen Wochentag – mit Essen kochen, putzen, waschen und spazieren gehen. Auch einmal wieder ein Theaterbesuch. Wehmütige Erinnerungen bestürmten sie: die chaotischen Klänge aus dem Orchestergraben beim Stimmen der Instrumente, aufdringliche oder angenehme Düfte der vielen Parfümnuancen, schöne Frauen und elegante Männer, angeregte Unterhaltungen und erotisches Lachen. Als sie jetzt die Augen schloss, fühlte sie sich aufgenommen in diesen Kreis. Das alles gab es, als ihre Welt noch in Ordnung war. Wann hatte Torsten beschlossen, das alles aufzugeben? Und vor allem warum?

Dass dieser Mann einmal ihr begehrter Liebhaber war! Ihr war unverständlich geworden, dass sich je ihre Lippen nach seinem Mund gesehnt hatten, ihr Körper nach seinen Berührungen. Nie war ihr in den Sinn gekommen, dass seine Berührungen so schmerzhaft ausfallen könnten.

War sie schuld? Sie war schuld. Auf dieses Resultat war sie bei ihren Überlegungen noch immer gekommen. In ihrem Kopf hörte sie die Stimme ihrer Mutter: »Lass den sausen, der liebt dich nicht, der liebt nur sich. Mir gefällt ja der Hendrik von Köchels, der wäre doch was!«

»Ach Mama, der Hendrik ist ganz lieb, das gebe ich zu. Aber der ist so schwul wie die Nacht schwarz ist.« Sie mochte Hendrik auch heute noch. Er hatte sogar geheiratet. Martina wusste, dass dies nur Tarnung war. Er war aktiver Fußballer. Aber selbst wenn seine sexuelle Orientierung eine andere gewesen wäre, Tina hatte nur Augen für Torsten. Wenn er den Raum betrat, war seine Präsenz allgemein zu spüren. Wie stolz war sie, als er *sie* wählte. Er hatte kein Jahr verstreichen lassen, als er ihr einen Antrag machte. Wohl wissend, dass er bei der Schwiegermutter keine guten Karten hatte und wohl spekulierend, dass das Erbteil ihres Vaters durch diesen Schritt schnell zu sichern war.

Die ersten drei Jahre verbrachten sie in Harmonie. Martina hätte nur noch gern erreicht, dass er sich positiv zu ihrem Kinderwunsch gestellt hätte. In diesem Zusammenhang übte er erstmals Druck auf sie aus; kontrollierte sogar die regelmäßige Einnahme ihrer Pille. Um nur ja kein Risiko einzugehen, benutzte er außerdem Kondome. Anfangs war sie drüber belustigt. »Das ist, als ob du Gürtel und zusätzlich Hosenträger benutzt.« Torsten fand das nicht lustig. Er sei für ein Kind noch nicht bereit.

Martinas Hoffnungen und Gedanken kreisten aber immer intensiver um ein eigenes Baby. Sie hatte bis zur Heirat als Kinderschwester im städtischen Klinikum gearbeitet und liebte die Kleinen über alles. Die Arbeit hatte sie auf eindringlichen Wunsch ihres Gatten aufgegeben. Er ertrug den Gedanken nicht, seine hübsche Frau mit anderen Männern – wenn auch nur dienstlich – teilen zu müssen. »Du kennst doch die Steigerung von geil? Geil, Friseuse, Krankenschwester. Und das ist bei den Männern in diesem Beruf nicht anders. Nein, du hast es nicht mehr nötig, arbeiten zu gehen.«

Ihre Abwehr – zum einen gegen dieses alberne Argument und zum anderen gegen ein reines Hausfrauendasein – ließ er nicht gelten.

Martina betrachtete es als einen Wink des Schicksals, als er eines Nachts – nach einem wunderschönen durchtanzten Abend – sein Kondom vergaß. Sie *vergaß* einfach auch die Pille und hoffte auf ein positives Ergebnis. Das zeigte ihr der Apothekentest auch an. Tina jubelte. Dann schaltete sie ihr Gehirn ein. Konnte sie das durchziehen? Was würde er sagen? Was würde er von ihr verlangen? Sie fühlte sich – je länger sie mit einem Geständnis wartete – einem Verrat schuldig. Es war Vertrauensmissbrauch. Sie hatte ihn hintergangen. Sie wusste, was er wollte, beziehungsweise, was er nicht wollte. Sie hatte das wissentlich ignoriert, hatte ihn damit herabgesetzt. Wie würde sie sich fühlen, wenn das Gleich ihr geschähe?

Doch, sie würde es ihm sagen, bald. Nur die richtige Gelegenheit abwarten. Oft steckt es ihr ganz oben in der Kehle, will unbedingt heraus. Aber dann schluckt sie schwer: »Nein, es ist gerade ungünstig.«

Und dann brach der Himmel über ihnen zusammen. Torsten hatte immer häufiger das Bedürfnis, Alkohol zu trinken. Sie war schuld. Sie war mit ihrer Situation unzufrieden, sich aber nicht bewusst, das auch nach außen zu tragen. Er glaubte, dass sie mit ihm und ihrer Situation unglücklich war. Er fühlte sich aber nicht wirklich in der Lage oder Willens, daran etwas zu ändern.

Vielleicht hätte jetzt noch reden geholfen. Aber keiner unternahm einen Schritt in diese Richtung.

Eins zog das Andere nach sich. Ihm wurde gekündigt. Er hing zu Hause herum und beide ertrugen diese ständige

Nähe nicht. Martina sah jetzt erst recht keinen Zeitpunkt für ihr Geständnis, sie ging ihm besser aus dem Weg.

Er verbot ihr schließlich, allein aus dem Haus zu gehen und begleitete sie bei ihren Besorgungen. Immer weiter griff er in ihr alltägliches Leben ein. Er wies sie an, wann sie und mit welchem Waschmittel zu waschen habe, wann die Fenster zu putzen wären und wie der Müll getrennt würde.

Martina entschuldigte alles mit seinem emotionalen Stress durch den Verlust seines Jobs. Endlich fand er eine neue Perspektive als freier Mitarbeiter für Graphik und Design bei einer Werbeagentur. Natürlich brachte das neuen Druck mit sich: Unbekannte Aufgabengebiete, unkonventionelle Arbeitszeiten, ungewisse Einnahmen.

Er könnte sie nun nicht so einfach mit ihrem Haushalt allein lassen, klagte er. Torsten hatte die ideale Lösung: Er erstellte seiner Frau täglich eine Excel-Liste, in der er ihr stündliche Zeitvorgaben eintrug. Selbstredend kontrollierte er am Abend die exakte Abarbeitung. Sollten sich Verschiebungen oder Ausfälle ergeben – was natürlich nur in Ausnahmefällen zu tolerieren war – so konnte sie den Grund dafür im Feld `Bemerkungen` angeben.

Für Martina spielte sich das am Rande des Erträglichen ab. Ihre Gedanken drehten sich rasend im Kreis, weil sie absolut keinen Ausweg aus ihrem Dilemma fand. Diese absolute, unwürdige Bevormundung und Kontrolle ertrug sie nur, weil noch Hoffnung in ihr war, dass dieser Zustand über Kurz oder Lang vorübergehen würde. Schlimmer war noch immer ihre Sprachlosigkeit, mit der sie ihren Zustand verbarg. Doch das erledigte sich eines Tages auf dramatische Weise von selbst. Torsten war an diesem Abend sehr spät nach Hause gekommen. Er hielt es nicht für nötig, ihr eine Erklärung zu geben und tobte im Gegenteil sofort los, dass das Essen ungenießbar sei.

Ihre Einwände, dass sie ja schon vor zwei Stunden mit ihm gerechnet habe, ließ er nicht gelten. »Es kann doch wohl nicht zu viel verlangt sein, den Fraß für eine Zeit warm zu halten. Ich hatte extra in der »Krone« nichts gegessen, weil ich dich nicht enttäuschen wollte. Geh zur Seite, ich mach mir das selbst!«

Torsten stieß sie derb vom Herd weg, um seinen Teller in die Mikrowelle zu schieben. Sie trat hastig einen Schritt zur Seite, hatte aber durch seinen heftigen Stoß einen solchen Schwung, dass sie das Gleichgewicht verlor. Beim Fallen riss sie einen Küchenstuhl mit sich zu Boden und fiel mit dem Bauch genau auf die Lehne. Vor Schmerz schrie sie laut auf. »Hab dich nicht so. Pass besser auf!«, beschimpfte er sie noch, ohne ihr beim Aufstehen zu helfen. Sie blieb einfach liegen, krümmte sich vor Schmerz und wimmerte vor sich hin. Plötzlich verspürte sie ein wahnsinniges Ziehen im Unterleib. Sie schrie entsetzt, da sie nun auch eine warme Flüssigkeit zwischen ihren Oberschenkeln wahrnahm. Die Blutlache, die sich auf dem Fliesenboden ausbreitete, starrte sie mit panischem Entsetzen an.

»Es ist tot! Jetzt ist es tot! Mein Baby ist tot!« Sie schlug ihren Kopf auf die Erde, immer und immer wieder. Torsten glotze sie entgeistert an. Das Blut lief jetzt auch aus einer Platzwunde auf ihrer Stirn. Statt Mitleid mit ihr zu empfinden, sie sanft vom Boden zu heben und zu trösten, trat er sie sie heftig zweimal in die Rippen und schrie: »Dann stirb doch am besten gleich mit, du blödes Aas. Du hast mich die ganze Zeit belogen? Wie lange schon? Du bist so dusselig. Einmal musste ich es doch merken, wie du mich hintergangen hast. Was hast du dir dabei gedacht? Na ja, jetzt ist wieder alles in Ordnung.« Sagte es und trottete die Treppe hinauf. Sie hörte noch, wie er oben sang. »Heut geh ich ins Maxime …«

Martina lag in ihrem Schmerz und wünschte tatsächlich, sie wäre tot. Vom Küchentisch hatte sie sich den Läufer heruntergeangelt und ihn zusammengeknüllt zwischen die Beine gestopft. Auch die Stirnwunde hatte aufgehört zu bluten, nur das dumpfe Pochen blieb. Sie legte beide Hände auf ihren Bauch und flüsterte bekümmert: »Verzeih mir. Es ist alles meine Schuld. Hätte ich doch nur früher mit ihm gesprochen. Vielleicht wäre doch alles gut geworden? Verzeih mir, wer immer du warst. Ich werde dich nie vergessen.«

Sie wimmerte ganz leise ein Wiegenlied und träumte mit wachen Augen ihren Lieblingstraum. Sie sah sich in der Frühlingssonne mit einem Kinderwagen im Park spazieren gehen und Torsten strahlte stolz zu seinem Baby in den Kissen.

Sie nahm nichts mehr wahr. Die schwüle Nachtluft verdichtete alle Geräusche im Haus. Ab und zu wehte eine leichte Brise durch das geöffnete Fenster und bauschte die Vorhänge. Wie lange sie so gelegen hatte – mit dem Gedanken, wohl gleich den Verstand zu verlieren – hätte sie nicht sagen können. Mühevoll erhob sie sich schließlich, indem sie sich auf den umgeworfenen Stuhl und schließlich auf den Tisch stützte. Mit ihrem Polster im Schoß trippelte sie in winzigen Schritten ins Wohnzimmer. Sie sank erschöpft auf die Couch und zog die Decke über ihren Körper bis zum Hals. Erst jetzt bemerkte sie, dass sie fror. Alles Leben war aus ihr entwichen. Sie glaubte nicht, den nächsten Tag zu erleben. Und; dachte sie und fand es selbst makaber – wenigstens würde er heute keinen Sex wollen.

Martha hatte sie erst neulich gewarnt: »Wenn du ihn nicht verlässt, wird das in einer Katastrophe enden.« Martha: ihr nächstes Geheimnis. Martina war mit ihr zusammengestoßen, als sie verträumt im Drogeriemarkt vor einer Auswahl Babystrampler stand. Ihr flehentlicher Blick hatte ihre Ausweglosigkeit signalisiert. Signale, für die Marthas Antennen besonders empfänglich waren. Und seltsam, Martina fasste sofort Vertrauen zu dieser fremden Person. Sie sehnte sich schon so lange nach einem Zuhörer, nach Verständnis für ihre Qualen. Marthas Gesicht und ihre liebevollen Gesten strahlten Herzenswärme und Zuversicht aus. Sie ließ sich von ihr in die kleine Cafeteria führen und berichtete dieser Frau, die sie in ihrem Leben noch niemals gesehen hatte, von ihrem unglücklichen Leben. Seitdem hatten sie sich schon des Öfteren getroffen, immer wenn Tina glaubte, in ihrem Excel-Listen-Zeitplan Reserven einschummeln zu können.

Leidensgenossen erkennen einander. So hatte Martha Kummer gespürt, welche Pein diese junge Frau erdrückt. Die sichtbaren Spuren – wenn auch von Tina leidlich vertuscht – sprachen ihre eigene Sprache. Sporadisch trafen sie sich hin und wieder und es tat Martina schon unendlich gut, darüber reden zu können, manchmal auch nur am Telefon.

Beinahe wäre die heimliche Verbindung zu ihrer neuen Freundin aufgeflogen, als Torsten misstrauisch die Wahlwiederholung drückte, um zu prüfen, mit wem seine Frau wohl telefonierte. Zum Glück hatten die beiden vereinbart, dass sich Martha nicht mit ihrem Namen meldete, wenn sie Martinas Nummer auf dem Display erkannte. So glaubte er für den Moment, dass sich seine Frau einfach nur verwählt hatte, als sie bei der Versicherungsagentur anrufen wollte, wie er sie beauftragt hatte. Nunmehr gab sie nach Beendigung jedes Gesprächs die Rufnummer ihrer Mutter ein. Die wunderte sich nicht schlecht, dass ihre Tochter sich neuerdings öfter meldete, nur um kurz zu fragen, wie es ihr ginge. Und wie Mütter so sind, sie machte sich Sorgen um Tina ob dieser veränderten Verhaltensweise.

Martina hörte dumpf aus einer unendlichen Ferne beruhigende, gütige Worte und verstand sie doch nicht. Um sie herum war ausreichend Luft, aber sie konnte nicht atmen. Ein Mühlstein schien auf ihrer Brust zu liegen. Mit großer Anstrengung öffnete sie die Augen und sah die verschwommenen Umrisse ihres Mannes. Wirre Haare, ein besorgtes Gesicht, Trauer und Schuld in seinen Augen. Was war denn bloß geschehen? »Liebes, meine Krusepuppe, es tut mir so leid. Hast du große Schmerzen? Soll ich einen Arzt rufen? Soll ich deine Mutter anrufen? Komm, ich bring dich ins Bett und mache dir einen guten Tee.«

Sie fühlte, wie er die Arme unter ihren Körper schob und sie mitsamt ihrer Decke aufhob. Jeder seiner Schritte, die die beiden die Treppe hinauf bis zum Schlafzimmer führte, tat ihr höllisch weh. Und langsam kamen ihre Erinnerungen, die noch mehr schmerzten. Sie hatte kein Bedürfnis, sich zu waschen; auch kein Bedürfnis zu reden oder Tee zu trinken. Ganz leise brachte sie heraus: »Lass mich allein. Ich möchte einfach nur allein sein.»

Er deckte sie fürsorglich zu und schlich sich ohne ein Wort aus dem Raum. Sie blieb zwei volle Tage in ihrem Bett und in ihrem Schmutz. Als er unten hörte, wie die Dusche lief, atmete er erleichtert auf. Torsten hatte bei seiner Agentur angerufen und sich für den Rest der Woche krank gemeldet. In der Küche hatte er alles gesäubert und alle Spuren beseitigt. Er hatte Blumen besorgt und eine leichte Suppe gekocht, für den Fall, dass sie Hunger hätte.

Als sie schließlich nach einer geraumen Weile langsam die Treppe herunterkam, atmete er erleichtert auf. Er entschuldigte sich wieder sehr nachdrücklich und voller Reue für den dramatischen Vorfall. »Ich hab dich nie verstanden, weil es immer nur um mich ging«, war eine seiner wichtigen Erkenntnisse. Das Versprechen, dass er niemals wieder einen solchen Tobsuchtsanfall zulassen würde, schob er schuldbewusst nach. Er war rücksichtsvoll und fürsorglich für den Rest der Woche.

Torsten ging wieder zur Arbeit und für Martina wurden die Tage leichter. Es gab keine Excel-Listen mehr und auch die insistierenden Verhöre ließen nach. Martha konnte nicht fassen, dass ihre Freundin ihm bereits wieder alles verziehen hatte.

»Sicher kann ich noch Kinder bekommen, wenn er dann soweit ist. Ich war ja auch oft dickköpfig und uneinsichtig. Er hat eine niedrige Hemmschwelle und ich müsste es besser wissen, ihn nicht immer so reizen.«

Martha versuchte mit allerlei Vernunftsgründen, ihr die unübersehbare Aggressionsbereitschaft seines Wesens vor Augen zu führen. Vergebens. Sie wollte sich ihre Welt schönreden. Bei diesen Gesprächen ließ Martha auch immer mehr Einblicke in ihre eigene Vergangenheit zu.

Auch sie hatte unter einem Mann zu leiden, der in sinnloser Zerstörungswut seine Befriedigung fand. In seiner Rage flogen Dinge gegen die Wand und Fäuste in ihr Gesicht. Er war gegen jedes vernünftige Gespräch resistent und ihren Vorschlag, doch einmal einen Arzt aufzusuchen, beantwortete er damit, dass er Martha fast totschlug.

»Du kannst mir glauben, schon bei der Erinnerung daran fühle ich wieder diese Hilflosigkeit. Manche Wunden heilen nie. Vergiss das nicht.«

»Wie konntest du dich von ihm trennen?«

»Ich habe ihn vergiftet.«

Martina blieb vor Entsetzen die Luft weg. Sie starrte die Freundin fassungslos an. Die hatte es gesagt wie: »Morgen soll es schon wieder regnen.«

»Es ist mir egal, was du darüber denkst. Ich konnte es jedenfalls nicht länger ertragen. Ich bin doch ein Mensch, nicht nur ein Objekt. Ich hatte einfach nur eine Sehnsucht nach Normalität. Ich sage dir, ich bereue nicht, was ich getan habe. Sicher würde ich bereuen, dass ich nichts getan habe, wo ich die Gelegenheit dazu hatte. Du kannst kein neues Kapitel in deinem Leben beginnen, solange du immer wieder das alte liest. Reagiere endlich! Und übrigens: Man konnte mir nichts nachweisen, keiner kam auch auf den Gedanken einer Obduktion. Und ich denke noch immer, dass dies für ihn die gerechte Strafe war. Es war sterben in seiner schönsten Form.«

Sie zuckte die Achseln und trank genussvoll ihren Kaffee.

Das war Martina immer wieder durch den Kopf gegangen. Nicht als eine Option für sich, davon war sie weit entfernt. Sie tendierte einerseits zu einer gewissen Achtung, die ihr die Konsequenz ihrer Leidensgenossin einflößte, andererseits war sie von der Tat als solche abgeschreckt. Sie hatte daraufhin ihre Kontakte zu Martha etwas eingeschränkt. Aber die Gespräche mit ihr fehlten ihr doch sehr. Sie suchte sie erneut.

Inzwischen war alles wieder normal. Wenn man als Normalität bezeichnen wollte, dass man ständig gegängelt und kontrolliert wurde. Wenn es normal war, dass man sofort einen Tritt oder einen Schlag bekam, wenn dem Herrn auch nur die geringste Diskrepanz zugemutet wurde.

So grübelnd auf dem Wannenrand sah sie die nächste Attacke bereits unausweichlich auf sich zukommen. Zu viel Zeit hatte sie mit ihren selbstmitleidigen Erinnerungen verstreichen lassen. Unmöglich konnte sie diese Fehlzeit aufarbeiten, um den Plan, den ihr die erneut eingerichteten Excel-Listen vorgaben, zu erfüllen. Inzwischen war sie so devot, dass sie seine Prügeleien stoisch über sich ergehen ließ, fast ohne wirklich Schmerz zu empfinden.

Natürlich sammelte sich in ihr jedes Mal eine Wut. Sie dachte, wenn sie ihm jetzt ins Gesicht schlagen könnte, welche Wohltat wäre das für ihre geschundene Seele. Dagegen lächelte sie ihn an und ertrug seine sexuelle Gewalt, mit der er glaubte, sich zu entschuldigen. Die Geschenke als Entschuldigung waren neu. Das hatte er nach der großen Tragödie der Fehlgeburt eingeführt.

Und das Parfüm roch gut.

Für zwei, drei Tage war dann alles friedlich, aber es hielt kaum länger an. Wenn es besonders schlimm war, dachte sie auch schon mal an Selbstmord. Das war schließlich auch ein Ausweg aus ihrem Dilemma. Sie war sich ohnehin nichts wert. »Nun aber mal los, Krusepüppchen«, forderte sie sich selbst auf. Schließlich konnte sie ja zumindest noch Einiges abarbeiten.

Er war gut gelaunt und kam pünktlich. Das Abendbrot stand auf dem Tisch, der vorschriftsmäßig gedeckt und zudem mit Blumen geschmückt war. Sie war adrett gekleidet und frisiert und sie konnte in seinen Augen sehen, dass es ihm gefiel. Das machte ihr Hoffnung auf einen Abend ohne Zwischenfälle. Er stand hinter ihr und küsste ihren

Hals und flüsterte begehrlich: »Du duftest wie die Sünde. Das Parfüm ist wirklich gut, oder?«

»Ja Lieber. Es gefällt mir ausgezeichnet.«

»Komm! Das Abendessen kann warten. Ich hatte einen harten aber erfolgreichen Tag und will mich zuerst belohnen. Lass uns gleich ins Bett gehen.« Er streichelte sie und schob sie sanft zur Treppe hinauf. Sie war noch immer einen Schritt vor ihm und er schob sie zur Tür hinein. Plötzlich ließ er sie los und sie wusste an der Art, wie er atmete, dass die nächste Eskalation bevorstand. Sie sah den Schlag nicht kommen und war entsetzt, als sie seine Hand derb auf ihrem bereits verletzten Ohr spürte. »Was soll das! Kannst du noch immer nicht die einfachsten Regeln begreifen? Willst du mich mit *sowas* extra provozieren! Das tut meinem Auge weh! Draußen in der Welt hat man genug Insensibilität zu ertragen. Zu Hause verlange ich Harmonie, auch in kleinen Dingen.« Ein weiterer Schlag traf sie heftig am anderen Ohr. »Du willst es nicht anders. Wie soll ich da ruhig bleiben!«

Martina weinte nur leise. Sie ließ sich einfach auf den Boden gleiten und blieb fast reglos da liegen. Wahrscheinlich weckte dieser Anblick in ihm schlimme Erinnerungen. Denn spontan kniete er sich zu ihr herunter und winselte, sie solle ihm verzeihen. Er wisse gar nicht, was in ihn gefahren sei. Was war eigentlich passiert?

Seine Prügel vom Vorabend hatten ihr das Ohr aufgerissen. Es hatte stark geblutet und sie hatte Bezug und Kopfkissen ausgetauscht. Auf ihrem Bett lag jetzt ein gestreiftes Kopfkissen, während sein Bett und auch ihre Bettdecke noch den ursprünglichen geblümten Bezug trugen.

Das war für seine sensiblen Augen einfach ein *no go*. Sie hätte es wissen müssen. Wieder einmal war sie selbst schuld! Torsten war jetzt wieder zärtlich und versöhnlich. »Schatz, zeig mir, dass du mir verzeihst. Ich werde mich wirklich bessern. Vielleicht gehe ich ja sogar zu einem Anti-Aggressions-Training. Bitte Liebling, lass uns ins Bett gehen. Ich zeig dir, wie lieb ich sein kann.« Martina stand lächelnd auf. »Lass mich nur nochmal kurz ins Bad gehen, ich hab eine Überraschung für dich.«

Er schmiss das Corpus Delikti aus dem Bett und legte sich nackt über die Fläche der Schlafstätte. Er hörte Martina draußen rascheln und fragte sich, was sie wohl für ihn hätte. Sie kam in einem Hauch aus nichts und roter Seide hereingeschwebt und er freute sich unbändig, dass sie offensichtlich ihr kleines Zerwürfnis von eben nicht nachtrug. Sie hielt noch etwas hinter dem Rücken versteckt.

Seine Augen blickten erstaunt, als er ein Paar Handschellen entdeckte. Seine Freude war größer als seine Neugier. Egal, woher sie das gezaubert hatte. Allein die Tatsache, dass sie auf ein richtiges Sexspiel aus war, erfreute ihn.

Behände hatte er sie von ihrem Negligee befreit, auf den Bauch gedreht und ihre beiden Hände an die Gitterstäbe gefesselt. »Soll ich die Schlüssel in den Garten schmeißen?«, fragte er belustigt.

Gutgelaunt wollte sie wissen: »Und wie serviere ich dir dann morgen dein Frühstück?« Er warf den Schlüssel auf den Fußboden und wälzte sich über sie. Sie war nicht bei der Sache. Zum Glück konnte sie das in ihrer Position gut verbergen und ertrug alles, bis es schließlich zu Ende war.

»So, du hast es selbst so gewollt. Nun musst du so bleiben, bis ich zurück bin«, sagte er lachend, während er aus dem Bett stieg.

Sie wusste, dass er jetzt in das untere Bad gehen würde, um sich für zehn Minuten in die Wanne zu legen. Das hatte er sich so angewöhnt. Nach dem Sex nahm er ein Bad, nicht nur eine Dusche. Da ihr Badezimmer im oberen Stockwerk keine Wanne hatte, musste er die Treppe hinunter. Gespannt lauschte sie und dann kam er, der erwartete kurze, aber schrille Aufschrei. Dazu ein Poltern, Knallen und Fluchen – und – Stille. Unheimliche Stille. Rasch wollte sie aus dem Bett, aber sie war ja gefesselt, hatte es selbst so eingerichtet. In ihrem Kopf fuhren die Gedanken Karussell. Immer wieder versuchte sie, einen zu ergreifen, aber es gelang ihr nicht. Sie wendete den Kopf, um nach dem Schlüssel zu sehen. Der lag weit ab an der Tür. Alles wie geplant, aber sie wollte Gewissheit.

Schließlich ergab sie sich der Situation. Von unten: Stille. Absolute Stille. Nach einer geraumen Weile traute sie sich, seinen Namen zu rufen. Erst zaghaft, leise. Dann rief sie ihn laut, erhielt aber keine Antwort. Sie wartete eine Stunde und fing dann an, nach ihrem Handy zu fingern.

Eigentlich durfte sie kein Handy besitzen. Seit sie es sich besorgt hatte, war es auf *stumm* geschaltet, das es sich nicht selbst verraten konnte. Auf der Suche nach einem sicheren Versteck fand sie den rundum laufenden Reißverschluss ihrer Matratze genau passend. Nun war es für sie – trotz ihrer Handschellen – ein Leichtes, das Gerät aus dem Verschluss zu fingern. Marthas Nummer war eingespeichert. »Kannst du bitte gleich zu mir kommen? Der Haustürschlüssel liegt unter dem linken Blumentopf. Komm bitte schnell. – und erschrick nicht!«

Sie musste nicht lange warten, bis sie die Haustür hörte. Marthas Schritte verharrten kurz am Ende der steilen Steintreppe und nahmen dann zwei Stufen auf einmal. Am Beginn des oberen Treppenabsatz machte sie noch einmal Halt. Mit einem wissenden Lächeln hielt sie ein Knäuel

Angelschnur in der Hand und fragte Tina: »Wohin damit? Soll ich´s einstecken?«

Die Freundin nickte nur dankbar.

»Auch wenn *der* keinen Arzt mehr braucht, werde ich jetzt den Notarzt rufen, auch für dich. Du bleibst so. Ich bin gekommen, weil du nicht ans Telefon gegangen bist und ich mir Sorgen gemacht habe.« Sie trat neben Martina ans Bett und streichelte sie zärtlich. »Alles wird gut, Krusepüppchen.« Beim Hinausgehen steckte Martha noch den Schlüssel der Handschellen in ihre Hosentasche zur Angelschnur.

Cecilia

Der Balkon seines Zimmers ging nach Süden. Clematis rankte an den Eisenverzierungen hoch und bedeckte noch eine kleine Fläche auf den Fliesen. Als der Gärtner das entfernen wollte, hatte Johannes ihn überreden können, stattdessen eine Art Rosenbogen aufzustellen. Dort könnten die Triebe dann entlang klettern und im nächsten Jahr würde eine kleine Laube auf seinem Balkon entstanden sein. Heute hatte der Pfleger die Jalousie heruntergelassen, so dass der Schatten für eine angenehme Temperatur sorgte. Johannes saß gern hier draußen und beobachtete die Menschen im Park oder die Enten und Schwäne auf dem Teich. Schon immer war er ein Voyeur gewesen. In Ermangelung eigenen Wertgefühls hatten ihn andere Schicksale, andere Leben weit brennender interessiert als sein eigener Alltag.

Besonders abends streifte er früher durch Wohnviertel und Parks und beobachtete Menschen in deren Welt. Niemals benahm er sich aufdringlich, niemals überschritt er Grenzen. Johannes wollte einfach nur dabei sein, ein kleines Stück erleben, was das Leben *Familie* nannte.

Seine Kindheit war trist, sein Elternhaus chaotisch. Der Vater war Säufer und die Mutter wehrte sich auch nur in den ersten Jahren seines Daseins gegen die Versuchung, mit Alkohol ihre Probleme zu lösen. Im Delirium klagte sie oft, wie hässlich er sei und womit sie das denn eigentlich verdient hätte. Eine Lippen-Kiefer-Gaumenspalte entstellte sein kleines Gesicht. Die Mutter wehklagte ständig, ein Kind mit einer *Hasenscharte* zu haben, während ihre

Nachbarin stolz ein so reizendes kleines Mädchen präsentierte.

Und weil eines das andere bedingt, hatte er auch kaum Freunde. Sie hänselten ihn im Gegenteil ständig. Kinder können sehr grausam sein, wenn einer nicht ins Raster passt. Johannes hatte einen sanften Charakter. So ertrug er die Bosheiten zu Hause und in der Schule und vergrub sich in seinen Schulbüchern. Einzig Gerlinde, das hübsche Mädchen aus der Nachbarschaft erkannte sein Wesen. Sie verteidigte ihn oft im Schulhof und beschützte ihn regelrecht vor verbalen Attacken seiner Mitschüler. Und so war es für beide eine *win-win-Situation,* dass er ihr in den naturwissenschaftlichen Fächern kompetent Nachhilfe erteilen konnte. Er war nicht menschenscheu, ging aber Konfrontationen vorsorglich aus dem Weg.

In der Zeit seines Informatikstudiums – das ihm durch ein Stipendium möglich geworden war – hatten ihn seine Kommilitonen schätzen gelernt, wenn sie gemeinsam Projekte in einer Forschungsgruppe lösen mussten. Jetzt kannte er Männerfreundschaften mit allem, was dazu gehörte.

Fast nichts unterschied ihn mehr von *normalen* jungen Männern, die auf ihrem Weg zum Erwachsenwerden diverse Abenteuer zu bestehen hatten. Einzig den Kontakt zum weiblichen Geschlecht mied er. Er befürchtete Ablehnung, mit der er noch immer nicht umgehen konnte.

Er hatte sich – trotz dieses verkorksten Elternhauses – zu einem äußerst sympathischen jungen Mann entwickelt.

Sein Vater war in der Gosse gestorben, als er gerade mit dem Studium begann. Für seine Mutter war das wohl ein Warnschuss gewesen, denn ab diesem Zeitpunkt war sie bereit, mit einer Entziehung zu beginnen. Johannes brachte viel Zeit und Geduld auf, um bei Bedarf an ihrer Seite zu sein. Gemeinsam schafften sie es. Nach zwei qualvollen und entbehrungsreichen Jahren war Frau Eckardt trocken. Jetzt endlich war sie stolz auf ihren einzigen Sohn. Eine späte Genugtuung für ihn, der sich immer nach Liebe und Anerkennung seiner Eltern gesehnt hatte. Frau Eckardt ging nun mit ihrem Stolz hausieren. Jeder in der Nachbarschaft wusste jetzt, dass ihr Hanni ein Studium aufgrund eines Leistungs-Stipendiums begonnen hatte und einer der besten Studenten überhaupt war. Sie selbst bekam einen Job am Empfang einer Zahnarztpraxis und schaffte es, täglich pünktlich, adrett gekleidet und frisiert zur Arbeit zu erscheinen. Johannes war seinerseits stolz auf seine neue Mutter.

Wenn auch sein Leben nunmehr in geordneten Bahnen verlief, so nahm er aus der Ferne weiter an anderen Schicksalen teil. Aufgrund seiner guten Beobachtungsgabe erkannte er leicht, wo seine Hilfe erforderlich wurde und leistete sie gern. Auf diese Weise lernte er Friederike Beyer kennen, eine siebzigjährige Rentnerin. Sie hatte in einem sehr ungewöhnlichen Qutfit – Ringelstrümpfe zu einem karierten Rock, einem Herrenhemd und voluminösem Schal – auf einer Parkbank gesessen. Ihre Frisur wirkte, als wäre sie von einer Blinden frisiert worden, und das noch im Dunkeln. Sie strich sich immer wieder mit den fünf Fingern einer Hand durch diese Mähne und ihre Augen blickten stur, und vom vielen Weinen gerötet auf einen Schuhkarton in ihrem Schoß. Johannes setzte sich behutsam neben sie – nicht zu dicht – und fragte anteilnehmend, ob er ihr irgendwie helfen könne. Mit einem verschleierten Blick sah sie zu ihm auf. Mit ihrem schmutzigen, aber rot lackierten Finger strich sie über ihren Mund. Johannes schloss daraus, dass sie wohl Hunger hätte. Aber im nächsten Moment nahm sie eine kleine Kinder-Zaubertafel, die ebenfalls in den Falten dieses mächtigen Rockes auf ihrem Schoß gelegen hatte in die Hand. Sie schrieb das Wort *Beerdigung* mit einem Fragezeichen darauf und deutete auf den Karton. Folgerichtig erkannte er das Problem. Sie war stumm. »Sie möchten ein Haustier begraben? Ist das so?«

Sie nickte eifrig und für den Moment hatten ihre Augen wieder eine Strahlkraft. »Kann ich Ihnen dabei helfen?« Wieder ein heftiges Kopfnicken. Johannes sah sich um. Hier gab es Büsche und Blumenbeete, aber konnte man da so einfach ein Loch buddeln? Vor allem auch: womit?

Als er die Baumarkt-Werbung am Ende des Parks entdeckte, stand er spontan auf und meinte nur kurz: »Ich bin gleich wieder da.« Mit einem kleinen Spaten und einem Blumenbukett erschien er nach kurzer Zeit zurück.

Frau Beyer erhob sich etwas schwerfällig von der Bank und deutete ihm mit einem ausgestreckten Zeigefinger – der ebenfalls rotlackiert und schmutzig war – ihr zu folgen.

Sie lief schnurstracks über die Straße, ohne Rücksicht auf den fließenden Verkehr, der sie zum Glück schimpfend umfahren konnte. Durch eine große Toreinfahrt, an deren Eingang zwei mächtige gusseiserne Torflügel offen standen, ging sie weiter in das Grundstück hinein und lehnte sich auf der angrenzenden Wiese an den Stamm einer prächtigen Trauerweide. Mit einem bittenden Blick und einem zaghaften Fingerzeig deutete sie auf die Grasbüschel, die auf einem kleinen Häufchen lagen. Offenbar hatte sie bereits selbst versucht, an dieser Stelle ein kleines Grab auszuheben. Johannes bearbeitete leicht die Stelle mit seinem kleinen Spaten. Schnell war das Loch groß und tief genug, um den Pappkarton zu fassen. Sie legte ihn hinein, wobei sie undefinierbare Laute von sich gab. Das Blumenbukett drapierte sie mittig obenauf und wischte mit ihren schmutzigen Händen die Tränen vom Gesicht. Dann schaute sie Johannes an und zuckte mit den Schultern. Daumen und Zeigefinger formten das pekuniäre Zeichen.

»Ist erledigt, hab ich gern gemacht.«

Frau Beyer schüttelte energisch den Kopf. *Ich hab auch meinen Stolz*, schrieb sie jetzt auf ihre Tafel. Forsch nahm sie seine Hand und zog ihn hinter sich ins Haus.

Johannes konnte ein anerkennendes Staunen nicht verhehlen, als sie durch die schwere Haustür in eine Diele traten, die den ehemaligen Glanz des villenartigen Hauses noch widerspiegelte. Sie bestand darauf, ihm das Geld für die Baumarkteinkäufe zu geben und ihn mit einem Tee zu bewirten.

Johannes Eckardt lächelte vergnügt in sich hinein, als er jetzt an diese erste Begegnung dachte.

Es war an diesem Tag noch nicht abzusehen gewesen, dass sich eine innige Freundschaft über viele Jahre ergeben sollte. Dies fügte sich dankbar nach weiteren Handreichungen in den nächsten Wochen und löste zugleich sein anderes, dringliches Problem.

Seine Mutter war inzwischen arbeitslos und versuchte, mit wenig Geld zurecht zu kommen. Jetzt war sie zu oft allein und Johannes hatte Angst, sie würde in ihrer Einsamkeit wieder zur Flasche greifen. Er brachte die beiden zusammen, für alle ein Segen. Mühsam, aber bereitwillig erzählte Friederike Beyer mithilfe ihrer Zaubertafel und ihres Computers, wie sie nach dem tragischen Tod ihres Mannes von jetzt auf gleich stumm war. Wie sie nun dieses Haus, seine Firma, ihre Aktien und ihr Leben allein, ohne seine Unterstützung händeln musste.

Sie gab bereitwillig zu, gern auch einmal *im Kopf verwirrt zu sein*. Dann wisse sie nicht so recht, wer sie sei und was man denn eigentlich von ihr erwarte.

In ihrer Hygiene und ihrem Kleidungsstil war sie gleichgültig, wenn nicht sogar nahlässig. Ihre Katzen – immer fünf oder sechs gleichzeitig – betreute sie aber mit Hingabe und zuverlässig. Mathilde – die Katze im Pappkarton – war ihr erster Todesfall gewesen; immerhin war das Tier dreizehn Jahre alt geworden.

Frau Eckardt freundete sich schnell mit Johannes Eroberung an. Dieser stimmungsvollen Dame zur Seite zu stehen, ihr bei so ganz alltäglichen Verrichtungen helfen zu können, war eine interessante Aufgabe für sie. Alkohol kam ihnen nicht ins Haus, aber beide rauchten ziemlich stark. So staunte Johannes jedes Mal, wenn er nach einem Besuch feststellen musste, dass auch seine Hände nach Qualm rochen, wenn er die Katzen gestreichelt hatte. Schon bald kamen die beiden Damen überein, dass Frau Viola doch sinnvollerweise in das *riesengroßes* Haus der Frau Beyer einziehen könne. Tatsächlich war es so geschnitten, dass man sich gut aus dem Weg gehen konnte, wenn eine das wollte und umgekehrt aber Orte für ein gemütliches Miteinander eingerichtet wurden.

Johannes war mit dem Arrangement mehr als zufrieden. Über die regelmäßigen Beschwerden seiner Mutter, wenn Ricke beim Kartenspielen wieder einmal geschummelt hat oder im Supermarkt ohne zu bezahlen durch die Kasse will, lächelte er entschuldigend. Hin und wieder kommt seine Mutter bei ihm vorbei, nur um mal wieder kommunizieren zu können.

Als sie letztens mit einem kleinen Kater im Körbchen bei ihm auftauchte, wehrte er sich zuerst gegen dieses *Ge-*

schenk von Ricke. Er liebte Katzen und dieses kleine Tier hatte sofort sein Herz und seinen Schoß erobert. Als Argumentationsverstärkung seiner Ablehnung führte er halbherzig an, dass hier im Haus keine Haustiere erwünscht seien. Aber da kannte er seine Mutter schlecht.

»Nichts da, mit so billigen Ausreden. Ich hab schon unten bei Frau Richter nachgefragt. Die haben nichts dagegen. Frau Holzheimer hat doch auch ihren kleinen Hund. Aber wenn du ihn wirklich nicht willst…«

»Na ja, er ist ja schon sehr niedlich, aber …«

»Ricke meint, er passt total zu dir. Wir wollen auch nicht noch mehr Katzen haben. Marie hatte einen Wurf mit drei Jungen. Zwei haben wir schon verschenkt. Wir haben nicht aufgepasst. Wahrscheinlich hat Marie ihre Pille nicht genommen. Es ist auch nervig, bei den Viechern immer darauf zu achten, dass sie die Pille in ihrem Essen mitschlucken. Ricke ist gegen Sterilisierung, aber ich überzeuge sie schon noch.«

»Hat er schon einen Namen?«

»Wir haben ihn Paul getauft. Der Nachbarsjunge hat auch so rote Haare und heißt Paul.« Nach der ersten Fahrt zum Tierarzt, zu der sich Heiko trotz seiner Katzenallergie bereit erklärte und während der Fahrt ständig Niesanfälle hatte, wussten sie, dass Paul eine Paula war; ansonsten aber gesund und agil. Jetzt lebte sie schon zwei Jahre im Haus und keiner der Bewohner möchte sie missen. Sie schmust mit jedem, aber nur dann, wenn es *ihr* gerade in den Kram passt. Von allen verwöhnt, kann sie sich ihre Fressstellen aussuchen. Es ist bei Weitem nicht so, dass das Fressen, das sie gestern bevorzugte, auch heute noch mag. Sie macht dann einen Bogen um den Napf – an der Wand entlang mit der größtmöglichen Entfernung.

Paula oder Paulinchen ist eine Freigängerkatze. Die Hausverwaltung hatte sich sogar bereit erklärt, in der Haustür eine Katzenklappe anzubringen. Das ist ein modernes Teil, welches Paula mit ihrem implantierten Chip selbst bedienen kann (damit nicht andere Katzen ins Haus kommen können). Bei ihrem Drang nach draußen, bedient sie sich aber eines anderen Türöffners: irgendein Hausbewohner kann das bettelnde Miauen nicht überhören und öffnet ihr die Tür. Es trifft wohl tatsächlich zu, wenn man sagt: »Hunde haben Herrchen und Frauchen, Katzen haben Personal.«

Ihr weiches, rundes Schlafpolster benutzt sie nicht, sie wartet lieber auf Kartons, die mit der Post kommen. Dann steht sie ungeduldig daneben und kann kaum ertragen, dass das Auspacken so lange dauert. Auch quer über der Computertastatur streckt sie sich genüsslich aus. Das ist dann für Johannes das Zeichen, in der Arbeit inne zu halten und erst mal ausgiebig den schnurrenden Stubentiger zu kraulen. Paulinchen bedankt sich in letzter Zeit oft, indem sie ihm eine Maus vor die Füße legt. So trägt sie auch etwas zum Lebensunterhalt in ihrem Haushalt bei. Leider sind die Mäuse oft noch nicht tot – das kann der Mensch ja schließlich selbst erledigen. Wenn sich in hartnäckigen Fällen das schlaue Mäuschen hinterm Schrank versteckt, ruft Jo schließlich nach Heiko. Der legt sich dann bäuchlings flach auf den Boden, das Luftgewehr im Anschlag und erschießt die Katzenbeute. Paula ist dann schon längst wieder ihrer Wege gezogen oder liegt entspannt auf der Couch.

Nachher würde Cecilia kommen und mit ihm zum Teich fahren. Er hatte Glück mit seiner Unterbringung hier in diesem feudalen Heim. Nein, es nannte sich nicht *Pflegeheim.* Man legte Wert auf die Bezeichnung *Betreutes Haus.*

Zu Recht. Die einzelnen Appartements konnten mit eigenen Möbeln und Arrangements individuell ausgestattet werden. Die vierzig Bewohner waren von Alter und Geschlecht gemischt. Das Durchschnittsalter lag bei vierundfünfzig. Alle waren darum bemüht, in einem harmonischen Miteinander zu leben. Sie konnten mit eigenen Vorschlägen dazu beitragen, dass auch das allgemein zugängliche Terrain ein Ambiente der Geborgenheit war. Im Flur und Treppeneingang erweckte alles den Eindruck, in einer wohlhabenden, privaten Unterkunft zu sein. Helle Wände, dicke Teppiche und überall Blumenvasen mit den üppigsten Sträußen erfreuten sofort das Auge eines jeden Besuchers. Es war schon immer etwas teurer, einen besonderen Geschmack zu haben. Und bei allem Unglück hatte er Glück, dass er sich um diese finanziellen Dinge nicht sorgen musste.

Wenn es im Leben der Reihe nach ginge, würde er ja noch viele Jahre hier verbringen müssen. Er hatte heute seinen zweiundvierzigsten Geburtstag. Vielleicht war das nur etwas mehr als die Hälfte der Lebenserwartung? Betrachtete er das selbst als erstrebenswert? Doch, denn es ging ihm gut. Er war wirklich zufrieden, was viele in seiner Umgebung insgeheim anzweifelten oder schlichtweg nicht verstehen konnten. Niemand wünschte sich, im Alter von vierundzwanzig Jahren in den Rollstuhl zu geraten. Auch er hatte sich das natürlich niemals vorstellen können. Aber er wurde nicht gefragt. Nun war es sein Ding, dieses Leben so anzunehmen und das Beste daraus zu machen. Es gelang. Fast immer. Tage wie heute waren besonders schön.

Nicht wegen des Geburtstages. Er nahm sich da nicht wichtig, war eher peinlich berührt ob der vielen Glückwünsche und Blumen bei der Gratulation im Frühstücksraum.

Nein; das Wetter war einfach himmlisch und: Cecilia würde ihn besuchen. Deshalb war er aufgeregt wie ein Kind. Zum wiederholten Male war er in sein Zimmer zurückgerollt, um zu prüfen, ob alles an seinem Platz stand, ob die Blumen und der kleine Kaffeetisch am Fenster hübsch dekoriert waren.

Nur schnell wieder zurück zum Balkon. Von diesem Beobachtungsposten würde er sie kommen sehen. Aber es war noch Zeit. Sie kam nie unpünktlich. Unpünktlichkeit hassten beide. Sie ist eine Geringschätzung des Anderen. Sie wird also in einer halben Stunde dort vorn um die Ecke biegen. Wie immer, wenn er sie so intensiv erwartete, füllten sich seine Augen mit Tränen, sein Hals wurde eng und sein Herz hatte einen schnelleren Schlag. Sie war wirklich sein Ein und Alles, wie man oft so leicht daher redete. Bei ihm traf es zu. Es gab nichts in seinem Leben, um das er mehr bangte, mehr sorgte und auch mehr freuen konnte. Cecilia Bormann ist die schönste Frau, die er je gesehen hat. Sie wurde in diesem Jahr gerade mal zwanzig – seine Latina.

Der Vater stammte aus Bolivien, die Mutter war Deutsche. Cecilia wurde in Deutschland geboren.

Nach dem Unglück hatte das Jugendamt sehr schnell eine liebe Pflegefamilie gefunden, in der sie geliebt und behütet aufwuchs. Und sie wuchs als Schönheit auf. Von Jugend an überragte sie ihre Klassenkameraden um einige Zentimeter. Das, und die dunklere Hautfarbe machten sie schon bald zur Außenseiterin. Sie konnte sich selbst nicht akzeptieren und es dauerte Jahre, bis sie ein gesundes

Selbstbewusstsein entwickelte. Die Pflegeeltern und Johannes arbeiteten gemeinsam daran.

Seit sie aber freischaffend als Fotografin und Model arbeitete, in vielen namhaften Zeitschriften auftauchte und positive Kommentare über sie erschienen, fand sie immer öfter Gefallen an sich selbst. Der Erfolg hatte ihr Wesen nicht verändert. Sie war nach wie vor warmherzig und hilfsbereit. Eine Sehnsucht trieb sie aber ständig um, sie hatte kaum Freunde. Frauen sahen in ihr eine Konkurrentin, wenn nicht sogar Rivalin. Mit Männern war es noch komplizierter. Ihr attraktives Äußeres und die damit verbundene vornehme Zurückhaltung deuteten sie als Arroganz. Sie gingen davon aus, dass eine Frau wie sie auf jeden Fall bereits vergeben war oder wenigstens zehn Verehrer an jeder Hand haben müsste. Aber im Gegenteil, keiner näherte sich ihr. Johannes konnte dabei nicht mit eigenen Erfahrungen dienen, er hatte sich immer – auch vor seinem Unfall – vom weiblichen Geschlecht ferngehalten.

Er empfand sich stets als hässlich. Aber hässlich ist ein hässliches Wort für das Äußere eines Menschen. Er war zugegebener Maßen unattraktiv. Zumindest so lange, bis man ihn näher kennenlernte. Denn sein Charisma zeichnete ihn als besonders liebenswerten Menschen aus.

So unternahm er niemals Annäherungsversuche, auch wenn er Gelegenheiten gehabt hätte. Johannes war auch noch nie verliebt gewesen oder hätte sehnsüchtig eine Frau begehrt. Sein körperliches Verlangen, das sicher bei jedem gesunden Mann vorhanden war, stillte er bei professionellen Damen, die ihm sein Lieblingspfleger Heiko zuführte. Er favorisierte drei bestimmte Mädchen, die alle auf den Umgang mit Behinderten spezialisiert waren. Diesbezüglich war er seinem prekären Gesundheitszustand sogar dankbar. Er war nicht in der Pflicht, sich aus Eigeninitiative um die Gunst des weiblichen Geschlechts zu bemühen.

Alles war gut, wie es war.

An diesem Morgen war er wieder schweißgebadet aufgewacht. Der Traum war jetzt lange Zeit ausgeblieben, aber demnach noch immer nicht ausgeträumt. Dieser Albtraum war so echt, dass es eine ganze Weile brauchte, um in die Realität zurückzufinden. Wieder war er zu spät gekommen und eine schreckliche Tragödie war nicht abzuwenden gewesen. In den Anfangszeiten dieser Träume hatte er immer bei Cecilia angerufen, um sich zu vergewissern, dass alles in Ordnung war. Das zumindest konnte er sich jetzt verkneifen. Er wühlte sie damit auch nur unnötig auf und hatte es sich nun zur Pflicht gemacht, allein damit klar zu kommen. Johannes schalt sich selbst albern. Er war ein erwachsener Mann und wusste doch selbst, dass es nur ein Traum war.

Zuerst hörte er ihr helles Lachen. Dem folgte ein munter schwingender Rock, der lange, schlanke Beine in Scene setzte. Cecilia zog mit beiden Händen einen jungen Mann um die Ecke des Hauses und redete munter auf ihn ein. Johannes verspürte einen leichten Stich im Herzen als ein Zeichen, dass ihm das missfiel. Warum? Er hatte sich doch gewünscht, dass sie endlich einen Freund fände! War er eifersüchtig? Neidisch? Nein, Neid kannte er nicht, aber Sehnsucht. Aber sie konnte – und sollte – nicht ihm allein gehören. Minuten später schwebte sie durch sein Zimmer auf seinen Rollstuhl zu.

»Ach Hanni, du hast ihn ja schon gesehen. Sollte eine Überraschung werden.« Sie war schwungvoll auf seinem Schoß gelandet, streichelte ihm über den kurz geschorenen

Kopf und jubelte: »Schicke neue Frisur! Alles, alles Liebe zum Geburtstag!«

Sie küsste ihn zärtlich auf Kopf und Wange, wobei sie sein Gesicht in beiden Händen hielt. Er atmete tief ihrewundervollen Duft. »Du benutzt immer noch das gleiche Parfüm!«

»Du hattest es mir zu meinem sechzehnten Geburtstag geschenkt. Ich schaue überall in der Welt, wo ich es noch bekommen kann. Ich liebe es!« Sie reckte ihm ihren langen Hals entgegen und er küsste ihn lachend.

»Geht es dir gut? Ach, deine blöde Katze …«, unterbrach sie sich und warf einen strafenden Blick auf Paula, die stolz und erhobenen Schwanzes in weitem Bogen an ihr vorbei stolzierte. Johannes lachte. »Ihr beide werdet wohl nie Freundinnen. Zickenterror, jede ist eifersüchtig. Lass sie einfach links liegen, sie tut es ja auch. Mit diesem Weib musst du mich teilen.« Er lächelte liebevoll. Cecilia schüttelte nur den Kopf und schmuste wieder mit ihm.

„Hanni, hattest du wieder deinen fürchterlichen Traum? Warst du mal wieder im Theater? Was hast Du sonst noch so gemacht? Du hast so lange nicht angerufen und ich hab dich paarmal nicht erreicht.« Johannes holte gerade lächelnd Luft für eine Antwort, als sie schon munter weiterplapperte: »Weißt Du, ich glaube, André ist der Richtige. Er sieht sehr gut aus, ist neunundzwanzig, na gut, ein bisschen kleiner als ich, aber soo lieb. Du lernst ihn dann unten kennen. Er wollte nicht mit heraufkommen. Ach Hanni! Ich bin so verliebt!« Cecilia war die einzige (außer Mutter), die ihn Hanni nennen durfte. Hier im Haus und bei den Kollegen war er Jo.

»Ich freue mich, wenn du glücklich bist. Du strahlst es aus. Du bist heute besonders quirlig.«

»Entschuldige Lieber. Heute ist dein Tag. Erzähl, wie es dir in letzter Zeit ergangen ist.« Sie machte es sich auf seinem Schoß bequem, indem sie ihre langen Arme um seinen Hals schlang und ihre Wange an seine schmiegte.

Johannes musste lachen. So hatte sie sich auch immer als Kleinkind an ihn gekuschelt und gewusst, dass er ihr nie böse sein konnte. Er hatte schon wieder mit aufsteigenden Tränen zu kämpfen. »Weichei!«, schimpfte er sich selbst.

»Da gibst ´s gar nicht viel zu berichten. Wir haben in der Firma (er arbeitete stundenweise als IT – Spezialist für ein großes Werk mit internationaler Kundschaft) einen umfangreichen, lukrativen Auftrag. Da wurde es nötig, an einigen Terminen in der Firma teilzunehmen. Ich konnte diesmal nur relativ wenig von zu Hause aus erledigen. Die prüfen, ob es mir zuzumuten ist, dass ich nach Kuweit fliege. Ich war auch zweimal mit Heiko in der Oper. Der geht da sogar in seiner Freizeit mit, weil ihn Oper einfach begeistert und ich auch an seltene Karten rankomme. Und dann musste ich Ricke und meine Mutter mit einer kranken Katze zum Tierarzt fahren. Ich habe drei Tage gebraucht, bis der Tabakrauch sich aus meinem Auto verzogen hatte.«

»Ach die zwei süßen Alten. Ich muss unbedingt demnächst auch wieder bei ihnen vorbei.«

Sie unterbrachen ihre Unterhaltung, als Heiko mit einem Tablett mit Kaffeegeschirr und Kuchen herein kam und den kleinen Tisch im Wohnzimmer deckte. »Ich hatte deine Lieblingsfrau kommen sehen. Ich stör euch hoffentlich nicht?« Cecilia schob Johannes zum Tisch und setzte sich ihm gegenüber. Sie hatte Mühe, ihre langen Beine unterzubringen. Heiko verschüttete Kaffee, weil er seinen Blick nicht von diesem Reiz lösen konnte. Jo schmunzelte und zwinkerte Heiko zu, der sich weitschweifig entschuldigte.

Absichtlich fragte er noch im Beisein seines Pflegers: »Willst du denn deinen Freund nicht jetzt wenigstens herauf holen?« Sie schüttelte unbekümmert den Kopf und hatte schon den Mund voll von Sahne aus ihrem Windbeutel. »Nein er will nicht. Er will dich erst unten beim Spaziergang treffen.« So genossen sie ihr kleines Kaffeekränzchen und Cecilia berichtete von ihren anstehenden Projekten. Nachdem sie zu dritt einen sehr anregenden Spaziergang im Park des Anwesens unternommen hatten, war Johannes allein auf sein Zimmer zurückgekehrt.

Er holte sich ein Fotoalbum und eine Aktenmappe auf den inzwischen abgedeckten Tisch und blätterte gedankenverloren darin. Wie oft hatte er diesen Brief, der inzwischen schon achtzehn Jahre in seinem Besitz war, in den Händen gehalten? Er hatte sein Leben positiv beeinflusst und ihm alle Verantwortung gegeben, die er auch gern tragen wollte.

Sehr geschätzter Herr Johannes,

es ist mir ein tiefes Bedürfnis, Ihnen diese Zeilen zukommen zu lassen. Ich hoffe, ich kann Ihnen damit die unerfreulichen Umstände, die durch den Unfall entstanden sind, ein wenig mildern und damit meine große Dankbarkeit bezeugen.

Ich möchte mich Ihnen nur soweit vorstellen, dass ich Cecilias Vater bin. Ich lebe noch immer in Bolivien und bin verheiratet; leider kinderlos. Ich verfüge über ein großes Vermögen, von dem ich nunmehr gern einen Teil an Sie und Cecilia geben möchte.

Bitte versuchen Sie nicht, meine Identität zu erkunden, auch Cecilia möchte davon Abstand nehmen, wenn sie erwachsen ist. Die Umstände hatten es nicht erlaubt, dass ich mich zu Cecilias Mutter bekenne. Sie reiste deshalb zurück nach Deutschland, wo ihr das unwürdige Schicksal so grausam mitspielte. Ich bin meinem Herrgott so überaus dankbar, dass Sie im richtigen Moment an der richtigen Stelle waren. Ich glaube, dass dies Gottes Fügung war.

Ich liebe und beobachte dieses kleine Mädchen solange ich lebe, werde mich ihr aber niemals zu erkennen geben.

Bitte respektieren Sie das.

Da Ihre Behinderung durch die Rettungsaktion meiner Tochter entstanden ist, fühle ich mich tief in Ihrer Schuld. Nun will ich mit Geld versuchen, Ihnen das Leben so angenehm wie möglich zu gestalten. Monatlich erhalten Sie einen großzügigen Betrag, den Sie nach Ihrem Dafürhalten beanspruchen können. Es ist nicht erforderlich, dass Sie davon Zuwendungen für meine Tochter abzweigen; sie erhält selbst monatliche Unterstützungen von mir.

Ich hoffe so sehr, dass das Geld Ihren Lebensalltag, der sie in den Rollstuhl fesselt, etwas erträglicher machen wird.

Ich hatte auch Erkundigungen eingezogen, ob Ihr gesundheitlicher Zustand eventuell durch weitere Operationen zu verbessern wäre. Dies ist leider nicht der Fall.

Mit der Bitte, dass Sie weiterhin so freundschaftlich mit meiner Tochter verbunden bleiben, möchte ich mich dankbar von Ihnen verabschieden.

Ein Unbekannter, der tief in Ihrer Schuld steht

P.S.: Haben Sie keine Sorge. Auch über meinen Tod hinaus greift eine entsprechende Verfügung, die Sie beide bis in alle Zeit finanziell unterstützt.

Johannes legte das Schreiben zur Seite und schlug im Fotoalbum die ersten Seiten auf. Da gab es reizende Babyfotos einer Zweijährigen und Zeitungsausschnitte eines dramatischen Berichtes.

Wie gestern erinnerte er sich an diesen einen katastrophalen Tag. Er war ein Voyeur. Oft war er abends mit seinem Auto unterwegs. Er fuhr langsam durch Wohngegenden und schaute zu den erleuchteten Fenstern. Nur so, zu seiner zugegebenermaßen etwas besonderen Vorliebe. Seine Fantasie ging dabei ihre eigenen Wege und er konnte sich gut vorstellen, was sich hinter den Vorhängen abspielte. Im Sommer waren die Fenster geöffnet und vielerlei Familiengeschichten konnte er live erleben. Langsam entwickelte er ein Gespür für Stimmungen.

Ihn hatte der aggressive Wortwechsel aufmerksam zu dem offenen Fenster im zweiten Stock hinaufschauen lassen, als er sich neben seinem Auto eine Zigarette angezündet hatte.

Die Wochenpost schrieb:

Gestern wurden die Kollegen der örtlichen Polizeistation zu einem tragischen Unglück gerufen. Ein häuslicher Streit eskalierte. Dabei entriss ein zweiunddreißigjähriger Mann ein Baby (2 Jahre alt) aus den Armen seiner Lebensgefährtin und warf es aus dem Fenster im zweiten Stock.

Ein junger Mann, der sich unten gerade eine Zigarette angezündet und durch Zufall zu dem Fenster hinaufgeschaut hatte, sprang geistesgegenwärtig auf den Kiesweg. Er konnte so das Kind mit beiden Armen auffangen.

Es blieb unverletzt. Johannes E. stürzte dabei aber mit dem Rücken derb gegen eine Gartenbank und verletzte sich schwer.

Er liegt zur Zeit im Krankenhaus und befindet sich im Koma. Die Ärzte gehen davon aus, dass er eine Querschnittslähmung davontragen wird.

Die Mutter muss wohl währenddessen mit einem Messer auf ihren Lebensgefährten losgegangen sein. Bei einem weiteren Handgemenge erlitt sie aber selbst solche Schnittverletzungen, dass sie noch in der Wohnung verstarb.

Getäuscht

Farben, denen eindeutig die Fähigkeit abgesprochen wurde, zu langweilen. Farben, die immer neu brillierten, wenn die Sonne auf die Blätter fiel, denen sie gehörten. Im Windspiel erschienen sie in immer neuen Variationen. Farben, die selbst auf dem vom Wind angefegten Haufen auf der Erde noch satte rote, braune und gelbe Töne präsentierten, die das Auge erfreut aufnehmen musste. Erst in Pfützen und Morast zertreten verloren sie ihren bunten Reiz.

Britta hatte sich auf einer Bank nieder gelassen und betrachtete verzückt diese Idylle. Wenn sie das zeichnerische Talent ihrer Tochter hätte, dachte sie, würde sie hier nicht eher weggehen, bis sie alles auf Papier gebannt hätte.

So schaute sie nur versonnen und war glücklich über diesen herrlichen Tag. Sie blinzelte, wenn die Sonne eine Lücke im dichten Blätterwerk der Bäume durchstach und ihr direkt ins Gesicht brannte. Sie blinzelte noch einmal. Zuerst war es nur eine optische Unruhe in diesem malerischen Bild. Dann aber wurde es grausige Gewissheit: aus dem kleinen Blätterhaufen ragte eine Hand. Es war eindeutig eine Frauenhand mit rotlackierten Fingernägeln.

Britta hielt entsetzt den Atem an und kämpfte gegen einen aufsteigenden Brechreiz. Sie schloss die Augen, damit das Bild verschwände. Es nützte nichts. Als sie die Lieder erneut anhob, war die Hand noch immer da.

Panik ergriff sie. Britta wühlte in ihrer Handtasche, um das Handy zu finden. Vergeblich. Schließlich schüttete sie den Inhalt der Tasche auf das Gras vor sich. Neben Schlüsselbund, Papiertaschentüchern, Tampons, Lippenstift, Deo und Mascara-Stift fanden sich drei Brillen, vier Kugelschreiber, das Notizbuch und lose Zettel, eine Geldbörse, alte Bonbons und sogar eine vertrocknete Semmel –

Nur kein Handy. Gott, sie hatte es zu Hause gelassen. Nein! Unmöglich! Sie hatte doch noch vorhin mit Dirk telefoniert. Jackentasche! »Bleib doch nur ruhig!«, ermahnte sie sich selbst. Endlich hielt sie es in ihren zitternden Händen. Dem Polizeibeamten, den sie kurz darauf erreichte, gab sie eine Ortsbeschreibung und versicherte ihm, das Eintreffen seiner Kollegen an Ort und Stelle abzuwarten. Sie fühlte sich jetzt auch in der Lage, ein paar Schritte näher heranzugehen.

Diese Hand gehörte einer älteren Frau. Zahlreiche Altersflecken waren auf dem Handrücken zu sehen. Ansonsten war es eine äußerst gepflegte Hand mit professionell gefeilten und lackierten Nägeln. Die Art der Lackierung ähnelte stark dem Design ihrer eigenen Nägel: die Regenbogenstreifen an den oberen Kanten. Sie verbog sich ein wenig, um den Daumen ins Blickfeld zu bekommen. Und tatsächlich, er wies einen kleinen silbernen Halbkreis auf dem Nagelhalbmond auf; eine Art Signatur ihrer Kosmetikerin. Britta beließ es bei dieser kurzen Betrachtung, sie wollte keine Spuren verwischen. Sie würde die Beamten darauf aufmerksam machen. Als sie wenig später das Martinshorn eines Polizeifahrzeuges hörte, konnte sie sich ein verächtliches Schmunzeln nicht verkneifen. Sie fand es unnötig, der Tatbestand würde sich auch bei größter Eile nicht verändern. Die eingetroffenen Fachleute beförderten trotz akribischer Suche lediglich diese Hand, die offensichtlich bis unter das Ellbogen-Gelenk abgetrennt worden war, zutage. Der Kommissar vermutete, dass ein Tier dafür verantwortlich war.

Das war nun der Beginn eines Kriminalfalles.

»Nicht mehr als zwei Tage«, war die Aussage des Pathologen, der vor Ort den Fund begutachtete.

Aufgrund Brittas Hinweis auf ihre Kosmetikerin, wurde ein Beamter mit einem Foto der Hand zum Nagelstudio »Der besondere Chic« gesandt. Frau Heineck wusste schon nach kurzer Betrachtung den Namen der Kundin, der diese Hand gehörte. »Das ist Frau Elisabeth Kurze. Wir haben die Nägel … Moment …« sie schaute beflissentlich in ihren Computer » … erst vorgestern erneuert. Kann sie sich nicht mehr erinnern?« Im gleichen Moment schlug sie entsetzt die Hand an den Mund. »Oh mein Gott, jetzt begreif ich erst, was Sie mir da zeigen! Ist sie tot?« Ihre Augen waren weit aufgerissen und ihre Beine weich wie Gummi. »Frau Kurze ist eine so angenehme, treue Kundin. Was ist ihr denn nur passiert?«

»Das kann ich Ihnen noch nicht sagen, selbst wenn ich es dürfte. Sie helfen uns schon sehr, wenn Sie uns die Adresse der Dame heraussuchen. Wie können Sie überhaupt erkennen, dass es sich um diese, Ihre Kundin handelt?«

»Schauen sie hier!« Sie zeigt auf dem Foto auf zwei größere braune Stellen, die wie ein Doppelpunkt unter dem Ringfinger zu sehen waren. »Das ist wie ein Erkennungszeichen.«

»Aha. Wenn Sie mir bitte die Adresse heraussuchen könnten?« Kommissar Schmieders Bitte verlor sich im Raum. Die Kosmetikerin reagierte nicht. Sie war so entsetzt, dass sie für einen Moment wie weggetreten erschien. Erst eine Wiederholung seines Anliegens führte zum Erfolg. Mit der Adresse und einer Wegbeschreibung verließ er das Studio und war sich sicher, dass der ungewöhnliche Fund in den nächsten Stunden der Gesprächsstoff von Frau

Heineck und den beiden Kundinnen sein würde, die er im Warteraum gesehen hatte.

Schmieder meldete sich kurz bei seinem Chef, der noch immer vor Ort auf die Ankunft eines Leichensuchhundes wartete. »Ich hab Namen und Adresse. Soll ich gleich mal dort vorbei schauen?«

»Ja, das wäre optimal. Wir wollen so wenig wie möglich Zeit verlieren. Fragen Sie auch gleich alle Nachbarn, wann sie die Dame zuletzt gesehen haben.«

An der Wohnungstür von Frau Kurze schellte er – wie er bereits befürchtet hatte – vergebens. Die Dame, die auf das Klingeln von Kommissar Schmieder eine Etage darunter die Tür öffnete, blickte entsetzt auf seinen Ausweis. »Was hat er denn jetzt wieder angestellt?«

»Wen meinen Sie bitte?«

»Meinen Sohn!« Aber sie hob unsicher die Stimme, als sie sogleich den fragenden Blick des Beamten richtig deutete. Gottseidank, es ging diesmal nicht um ihren Sohn. Danach gab sie erleichtert und bereitwillig Auskunft, dass sie ihre Nachbarin schon seit dem Wochenende nicht mehr gesehen hatte. »Das ist aber nicht außergewöhnlich. Heute ist Mittwoch, ja? Na ja, sie fährt immer mal wieder für paar Tage weg. Diese Frau lebt auf der Überholspur. Wissen Sie, seit ihr Mann gestorben ist, habe ich hier schon mehrere Männer aus- und eingehen sehen. Die hat Torschlusspanik. Sie schminkt sich auch so auffällig. Und ihre Kleidung! Meine Güte! Als wäre sie noch zwanzig. Dabei ist sie sogar älter als ich!«

»Und das will was heißen, so alt wie du aussiehst«, hätte Schmieder am liebsten gesagt. Er zog aber nur genervt die Augenbrauen hoch und Frau Fürnagel verstand sofort.

»Es ist ja nicht so, dass man tratscht. Fragen Sie am besten die kleine Sylvia von Böttgers, die gießt immer ihre Blumen. Ich hatte es ihr ja auch angeboten, aber sie hatte schon die Göre gefragt.« Da Frau Fürnagel offenbar links und rechts verwechselte, lief Kommissar Schmieder erst mal drei Blocks weiter in die falsche Richtung. Nach nochmaligen Erkundigungen musste er dann umkehren und sechs Häuser zurück laufen. Und das bergauf! Er stöhnte.

»Warum hab ich nur immer die Scheißjobs? Bei dieser Hitze macht mich das völlig fertig.« Sein geistiges Auge erblickte ein gut gekühltes Helles, an dessen beschlagenem Glas die Wassertropfen langsam nach unten liefen. Er schaute auf seine Uhr: noch immer eine gute Stunde bis zum Feierabend.

Britta war auf ihrer Bank sitzen geblieben. Gespannt verfolgte sie die Aktivitäten der Polizei, die ihr Sperrband um den Fundort gezogen hatten. Heimlich hatte sie mit ihrer Handykamera mehrere Fotos geschossen. Ihr war schon klar, dass man ihr das offiziell nicht erlaubt hätte. Aber so wäre natürlich ihr Bericht für Dirk noch einmal eindrucksvoller. Ihr Mobilphon klingelte. Dirk. »Bitte noch nicht darüber sprechen«, rief ihr Kommissar Leuchte zu.

Sie schüttelte verständnisvoll den Kopf. So sagte sie ihrem Freund nur, dass sie wohl eine Stunde später nach Hause kommen würde, es hätte sich hier »etwas wahnsinnig interessantes« ereignet. Spaziergänger, die in der Zwischenzeit den Weg frequentierten, wiesen die Beamten zurück. Britta war Exklusiv-Zuschauerin.

Der Hund war, nachdem er die Spur aufgenommen hatte, mit seinem Führer bereits vor zwanzig Minuten auf der anderen Seite der Straße weiter gegangen. Er zog sein Herrchen förmlich hinter sich her. Was würde er finden?

Inzwischen beobachtete Britta, wie Kommissar Leuchte selbst per Funk kommunizierte und verstand Gesprächsfetzen: » … Wohnung total verwüstet, … Mädchen …Schlüssel … Haustür gesehen … Nachbarschaft …« Leuchte bat den Gesprächsteilnehmer, im Revier Verstärkung anzufordern, aber unbedingt vor Ort zu bleiben, bis er selbst eintreffen würde. Offensichtlich hatte Frau Heineck die Hand auf dem Foto einer Kundin zuordnen können. Die Polizei hatte daraufhin die Wohnung der Dame gefunden. Das waren Brittas Schlussfolgerungen. Zu gern hätte sie gewusst, ob es jemand aus dem Ort ist. Nein, sie bekäme keine Antwort, wenn sie fragen würde.

Als sich nun eine weitere Person bei Kommissar Leuchte meldete und der daraufhin hektisch mit seinem ganzen Stab zum Aufbruch rüstete, erhob sie sich auch von ihrem Beobachtungsplatz. Es gab nichts mehr zu sehen. Die Hand hatte man gut verpackt ins Polizeiauto verbracht und die Mannschaft stieg ebenfalls in den Jeep. Sie fuhren in die Richtung, in der Hund und Herrchen verschwunden waren. Ganz bestimmt hatten die was Spektakuläres gefunden.

Lange musste Britta nicht auf die Befriedigung ihrer Neugier warten. Vor dem Haus Gartenstraße 12 hatte sich eine Menschenmenge versammelt, die sensationslüstern zu den Fenstern der Wohnung von Frau Elisabeth Kurze hinaufschaute. Da sah alles aus wie gestern, oder wie vorige Woche. Nein, stimmt nicht. Frau Kurze hatte am Wochenende bereits ihre Blumenkästen weggeräumt. Zu früh, wie sie selbst missbilligend gegenüber Frau Böttger geäußert hatte.

Ja, ja, hatte sie gesagt. Erst am Sonntag. Und auch Frau Ganz wusste zu berichten, dass Frau Kurze in diesmal Sylvester bei ihrer Schwester an der Ostsee verbringen wollte.

Das hatten sie alle ganz aktuell von ihr selbst erfahren. Wie war es da möglich, dass sie nun plötzlich verschwunden war? Vielleicht sogar tot? Wo kam das her, beim Menschen? Diese Sucht nach Sensationen, diese Gier dabei, mittendrin, aber nur nicht betroffen zu sein? Dieses Phänomen, das bei Autobahnunfällen auch noch die Gegenspur zum Erliegen brachte, wenn nicht sogar weitere Unfälle herbeiführte.

Vor dem Haus der Frau Kurze war jedenfalls ein aufgeregter Mob zusammen gekommen, der sich auch von Kommissar Schmieder und seinen Kollegen nicht auflösen ließ. Schmieder sah sein Bier nun in weiter Ferne perlen. Er wünschte sich so sehr, dass hier alles eine schnelle Auflösung fände. Aber danach sah es bei Weitem nicht aus.

Nachdem Sylvia Böttger, eine sechszehnjährige Schülerin, nichts von einer Reise wissen wollte, die Frau Kurze geplant haben soll, hatte sie ja auch keinen Blumengieß-Auftrag. Sie habe Frau Kurze am vergangenen Freitag getroffen. Da hatte diese ihr die versprochenen Bücher ausgehändigt und bemerkt, dass ein Ausflug erst wieder in zwei Monaten geplant sei.

»Ich bekomme lieben Besuch«, hatte sie unter vorgehaltener Hand geflüstert. »Wenn du nur so lieb sein könntest, mir dafür am Donnerstag ein frisches Brot aus der Stadt mitzubringen. Du gehst doch donnerstags noch in die Musikschule, oder?« Weiterhin hatte Sylvia beobachtet, dass am Montag- und auch am Dienstagabend ein Mann mit einem Kapuzenshirt aus dem Haus Nummer 12 herausgekommen sei. Der hätte aber ebenso auch bei Torben Fürnagel gewesen sein können. Er wäre ihr nur aufgefallen, weil er so demonstrativ nach rechts und links geschaut und dann seine Kapuze fester ins Gesicht gezogen hätte.

Kommissar Schmieder notierte sich diese Aussagen in seinem zerfledderten Notizbuch und ließ sich von der Schülerin den Wohnungsschlüssel holen, den sie ständig in Besitz hatte – für alle Fälle. Die Wohnung war eine Offenbarung. In zweierlei Hinsicht.

Den Beamten fiel zuerst auf, dass es sehr angenehm roch. Möbel, Teppiche, Gardinen – alles machte einen gepflegten Eindruck und war vom Design her modern und geschmackvoll. Auch die Garderobe, die der Schiebeschrank im Schlafzimmer beherbergte, entsprach nicht unbedingt dem Kleiderstil einer Vierundsechzigjährigen, wie man sie landläufig hier auf dem Dorf vermuten würde. Schmieder musste an die bissigen Bemerkungen von Frau Fürnagel denken und schmunzelte. Eine unangenehme Überraschung dagegen bot der Zustand der Wohnung. Alle Schranktüren waren geöffnet, alle Schubkästen herausgezogen und auf dem Boden entleert worden.

Aufgrund der vorbildlichen Grundordnung der Bewohnerin ergab selbst dieses Chaos noch eine gewisse Gleichmäßigkeit, da die Ordner und Schachteln in ihrer jeweiligen Einheit neben- und übereinander lagen. Der Suchende hatte offensichtlich auch nicht in hektischer Eile gehandelt, sondern eine gewisse Sorgfalt walten lassen. Hatte er Zeit? Wusste er, dass niemand ihn stören würde? Lediglich die auf der Couch in Einzelteile zerlegte Bank-Mappe störte das geordnete Gesamtbild. Die Spurensicherung machte sich akribisch an die Arbeit. Es konnten nur wenige Fingerabdrücke sichergestellt werden.

Den Hefter auf der Couch betrachtete sich der Kommissar ausführlich und pfiff dabei leise durch die Zähne. Der letzte Bankauszug offenbarte ein hübsches Sümmchen, das er nicht vermutet hätte.

Diese Dame verfügte über ein Geldvermögen von dreihundertzweiundsechzigtausend Euro.

Es gab regelmäßige Abgänge – in vierzehntägigen Schritten eintausend Euro – ansonsten natürlich Abbuchungen von Verkaufseinrichtungen. Zugänge konnte Kommissar Schmieder über den gesamten Zeitraum von zwei Jahren, die der Ordner dokumentierte, nicht ausmachen. Aber, was war das? Auf dem letzten Blatt des Ordners waren vier Ziffern in roter Schrift vermerkt. Verdammt! Das war mit Sicherheit die PIN für die Kreditkarte.

Ihm fiel in diesem Moment die Handtasche ein, die er in der Diele hatte liegen sehen. Er hatte sich schon gewundert, dass Frau Kurze diese nicht zu ihrem Ausflug – wohin auch immer – mitgenommen hatte. Die Spurensicherung war gerade fertig damit und konnte auf Rückfragen seinen Verdacht bestätigen, dass weder Geldbörse noch Bankkarte zu finden waren. Auch kein Schlüsselbund. Ihr Taschenkalender war dem Dieb heruntergefallen und halb unter dem Dielenschrank liegen geblieben. Schmieder nahm ihn auf, um darin nach aufschlussreichen Eintragungen zu suchen. Der AB blinkte und kündigte vier verpasste Anrufe an.

»Hallo Lis! Hier ist Gerda. Sagst du mir noch Bescheid wegen nächstem Wochenende? Ich muss bissel planen. Du hast ja immer besondere Wünsche.« Ein Kichern beendete die Aufnahme. Das war am Montag 19:23 Uhr.

Am Dienstag 10:54 Uhr war jemand ungehalten, ein Mann: »Mein Gott! Ich versuch´s jetzt schon zum dritten Mal! Wann trifft man dich denn mal an?«

Eine gesäuselte Anfrage, die am Dienstag 21:00 Uhr zu hören war: »Liebling, ich freue mich auf Donnerstag. Ich nehme mir ein Taxi vom Bahnhof. Mach dir keine Umstände! Bis dann. Küsschen!«

»Meine Güte, so ein Schleimer«, dachte der Kommissar. »Das ist doch kein Mann, das ist ein Weichei.«

Die letzte Aufzeichnung schließlich vermeldete am Mittwoch 9:16: » Hier Firma Holland. Frau Kurze, wir könnten am Freitag gegen zwölf bei Ihnen sein, wegen Ihres Fernsehers. Bitte rufen Sie zurück, wenn Ihnen der Termin passt.«

Kommissar Schmieder hatte sein Bier vergessen. In der Wohnung war es kühl und seinen Durst hatte er am Wasserhahn in der Küche gelöscht. Er nahm sein Notizbuch und den Kalender von Frau Kurze und versuchte, seine Gedanken chronologisch zu ordnen.

Am Montag war Frau Kurze bei der Kosmetikerin gewesen – elf Uhr, stand im Kalender. Montag Nachmittag war für »joggen« reserviert. Erst für Donnerstag gab es wieder einen Eintrag – Besuch Helfried und ein Smiley mit Herz. Für Donnerstag hatte sie auch bei Sylvia ein frisches Brot bestellt, las er in seinem Notizbuch nach. Am Freitag war mit einem großen Fragezeichen der Eintrag:» Fernsehreparatur Fa. Holland? Rückfragen!«

Am Samstag stand ursprünglich »joggen«. Das war aber durchgestrichen und stattdessen durch »Besuch bei Gerda in Halle« ersetzt. Beide Bücher auf dem Schoss sinnierte er vor sich hin. Am Montagabend hatte sie Gerda nicht erreichen können, laut Kalender war sie joggen. Oder nicht?

Sie war dann auch am Dienstag und Mittwoch für ihre Anrufer nicht erreichbar. War sie am Montag in ihre Wohnung zurückgekehrt? Hätte sie da nicht den AB nach dem Abhören gelöscht? Na, vielleicht ja auch nicht. Aber sicher hätte sie Gerda zurückgerufen, die musste ja planen.

Kommissar Schmieder versuchte, im Telefonverzeichnis Gerdas Nummer herauszufinden.

Das ging schnell, er notierte sich auch gleich noch die Nummer von Helfried. Ein kurzes Telefonat bei beiden bestätigte, dass Frau Kurze weder Gerda noch Helfried zurückgerufen hatte. Er informierte sie nur knapp, dass Frau Kurze vermisst würde, er leider nichts Näheres sagen könne.

Nachdem die Spurensicherung ihre Arbeit beendet hatte, schloss Kommissar Schmieder die Wohnungstür ab und versiegelte sie. Wieder einmal dachte er bei dieser Aktion: »Es ist, als ob man die Stalltür schließt, nachdem das Pferd weggelaufen ist.«

Mit Hauptkommissar Leuchte hatte er sich in der Dienststelle verabredet. Der wusste inzwischen härtere Fakten zu vermelden. Frau Kurze war durch den Hund aufgespürt worden. Sie lag in einer Felsspalte am Rande ihres Joggingweges. Die erste Diagnose des Gerichtsmediziners: Genickbruch, kaum Blutverlust durch den abgerissenen Arm. Der Sturz könnte ein Unfall gewesen sein. Vielleicht sogar Suizid? Aber an der Stelle, wo der Hund aufgeregt bellend stehen geblieben war, zeigten Gras und kleine Sträucher aufgewühlte Fußspuren, zertrampelte Erde. Ihre Jacke war am Reißverschluss von unten her aufgerissen, das war verdächtig.

Die Leiche befand sich nun auf dem Seziertisch und Dr. Hauser war optimistisch, dass er am frühen Vormittag des nächsten Tages einen umfassenden Bericht liefern könne.

»Wir erreichen jetzt auch nichts mehr weiter. Ich denke, wir kommen jetzt beide zu unserem Feierabendbier. Für morgen habe ich eine SOKO zusammengestellt. Wir treffen uns neun Uhr.« Damit entließ Hauptkommissar Leuchte seinen Mitarbeiter und beide begaben sich ohne Eile in ihren verdienten Feierabend.

Thomas Schmieder saß bei Elfie am Tresen und starrte in sein Bier. »Trink ´s, bevor es warm wird.» Elfie zeigte ihre makellosen Zähne, während sie ihm zulächelte. »Haste wieder ´nen schweren Tag gehabt? Oder haste heute noch Kapazitäten?«

Die schöne Bardame war auf einen kuscheligen Feierabend an seiner Seite aus. Damit hatten sie sich beide schon oft arrangiert. Eigentlich für beide das ideale Abkommen; jeder behielt seine Selbständigkeit, seine Freiheit und hatte doch Liebe auf Abruf und bei Bedarf. Seiner Mutter gefiel das nicht. Sie wollte gern Enkelkinder.

Na klar, das war es. Das angenehme Gefühl, das er in Frau Kurzes Wohnung hatte. Die Umgebung hatte ihn an seine Mutter erinnert. Die Vorhänge an den Fenstern, die Kissen auf der Couch, die Blumenvase auf dem Tisch, die Ordnung in der Küche und der Inhalt ihres Kleiderschrankes. Auch die Fotoalben und die darin geklebten Bilder erinnerten ihn an sie. Sie war in Elisabeth Kurzes Alter und hatte im Bad die gleichen Cremedöschen und Schminkutensilien, die er dort gesehen hatte. Er wollte sich nicht vorstellen, dass die Polizei einmal so in der Wohnung seiner Mutter herum schnüffelte. Thomas Schmieder verspürte das dringende Bedürfnis, sie anzurufen. Jetzt, sofort. Auch wenn er sie von ihrer Mittwochs-Lieblings-Serie weglocken würde. »Mamutsch! Gottseidank, du bist da«, war seine erleichterte Begrüßung, als sie sich nach dem vierten Klingeln meldete. »Wo sollte ich sein, was ist los?« Ihre Stimme klang besorgt. »Entschuldige, wir haben gerade so einen Fall. Eine Frau in deinem Alter. Ich war kurz besorgt.«

»Kein Grund, mir geht ´s gut. Außer: mein einziges Kind besucht mich so selten.« Thomas rollte mit den Augen. »Du musst nicht mit den Augen rollen. Kommst du zum Kirmesessen?«

„Wann ist Kirmes?«

„Das weißt du doch: am Sonntag vor dem ersten Schnee.« Sie lachte. » Am übernächsten Sonntag.«

»Ja klar. Vielleicht lasse ich mich auch schon mal eher sehen. Wir müssen einiges besprechen.«

»So geheimnisvoll? Was ist denn nur?«

»Sagst du eigentlich deinen Nachbarn Bescheid, wenn du spazieren gehst, oder einkaufen?«

»Nein, warum sollte ich. Die sagen mir doch auch nicht, wenn sie weggehen!«

»Siehst du, das müssen wir klären. Mach dir keine Gedanken Ich will nur, dass du sicher bist. Ich drück dich, Bis bald.« Frau Schmieder schüttelte nachdenklich den Kopf. Jetzt hatte sie den Faden in ihrer Serie verloren und wusste nicht, warum die kleine Blonde plötzlich so schnippisch zu ihrem Freund war.

Thomas schob Elfie seinen Hausschlüssel über den Tresen. »Ich freu mich auf dich!«

Die Zusammenkunft mit den Kollegen am nächsten Morgen war stressfrei. Sie waren zufrieden, dass schon zu einem so frühen Zeitpunkt so vieles klar war. Hauptkommissar Leuchte fasste ihre Erkenntnisse zusammen:

Frau Elisabeth Kurze ist am Montagabend – gegen 19:00 Uhr – durch einen Sturz von diesem Felsen am blauen Wäldchen zu Tode gekommen. Genickbruch; das konnte

Dr. Faber schon gleich sagen. Sie war in Joggingkleidung und kannte diesen Weg offensichtlich.

Es musste am Montag gewesen sein – laut Dr. Faber ein plausibler Zeitpunkt. Dafür sprachen auch die unbeantworteten Nachrichten auf dem AB ihres Telefons.

Laut ihrem Notizbuch und den Aussagen ihrer Nachbarin Frau Fürnagel geht sie jeden Montag und jeden Sonnabend joggen; wahrscheinlich immer diese Strecke, die an dem Felsen vorbei führt.

Man könnte von einem Unfall oder sogar Suizid ausgehen, wären da nicht die Rissspuren an ihrer Jacke. Die konnten nicht durch den Sturz verursacht worden sein, sagt die Spurensicherung.

Sie hatten jeden Strauch untersucht, mit dem sie bei ihrem Sturz in Berührung gekommen sein konnte. Es kann auch nicht sein, dass sie womöglich mit einer zerrissenen Jacke von zu Hause losgegangen wäre – O-Ton Frau Fürnagel. Sie ginge ja nicht mal ungeschminkt zum Briefkasten. Dagegen hatten sie sehr wohl Hautabschürfungen und einen abgestreiften Armreif an einem Brombeerstrauch sichergestellt. In ihrer linken Hand befand sich das Teilstück eines rotlinierten Zettels, auf dem aber keine Eintragungen zu entziffern waren. Konsistenz und Linierung erinnern an einen Überweisungsträger von Banken.

Das war für alle insofern abwegig, da ja wohl kein Mensch mit einem Überweisungsschein Joggen geht.

Der abgerissene Arm hatte mit dem Tod wohl nichts zu tun – Autopsie Bericht wurde in Kürze erwartet. Das war irgendein Tier gewesen, das das Körperteil bis zur Fundstelle geschleppt hatte. Da hatten sie den Glücksumstand, dass Frau Britta Süßkern es fand und gleich auch die Kosmetikerin zuordnen konnte.

Der Zustand der Wohnung ließ ebenfalls auf ein Verbrechen schließen.

Ein Schlüsselbund und eine Kreditkarte waren nicht gefunden worden. Die Raiffeisenbank bestätigte am frühen Morgen, dass an drei Tagen – Montag bis Mittwoch – je Eintausend Euro vom Konto abgehoben worden waren. Am Montag und Mittwoch in der Filiale des Ortes, sie würden die Bilder der Überwachungskamera zur Verfügung stellen.

Zusammenfassend war Hauptkommissar Leuchte sehr zufrieden, dass sie bereits am zweiten Tag der Entdeckung schon so viele Details wussten. Er hatte seinen Bericht gerade beendet, da wurde ihm per Hauspost das Ergebnis der Obduktion überreicht:

Frau Kurze hatte durch den Abriss des Armes kaum Blut verloren, da sie bereits tot war.

Todesursache war Genickbruch. Sie hatte Kratzer an den Armen und am Hals, wahrscheinlich beim Fallen durch das Gestrüpp zugezogen. Unter dem Fingernagel des Mittefingers – an der abgerissenen Hand – befanden sich Faserspuren eines schwarzen Wollstoffes; der Nagel war eingerissen. Der Mageninhalt ergab, dass Kaffee und Knäckebrot wohl ihre letzte Mahlzeit gewesen waren. Mehr war nicht zutage getreten.

Und es stimmte, was Frau Fürnagel geäußert hatte: sie war leicht geschminkt und chic frisiert gewesen.

Per mail kamen die Fotos der Überwachungskamera aus der Bank. Die Person, die die Kreditkarte benutzt hatte, war deutlich zu sehen, aber nicht zu erkennen. Ein offensichtlich jüngerer Mann hatte sich mit tief ins Gesicht gezogener Kapuze einer schwarzen Jacke so vor den Automaten gestellt, dass vom Gesicht nichts erkennbar war. Er trug Handschuhe.

Die Polizisten kamen überein, dass man Sylvia Böttger und Frau Fürnagel noch einmal als Zeugen befragen sollte. Auch Herr Helfried Quasniok wurde einbestellt.

Als Sylvia das Video der Bank sah, meinte sie spontan: »Das ist Torben Fürnagel!«

Sie sei sich sicher. Die Art, wie er ging und stand – breitbeinig, so viel Kraft in seiner Hose. Der unverkennbare Kapuzenpullover mit dem Designerlogo. Da er sich solche teure Kleidung eigentlich nicht leisten könne, trüge er ihn immer zur Schau. Ihre Aussage über die männliche Gestalt, die sie aus dem Haus der Frau Kurze hatte kommen sehen, relativierte sie. Sie könne sich auch vorstellen, dass es Torben selbst gewesen war. Das war ihr nur unlogisch, da er ja da wohnte und deshalb nicht so verdächtig nach allen Seiten schauen musste. Auf die Fragen der Beamten, was sie sonst noch von ihm wüsste, lächelte sie mitleidig:

»Er hat ein einfaches Gemüt, aber der Ausdruck *Macho* wurde für ihn erfunden. Er arbeitet im Supermarkt im Lager. Soviel ich weiß, hat er zweimal die Lehre geschmissen. Frau Fürnagel ist sehr betrübt über ihn, weil er oft in Schlägereien, Drogendelikte und kleinere Diebstahlshandlungen verwickelt ist. Das hat mir alles mal Frau Kurze erzählt. Mir ist er nie ganz geheuer; um nicht zu sagen, ich habe Angst vor ihm. Er kann ein NEIN auf eine Abfuhr nur schwer verkraften.«

Hauptkommissar Leuchte beschloss, erst die Mutter anzuhören, bevor sie Torben Fürnagel ins Revier bestellten.

»Erstmal bin ich nur erleichtert, dass es diesmal nicht um meinen Sohn ging, als Ihr Kollege bei mir klingelte.« Frau Fürnagel setzte sich aufatmend in den ihr zugewiesenen

Stuhl und krampfte mit beiden Händen ihre Handtasche. Man konnte ihr ihre Sorgen ansehen. Obwohl sie noch nicht einmal fünfzig war – wie ihre aufgenommenen Daten verrieten – sah sie verbraucht und müde aus.

Die Beamten erfuhren, dass sie als Teilzeitarbeiterin in der Druckerei in der Stadt tätig war. Außerdem arbeitete sie noch drei Tage die Woche in dem Supermarkt, in dem auch Torben seinen Job hatte. »Sein Vater hat sich beizeiten davongeschlichen, so dass die ganze Verantwortung bei mir lag. Ich hatte immer wenig Zeit für ihn und er ließ sich auch schon als Schüler nichts von mir sagen. Er weiß einfach immer alles besser. Ihre Augen wurden wässrig und ihre Hände zitterten.

Die Beamten hatten aufrichtiges Mitleid mit ihr, was sie natürlich nicht zeigen konnten. Im Gegenteil. Hauptkommissar Leuchte konnte nicht umhin, sie zu informieren, dass sie den Sohn auch noch zu sich bestellen wollten. Sie sagte nichts darauf, riss nur ihre Augen erstaunt auf. Offensichtlich wollte sie gar nichts Genaueres wissen. Ihre Aussagen zu Frau Kurze waren jetzt sachlicher als in dem Gespräch mit Kommissar Schmieder, nicht mehr so gehässig.

»Ich gebe zu, dass ich die Frau immer bewundere, ja sogar beneide. Sie ist stets gut gekleidet, wenn auch ein bisschen übertrieben auf jung. Sie hat eine sehr nette, umgängliche Art und ist beliebt.« Über ihren Umgang wisse sie nicht Bescheid. Es gäbe wechselnde Männerbekanntschaften. Sie sei auch sehr viel unterwegs, aber das habe sie ja alles schon berichtet.

»Ist Ihnen bekannt, ob sie vermögend ist? Hat sie mal derartiges geäußert?»

Empört blickt Frau Fürnagel auf: »Nein, darüber spricht man doch nicht. Aber ihre Klamotten sprechen schon dafür, dass sie nicht wie Unsereins mit jedem Cent rechnen muss.«

»Hat Ihr Sohn manchmal Kontakt zu ihr?«

»Seltsamerweise hat sie schon ein paar Mal um seine Hilfe angefragt und ihn dann auch für den Dienst bezahlt. Wahrscheinlich tut er ihr irgendwie leid. Er ist ja auch nicht immer so.« Es schien, als wolle sie sich selbst Zuversicht vermitteln.

Man entließ sie mit der Bitte, ihren Sohn nach dem Ende seiner Schicht ins Polizeirevier zu bitten.

Sein zweiter Vorname sei *Macho* hatte Sylvia Böttger sinngemäß geäußert. So stand er vor der Kommissarin Marx, die ihn in ihr Büro bat. Seine Beine breit auseinander gestellt, als hätte das, was dazwischen war, kaum Platz. Den Kopf erhoben und das Kinn nach vorn gereckt schien er zu fragen: »Na Opfer, was willst du von mir?« Aber er überließ der Beamtin das erste Wort.

Sie bot ihm mit einer Handbewegung den Stuhl vor ihrem Schreibtisch an und nahm zuerst seine Personalien auf. Die beruhigende Art, mit der Kommissarin Marx die ersten Minuten überbrückte, ließen ihn sichtlich entspannen. Bereitwillig ließ er sich auf ein sachliches Gespräch ein, wenngleich er bei der Aufzählung seiner verschiedenen Vorstrafen peinlich berührt ihrem Augenkontakt auswich.

Hauptkommissar Leuchte war ein guter Chef. Er war bei seinen Mitarbeitern auch beliebt, obwohl er einen bedeutenden Fehler hatte. Es störte ihn selbst, aber er konnte aus seiner Haut nicht heraus: Bei jedem Fall, den seine Gruppe zu bearbeiten und aufzuklären hatte war er in dem Glauben verhaftet, nur er allein könne alles richtig überschauen. Was er nicht selbst erledigte, würde nicht optimal getan. Inzwischen tolerierte jeder seine ständigen (mitunter unnötigen) Rückfragen und zusätzlichen Anweisungen um des lieben Friedens willen.

So gesellte er sich auch ohne vorherige Absprache mit Kommissarin Marx dazu, als sie Torben Fürnagel befragte. Das verbale Vorspiel seiner Kollegin nervte ihn. Es dauerte ihm zu lange, bis sie zum Kern der Sache kam. Dabei hatte sie mit weiblichem Instinkt im Auge, diesen jungen Bullen erst einmal in Sicherheit zu wiegen und seine aggressive Art zu mildern. Was ihr auch ganz gut gelungen war.

Sofort schwenkte Torben um, als unvermittelt von Leuchte die Beschuldigung geäußert wurde, er habe mit Frau Kurzes EC-Karte Geld entwendet. »Pass auf, Alter, was du sagst!«, schrie er den Kommissar an. »Die Kirsche hier hat gesagt, ich werde als Zeuge vernommen, und nicht als Beschuldigter.« Dabei war er aufgestanden und wollte sich in Richtung Tür verdrücken. »Setzen Sie sich bitte wieder hin, wir sind noch nicht fertig«, bat ihn die Kommissarin.

Widerwillig setzte er sich und murmelte in Richtung Leuchte: »Fick dich!« Nach kurzem Augenkontakt zwischen den Polizeibeamten setzte Marx die Befragung fort.

»Torben, Ihre Mutter hat berichtet, dass Sie hin und wieder Handreichungen für Frau Kurze erledigt haben. Sie hatten also ein gewisses, angenehmes Verhältnis zu ihr? Vielleicht können Sie uns helfen, indem Sie uns berichten, wie Sie das Umfeld Ihrer Nachbarin erlebt haben? Welche Kontakte sie hatte, wie sie ihre Tage verbrachte?«

»Angenehmes Verhältnis ..«, er kicherte. »Ich hatte gar kein *Verhältnis* zu ihr. »Sie hat mich paarmal gefragt, ob ich ihr was richten kann. Das hab ich gemacht und sonst nix.«

»Na gut. Was könnten Sie über die letzten Tage berichten? War da was?«

»Nee, nich das ich wüsste.«

»Torben, verkaufen Sie uns doch nicht für blöd!«, ließ sich jetzt wieder ungeduldig Kommissar Leuchte hören. Er hatte einige Fotos auf den Tisch gelegt und schob sie jetzt zu dem jungen Mann hinüber. »Auf den Fotos sind eindeutig Sie zu erkennen. Sie haben ja auch wieder dieses T-Shirt an, das hierauf zu sehen ist.«

»Die Klamotten haben viele, das müssten Sie mir erstmal beweisen. Und übrigens: das läuft mir hier in eine ganz falsche Richtung. Sie Wichser!« Immerhin hatte er *Sie* Wichser gesagt. Er betrachtete lässig, scheinbar desinteressiert die Fotos. »Ich will dann meinen Anwalt.«

»Sie haben einen Anwalt? Rufen Sie ihn an.«

Er wollte mit seiner Coolness bluffen. Jetzt saß er etwas ratlos und verlegen da. »Na ja, lassen Sie mich mal kurz telefonieren.«

Die beiden Beamten ließen ihn allein im Zimmer mit einem uniformierten Kollegen. Hauptkommissar Leuchte ging zum Büro von Kommissar Thomas Schmieder, der gerade Helfried Quasniok befragte, der sehr nervös und fahrig wirkte. »Wann haben Sie Frau Kurze zuletzt gesehen oder gesprochen?« Schmieder sah sein Gegenüber erwartungsvoll an. «Am Donnerstag waren wir verabredet. Ich hatte sie am Dienstag um Rückruf gebeten, sie hatte sich aber nicht gemeldet. Das ist eigentlich gar nicht ihre Art. Sie ruft immer sofort zurück. Wenn ihr Telefon läutet – egal ob Handy oder Festnetzt – hat sie immer sofort den Drang, sich zu melden. Deshalb hab ich mich schon gewundert, dass sie mich nicht zurückgerufen hat. Überhaupt; dass sie auch nicht zu Hause war. Wo sollte sie denn nur gewesen sein? Ich kenne doch all ihre Gewohnheiten. Ich fand es eigenartig, dass …« Sollte sein Redeschwall ablenken, von Fragen, die wirklich wichtig waren?

»Er hat Sie nach Ihrem letzten Treffen mit Frau Kurze gefragt«, mischte Leuchte sich ein. »Wann hatten Sie sich zuletzt gesehen, wie oft treffen Sie sich?» Seine Augen waren feucht. Rote Flecken bedeckten sein Gesicht. Er war ganz offensichtlich unglücklich. Er stand kurz auf, um sich ein Taschentuch aus seiner Hosentasche zu fingern. Es war bereits benutzt und zerknüllt. Das passte so gar nicht zu seiner ansonsten tadellosen Erscheinung. Sein Anzug war nicht mehr ganz modisch und auch schon etwas abgetragen, aber adrett und mit passendem Hemd und Krawatte ergänzt. Die farblich stimmenden Schuhe glänzten gepflegt. Trotz des kahlen Kopfes wirkte er jünger, als seine Papiere auswiesen. Er hätte locker als Mittesechziger durchgehen können, obwohl er bereits seinen vierundsiebzigsten Geburtstag hinter sich hatte. Man konnte sich gut vorstellen, dass er für Frauen in den mittleren Jahren eine interessante Erscheinung war. Auch seine Umgangsformen ließen nichts zu wünschen übrig. Er nahm wieder Platz, stöhnte leise und schaute scheu zu Hauptkommissar Leuchte auf. »Darf ich sie nochmal sehen? Wir waren noch nicht soo lange zusammen, zirka ein Jahr. Getroffen haben wir uns immer, wenn Lis es einrichten konnte. Auch wenn sie alleinstehend ist, hat sie immer viele Termine. Ach mein Gott, ich rede in der Gegenwart.« Jetzt kullerten die Tränen über sein Gesicht. Leuchte konnte nicht mehr mit anschauen, wie er das zerfetzte Tuch malträtierte und schob ihm eine Box mit Tüchern zu.

»Alle vierzehn Tage hat es aber mindestens geklappt. Wir hatten jetzt auch eine Reise nach Österreich geplant.«

Die beiden Kommissare begleiteten ihn in die Pathologie.

Helfried nahm auf dem Stuhl neben dem Leichnam Platz und streichelte zärtlich ihre Wange, wobei ihm weiter stille Tränen über sein Gesicht rannen.

Thomas Schmieder war entsetzt, als er die sterblichen Reste von Frau Elisabeth Kurze unter dem weißen Tuch liegen sah. Wieder erinnerte sie ihn stark an seine Mutter und er konnte diesen Gedanken kaum ertragen. Nach Feierabend würde er sie heute besuchen. Er hatte das dringende Bedürfnis.

In seinem Büro angekommen, erschien fast zeitgleich seine Kollegin Lena Marx. Er hatte sich in der Zentrale eine Telefonliste mitgenommen und wollte gerade die Nummer der Bank von Frau Kurze anwählen. Lisa Marx setzte sich provozierend auf seinen Schreibtisch und stellte ein Bein auf die Armlehne seines Bürostuhles. Abrupt stand er auf und zischte ärgerlich: »Kannst du es nicht akzeptieren, Lena? Ich will nicht! Ich hab es satt. Wenn du nicht Ruhe gibst, lasse ich mich versetzen.« Er hatte beim Aufstehen seinen Stuhl so forsch nach hinten rollen lassen, dass sie fast das Gleichgewicht verlor und nach vorn kippte. Wütend darüber oder mehr noch über seine Reaktion verließ sie das Zimmer. »Du bist so ein richtiger Arsch!«

In dieser Stimmung tauchte sie im Besprechungsraum auf, wo noch immer rat- und hilflos Torben Fürnagel saß und um den Fortgang der Dinge fürchtete. »Haben Sie Ihren Anwalt erreicht? Kommt er? Können wir weitermachen?« Ihr Ton war bei weitem nicht mehr so freundlich, wie er das vom Anfang ihres Gesprächs in Erinnerung hatte. Er hatte sich eine Strategie zurechtgelegt. »Eigentlich brauch ich keinen Anwaltsarsch. Ich hab nichts gemacht, also brauch ich keinen. Ich kann mich selbst verteidigen. Das heißt: ich sag von jetzt ab nichts mehr.«

Die Kommissarin schaute ihn nachsichtig an. Bei ihm musste man Intelligenz als relative Größe betrachten.

»Na gut!« Sie stützte beide Hände fest auf ihre Schreibtischplatte, um sich in eine bedrohliche Position zu manövrieren. »Dann werde halt ich reden und ich denke sogar, es ist besser, wenn Sie mir nur einfach einmal zuhören. Wir haben hier drei Aufnahmen von drei Tagen – nämlich Montag, Dienstag und Mittwoch – an denen jedes Mal Sie aufgrund Ihres T-Shirts zu erkennen sind, als sie am Geldautomaten jeweils eintausend Euro abheben.« Torben setzte zum Sprechen an, aber sie gebot ihm mit einer Handbewegung, den Mund zu halten. »Sie brauchen nicht zu widersprechen, das sind eindeutig Sie.« Sie schob ihm erneut die Fotos zu und entnahm ihrem Schreibtischfach eine Lupe. »Schauen Sie selbst. Das *g* auf dem Logo ist komplett ausgefranzt. Man würde es nicht als *g* erkennen, wäre das Logo als solches nicht bekannt. Hm, dumm gelaufen. Wie weiter?« Damit hatte er nicht gerechnet. Schnell bot er an: »Kann sein, dass ich da Geld geholt habe, aber von meinem eigenen Konto.« Lena Marx lachte auf. »Ich bezweifele, dass Sie überhaupt Geld auf ihrem Konto haben. Aber selbst wenn; es wäre doch mehr als Zufall, wenn Sie in dieser Minute, in der laut Bankauszug von Frau Kurzes Konto eine Abhebung erfolgte, das Gleiche auch auf Ihrem Konto stattfinden würde. Das ist technisch unmöglich.«

Er war in sich zusammengerutscht. Seine Augen huschten ängstlich von den Fotos zu der jungen Frau und zurück. Sie quälte ihn eine Weile in diesem Dilemma.

Der kurze Schlag mit ihrer Handfläche auf die Tischplatte ließ ihn zusammenzucken und wieder aufrecht sitzen.

»Also, ich sag Ihnen mal, was passiert ist. Sie wissen, dass Frau Kurze jeden Montag joggen geht. Sie kennen auch die Strecke, die sie läuft. Sie sind ihr gefolgt, haben ihr in einem Handgemenge ihren Schlüssel abgenommen und sie dann über den Felsen gestoßen. Das war zumindest Totschlag. Na ja, vielleicht war es auch ein Unfall. Das hat das Gericht zu entscheiden. Dann sind Sie in die Wohnung zurück, haben in aller Ruhe nach der Kreditkarte und der PIN gesucht und das Konto geplündert. Wahrscheinlich hätten Sie noch tagelang so weiter gemacht.«

»Mooment, was wollen Sie mir unterstellen? Ich hätte der Frau niemals was tun können, sie war nämlich nett und immer so stylisch aufgemotzt.« Er focht sichtbar innere Kämpfe aus. Wie sollte er sich nur herausreden. Kommissarin Marx war ihm bei seiner Entscheidungsfindung behilflich.

»Sagen Sie am besten, wie alles war. Vielleicht finden wir einen Ansatz, wo das ganze tatsächlich auf einen Unfall hinausläuft und wir Ihnen keine Tötungsabsicht nachweisen können.« Torben stand die Panik in seinen Augen und auf der schweißnassen Stirn. Er griff nach der Cola, die ihm die Kommissarin hingestellt hatte und seine Hände zitterten. Mit sehr leiser Stimme begann er ein Geständnis. Lena Marx bat ihn nicht, lauter zu sprechen. Sie strengte stattdessen ihr Gehör mehr an, aus Angst, er würde sonst wieder abbrechen. »Ich will mit ihrem Tod nichts zu tun haben. Den Diebstahl der EC-Karte gebe ich zu.

Die Kurze hatte mich am Freitag gebeten, ihr einen neuen Fernseher im Schlafzimmer anzuschließen. Der im Wohnzimmer wär abgefuckt und sie wartet auf einen Monteur. Aber unabhängig davon wollte sie schon immer im Schlafzimmer noch ne Glotze und das wäre jetzt die Gelegenheit. Sie wartete an dem Freitag, dass sie ihn bringen.

Wenn ich dann Sonnabend oder Sonntag mal Zeit hätte … Ich hatte zwar zugesagt, aber Lust hatt ich nich.«

Er war jetzt etwas ruhiger geworden. Vielleicht froh, dass er von dem gefährlichen Pfad der Lügen und Verstrickungen wieder den richtigen Weg gefunden hatte. Sie unterbrach ihn auch nicht, sondern wartete geduldig, bis er sich den nächsten Teil seiner Aussage überlegt hatte.

„Sie hatte mir einen Schlüssel gegeben. Ich könnte auch raufgehen, wenn sie nicht da wäre, das wäre kein Problem. Ich war aber Sonnabend bis morgens mit meinen Kumpels cruisen, hatte auch noch so eine Bratze abgeschleppt und am Sonntag dann zu blau und zu müde. Ich hatte es eigentlich vergessen. Am Montagabend, als ich von der Schicht kam, ging ich zu ihr rauf. Ich klingelte. Da war auch so ein Kerl mit ner Fleischmütze an der Tür und hatte bei ihr geklingelt, aber sie war nicht da. Dann fiel mir ein, dass sie montags joggen geht. Ich dachte, ich warte bis acht, bis sie zurück ist. Aber sie war neun Uhr noch nicht da. Das kam mir komisch vor. Ich versuchte, sie auf ihrem Handy zu erreichen, aber sie ging nicht ran. Ich ging dann mit meinem Schlüssel in die Wohnung. Ich dachte, ich fang mit dem Fernseher schon mal an – das hatte sie mir ja so auch erlaubt. Als ich in der Diele ihre noble Handtasche liegen sah, dachte ich: *meine Fresse, der is was passiert.* Ich schaute nach, was drinne is. Geldbörse; mit allen Papieren und EC Karte. Die hab ich dann erstmal verwahrt.«

»Was heißt denn *verwahrt*?«, unterbrach ihn jetzt Lena Marx empört. »Na ja, Sie müssen mir glauben. Das war reiner Instinkt; bevor die in falsche Hände gerät.«

»Aha, und das Bargeld gleich mit?«

»Das waren aber nur zwanzig Euro«, gab er zerknirscht zu.

»Na gut, also weiter.«

»Ich ging dann wieder ins Schlafzimmer und hab den Apparat ausgepackt und die Kartons vor die Wohnungstür deponiert. Die wollte ich dann mit runternehmen zum Container. Sie müssen mir glauben Frau Kommissarin, ich mach sowas sonst nich. Zurzeit bin ich aber total flach mit dem Geld. Da hab ich so gedacht, ihr nützt ihr Geld jetzt eh nichts mehr und hab mich auf die Suche gemacht nach der PIN. Sie hatte mal gesagt, sie könnte sich nichts merken, würde sich alles aufschreiben. Also such, dacht ich, wirst schon die PIN finden.«

»Sie sind aber wirklich ganz schön dreist. Wenn Sie nun inzwischen gekommen wäre? Und was heißt: ihr nützt das Geld jetzt nichts mehr? Sie wussten also doch, was mit ihr passiert war?«

»Ne, ne, ne! Sie wollen mir schon wieder ´n Strick drehen! Ich hab nur geahnt, dass ihr was Dramatisches zugestoßen sein muss. So lange bleibt sie nie weg, noch dazu ohne Geld und Papiere. Und wenn sie gekommen wär? Ich hatte halt schon angefangen, wo war da ein Problem?«

»Okay, Sie sind also fündig geworden, was die PIN betrifft. Und dann ging ´s gleich noch am Abend um 23 Uhr zum Geldautomaten und die nächsten Tage auch. Kein schlechtes Gewissen? Hätten Sie das nicht der Polizei melden sollen?«

»Ja bin ich ein Volltrottel? Ich hätt mir wohl freiwillig meinen Geldhahn wieder zugedreht?

Die Karte konnte jeder genommen haben. Ich hab ja auch drauf geachtet, dass ich am Automaten nicht zu erkennen bin. Dass das blöde T-Shirt diese Macke hat, wusste ich gar nicht. Fuck!«

»Es steht Ihnen natürlich frei, sich noch mit einem Anwalt zu beraten. Auf alle Fälle werden Sie jetzt erstmal bei uns wohnen. Da können wir Sie ja jederzeit weiter befragen. Ich hoffe nur sehr für Sie, dass da nicht noch weitere Details zum Vorschein kommen, die Sie mit der Tötung der Frau Kurze in Verbindung bringen.«

»Nein, Frau Kommissarin. Sie müssen mir glauben, dass ich damit nichts zu tun habe. Ich hab jetzt alles gesagt, was ich weiß. Seh ich vielleicht aus wie ein Vollpfosten, dass ich da noch was verschweig?«

Lena Marx gab dem uniformierten Beamten einen Wink. Torben folgte ihm ohne Widerspruch.

»Hallo Thomas«, kontaktierte sie anschließend ihren Kollegen telefonisch. »Hast du im Schlafzimmer der Frau Kurze einen Fernseher gesehen? Und waren Packkartons vor der Wohnungstür?«

»Ein Fernsehgerät stand auf dem Teppich. Die Kabel lagen lose daneben, also nicht angeschlossen. Vor der Tür lag nichts, keine Kartons.«

„Danke.« Sie nickte und legte den Hörer auf. Auf ihrem Computer fand sie eine Notiz, die ihr Vorgesetzter in Umlauf gebracht hatte: *Bitte die SOKO »*Kurze Hand*« um 17 Uhr ins Besprechungszimmer.*

Das waren noch vierzig Minuten. Zeit für einen gepflegten Kaffee in der Cafeteria nebenan. Sie hatte gerade bestellt, als Thomas Schmieder das Café betrat. Er sah sich um und sein Blick fiel zwangsläufig auf sie. Den Bruchteil einer Sekunde zögerte er und setzte sich dann schließlich zu ihr. »Darf ich?« - »Du musst nicht.«

»Hör zu. Es ist ganz gut, dass wir uns hier begegnen. Es ist doch nicht so, dass ich dich nicht attraktiv fände. Im Gegenteil, du gefällst mir sehr. Und es war schön mit dir.«

Ihre Augenbrauen hoben sich skeptisch und ihre Augen schimmerten verdächtig. »Was soll das jetzt?«

»Ach Lena, ich hab dir von vornherein gesagt, dass ich nichts Ernstes will. Ich hab´ auch gesagt, dass ich es selbst nicht fair finde, solche Liebschaften auf Zeit zu suchen. Aber du hast versichert, dass du damit leben kannst. Ich bin einfach nicht bereit für feste Bindung.«

»Aber ich hab doch alles gemacht, wie du es wolltest. Ich wollte nur bei dir sein, nur in deiner Nähe. Natürlich, ich hatte mich gegen deine Warnungen in dich verliebt. Aber ich hab akzeptiert, dass du keine engere Bindung wolltest. Ich wollte die Zeit für mich arbeiten lassen. Ich hatte die Hoffnung …« Sie musste sehr an sich halten, um nicht zu weinen. »Ach Scheiß, ich mach mich hier zum Löffel. Wie hat mein Zeuge gerade gesagt: bin ich denn ein Vollpfosten?«

»Glaub mir, es tut mir unendlich leid. Aber du würdest nicht glücklich mit mir, wenn ich es aus Mitleid versuchen würde, an dieser Beziehung festzuhalten. Es war alles schön, ich fand dich unheimlich sexy. Aber diese Nähe! Es hat mich erdrückt, es hat mir Angst gemacht. Ich hatte keinen Raum für mich. Sorry, ich rede schon wieder nur von mir. Aber denkst du, es hätte gut gehen können, wenn ich nur, um dir nicht weh zu tun, geblieben wäre?«

»Nein, das versteh ich doch! Es tut halt nur so weh. Ich hatte so eine klitzekleine Hoffnung …« Er hatte ihre Hand genommen und betrachtete die kleinen lackierten Vollmonde liebevoll. Es stimmte, sie gefiel ihm noch immer und es machte ihn traurig, sie so enttäuschen zu müssen. Aber sie war in ihrer Beziehung so beängstigend präsent gewesen. Ohne ihn zu bedrängen, war sie immer da. Er wollte allein sein, wollte *sein Ding* machen. Aber schön, wenn sie da war, wenn er weibliche Nähe begehrte. Egoist, beschimpfte er sich selbst. Aber war es falsch, ehrlich zu sein? Er stöhnte nur leise. Sie hatte es aber gehört und entzog ihm sanft ihre Hand. »Ich bin dir nicht böse. Ich bin nur traurig. Ich hoffe, das vergeht irgendwann. Und übrigens, du erfährst es als erster. Ich lasse mich versetzen. Hab auch schon die Zusage aus Berlin.« Erschrocken blickte er auf. »Doch nicht etwa wegen mir?«

»Nur zum Teil. Ich wollte schon lange in eine Großstadt, vielleicht Kriminaldauerdienst. Hier hat man auch gar keine Aufstiegsmöglichkeit. Die sind bei uns hier viel zu konservativ Frauen gegenüber.« Sie lächelte ihn beruhigend an.

»Übrigens«, sie schob ihre lackierte Hand in sein Blickfeld, «sind wir damit schon irgendwie weiter?«

»So schnell wir zuerst vorangekommen waren, treten wir jetzt wohl auf der Stelle. Haben wir einen wirklich Verdächtigen? Mit den Zeugenaussagen von Frau Fürnagel und Herrn Quasniok wurden nur Dinge bestätigt, die wir aus ihrem Notizbuch und von Sylvia Böttger schon wussten. Was hat dein junger, dynamischer *Vollpfosten* geäußert?«

»Für mich ist Torben Fürnagel verdächtig. Er überspielt zwar locker flockig seine Angst, aber er kann mich nicht täuschen. Clever hat er ein Teilgeständnis abgelegt. Aber die Sache mit der EC-Karte konnten wir ihm ohnehin beweisen. Ich habe ihn erstmal bei uns einquartiert. Leuchte muss nachher eh entscheiden.«

»Apropos; ich glaub, wir müssen auch zurück.« Er gab der Bedienung zehn Euro und winkte ab, als Lena ihren Teil bezahlen wollte. Sie stellte sich auf die Zehenspitzen und küsste ihn auf die Wange.

»Danke. Auch dafür, dass wir noch einmal geredet haben. Sag bitte noch nichts zu den anderen wegen Berlin.«

Beim Hinausgehen war er stark versucht, ihre Hand zu nehmen, unterließ es aber besser.

Wenn auch noch keine Lösung in Sicht war, konnten alle entspannt die bekannte Runde am Tisch bilden und sich scherzend harmlose Gemeinplätze an den Kopf werfen. Hauptsächlich zogen sie über ihren Chef her – der noch nicht im Raum war – mit Ausdrücken wie: » Er hat noch lange nicht die höchste Stufe seiner Inkompetenz erreicht.« oder auch zu Thomas Schmieder gewandt – wobei sie vielsagende Blicke zwischen Thomas und Lena hin- und hergehen ließen - »Fängst Du jetzt auch wieder an, mit dem *Kopf* zu denken?« Sie verstummten, als Hauptkommissar Leuchte sichtbar ärgerlich das Besprechungszimmer betrat. Seine Wut verdrängte alle Luft im Raum. »Ich weiß auch nicht, was Chefs so denken, wenn sie denken! Er hat mich so rund gemacht, dass wir nur auf der Stelle treten. Lasst euch nicht auch noch verrückt machen. Wir ermitteln erst seit zwei Tagen.« Die Polizisten atmeten auf. Leuchte war ein guter Chef. Er nahm ihnen so gut es ging den Druck heraus. Ihr Spruch mit der Inkompetenz traf offensichtlich mehr auf den großen Chef zu. »Lasst uns einfach mal versuchen, eine logische Spur vom Opfer zum Täter zurück zu verfolgen. Jeder für sich. Lena?«

»Ich habe mit Torben Fürnagel gesprochen; hab ihn übrigens auch schon erstmal eingelocht.« Leuchte unterbrach sie nicht. Es würde sich aus ihrer Schilderung heraus ergeben, warum sie so weit gegangen war.

»Für mich ist er verdächtig. Er kannte die genauen Gewohnheiten seiner Nachbarin. Er hatte sogar ihren Wohnungsschlüssel – von ihr selbst bekommen – und gab zu, in ihrer Wohnung gewesen zu sein. Er erkannte, dass sie ohne ihre Handtasche, ohne Geld und Papiere nicht weiter weggegangen sein konnte, sondern tatsächlich nur zum Joggen. Erstmal hatte er sich an Bargeld und EC-Karte bedient, wusste aber, dass da mehr zu holen war. So ist er ihr einfach gefolgt und hat sie an dem Felsen überwältigt und hinunter gestoßen. Oder es war ein Unfall. Ich habe ihn wegen des Diebstahls, den wir ihm auch ohne sein Geständnis hätten nachweisen können, festgesetzt.«

»Aber warum hätte er sie beseitigen sollen?«, kam die Frage aus der Runde. »Um an ihr Geld zu kommen.«

»Das hatte er doch mit der EC-Karte erreicht. Ihr Tod hätte ihm dabei nicht geholfen. Ihr Testament lautet ja wohl nicht auf ihn. Hat das übrigens einer gefunden?»

Thomas Schmieder äußerte nachdenklich: »Die Ordner liegen noch auf meinem Schreibtisch. Ich habe sie erst zur Hälfte sichten können. Die Frau hat wirklich alles aufgeschrieben und dokumentiert. Es ist ziemlich mühsam, das alles zu sichten. Ich gehe davon aus, dass ihre Schwester oder ihre Freundin Gerda die Erbin sein wird. Oder sie hat gar keinen letzten Willen hinterlegt.«

»Kann es nicht doch ein eigenverschuldeter Unfall gewesen sein? Es war feucht und ihre *Schuhchen* hatten eine glatte Sohle.«

»Die Beschädigung ihrer Jacke spricht dagegen. An keinem Ast oder Stein wurde eine Faser davon gefunden. Sie war aber ziemlich eingerissen. Außerdem deuten die Fußspuren an der Absturzstelle her auf einen Kampf hin. Der abgerissene Zettel in ihrer Hand hat sich auch noch nicht klären lassen. Ich schlage vor, dass wir uns Montag um acht Uhr wieder hier treffen. Eure Hausaufgabe wäre, nochmal alles, was wir zusammengetragen haben, Revue passieren zu lassen. Manchmal hat doch noch einer einen genialen Einfall.« Hauptkommissar Leuchte verabschiedete damit sein Team in den Feierabend.

Wie von selbst fand Thomas Schmieders Motorrad den Weg zum Nachbarort in die Taubengasse.

Tatsächlich fühlten sich die Anwohner diesem Namen verpflichtet und fast jeder zweite hatte einen Taubenschlag auf seinem Grundstück oder direkt am Haus. Er konnte sich noch gut an seine Kinderzeit erinnern, als seine Mutter den Dreck auf dem Gehweg entfernte und dabei unflätig fluchte: »Ich habe es so satt, immer und immer wieder die Taubenscheiße wegzufegen.« Das waren die einzigen Momente, an denen er seine Mutter solch unanständige Worte in den Mund nehmen hörte. Während er den Helm absetzte, blickte er zärtlich zum Haus mit den dunkelgrünen Fensterläden, die bei Sturm ächzten und stöhnten. Wenn im Sommer die Hitze unerträglich werden wollte, konnte man sie schließen und sie ließen die Sonne nur in schmalen Streifen ins Zimmer und behielten auch die Hitze draußen.

Die beiden kleinen Mansardenfenster blickten freundlich zur Straße. Sie bewahrten all das Leid, das über viele Jahre dahinter verborgen worden war. Seit fünfzehn Jahren war der fröhliche Kinderlärm dahinter verschwunden. Thomas überfiel erneut die tief in ihm verankerte Melancholie, wenn er an seine Zwillingsschwester dachte. Sandra war damals im Alter von vierzehn Jahren verschwunden.

Man hatte das Fahrrad auf ihrem Schulweg gefunden, aber Sandra fand man nie. Er selbst war mit seinen Freunden einen anderen Weg nach Hause gefahren, weil die Freunde es uncool fanden, immer mit der Schwester im Schlepptau zu fahren. Das wirft er sich bis heute vor.

Die Tatsache, dass man das Kind nie fand; seine Mutter warf den Ermittlern vor, sie würden nicht gründlich genug arbeiten, war einer der Gründe, dass er zur Polizei gegangen war. Die Tatsache, dass man das Kind nie fand, war auch für seine Mutter ein Gebot, in ihrem Dachstübchen keinerlei Veränderungen zuzulassen. Das war auch der Grund, dass Thomas bereits als junger Erwachsener ausgezogen war. Sandras Geist war im Haus überall präsent.

Jetzt öffnete sich die Tür und seine Mutter kam freudestrahlend auf ihn zugelaufen. »Ich hab doch gerade dein Motorrad gehört! Oh ist das schön, dass du mich besuchst!« Sie lief stürmisch auf ihn zu und streckte ihm ihre Arme entgegen, wie einem Kinde, mit dem man »Engelchen flieg« spielen möchte. Stattdessen fing er sie auf und hob sie scherzend in die Höhe. »Mein Gott, du wirst immer leichter, und kleiner!« Arm in Arm gingen sie ins Haus. Er fragte besorgt, ob sie denn genug aß und ihre Arzttermine pünktlich wahrnahm. Sie schüttelte verwundert den Kopf.

»Was bist du nur in letzter Zeit so besorgt, schon am Telefon?«

Der Sohn erzählte ihr von ihrem neuesten Fall – was er offiziell berichten durfte – und dass die Tote ihn so sehr an sie erinnert hatte. Er schärfte ihr ein, zu ihrer eigenen Sicherheit ihrer Nachbarin einen Wohnungsschlüssel zu überlassen und vielleicht auf einem Zettel auf dem Tisch zu hinterlegen, wohin sie unterwegs war. Es könne so viele Gründe geben, warum man einmal nicht nach Hause kommen würde. Er fragte sie aus, welche Gewohnheiten sie routinemäßig pflegte und erkannte mit Erschrecken, dass er von ihrem Alltag nur wenig wusste.

Insgeheim beschloss er, dass er sich zukünftig mehr kümmern würde.

Seit ihre Freundin gestorben war, hatte sie nur noch wenig Gesellschaft. »Hast du eigentlich wieder einen Freund, den du mir vielleicht verheimlichst?« Sie lachte laut und gab ihm einen Klaps. »Bist du verrückt? Nach diesem Debakel mit Egon hab ich aber sowas von die Schnauze voll von Männern!«

»Na Hallo, die sind doch nicht alle so! Vielleicht lernst du doch nochmal jemanden kennen, mit dem du mal Tanzen, oder ins Theater gehen kannst?«

»Nein, lass gut sein. Das Thema ist bei mir ein für alle Mal durch.»

»Na okay, da komm ich in Zukunft öfter, wenn mein Dienst das erlaubt.«

»Darüber würde ich mich sehr freuen. Was mach ich dir jetzt zum Abendessen? War gar nicht auf dich eingestellt. Oder soll ich …?« - »Oh ja, das wäre prima!«

Sie verstanden sich ohne Worte. Beide lachten, Frau Schmieder ging in die Küche und Thomas freute sich auf Eierkuchen. In der Kantine traute er sich nicht, solchen Süßkram zu bestellen, als erwachsener Mann. Aber es war nun mal seine Lieblingsspeise.

Er holte sich aus dem Schrank das große Fotoalbum und blätterte es durch. Schon lange hatte er sich die Bilder nicht mehr angeschaut. Er begegnete seinem Vater, der verstorben war, als die Kinder zwei Jahre alt waren. Er sah sich selbst aufwachsen und immer seine Schwester neben ihm.

Er nahm ein Foto heraus und ging damit zu seiner Mutter. »Mutsch, warum hast du die Fotos mit diesem Kotzbrocken aufgehoben?«

»Da seid ihr beide noch drauf. Es war ja nicht alles schlecht mit ihm, wir hatten auch schöne Zeiten.«

Nun, er musste gerechterweise zugeben, dass sie als Kinder oft viel Spaß miteinander hatten. Sie hatten nie einen Vater kennengelernt. Egon war für eine Weile ein adäquater Ersatz. Umso schmerzlicher war es dann für die drei, als er sich als Heiratsschwindler entlarvte.

Bei seiner riesengroßen Pfannkuchenportion beobachtete seine Mutter ihn wohlwollend. Es tat ihr gut, ihren *Großen* so zufrieden an ihrem Tisch zu haben. Sie war zufrieden damit, dass er sie so oft besuchte, wie es sein Dienst erlaubte. Sie hatte sich auch abgewöhnt, ihn mit Fragen nach potentiellen Lebenspartnerinnen zu bedrängen. Sie würde schon früh genug erfahren, wenn es etwas zu erfahren gäbe. Thomas schob jetzt seinen Stuhl zurück und brachte das Geschirr in die Küche. Er stöhnte. »Mein Gott, bin ich voll. Du übertreibst immer. Jetzt brauch ich zwei Tage nichts zu essen.« Seine Mutter lachte. »Deine langen Seiten vertragen das schon. Gequält hast du dich damit nicht wirklich.« Und sie schien Recht zu haben, denn er hatte bereits schon wieder einen Apfel in der Hand. Als er ihrem Blick begegnete, musste er auch lachen.

»Nachtisch halt. Aber jetzt ist wirklich Schluss. Mutsch, ich muss auch wieder los. Ich habe mir Hausarbeit mitgenommen, muss noch etwas durchlesen.«

Sie umarmten sich. Thomas Fichte sah seine Mutter noch an der Haustür stehen, als er in die Nebenstraße einbog. »Ich muss wirklich öfter vorbeischauen, sie hat doch sonst keinen«, war seine nochmalige Schlussfolgerung.

Am Montag saß das Team pünktlich acht Uhr im Besprechungszimmer. Sie waren ausgeschlafen und gut gelaunt. Lena hatte einen selbstgebackenen Pflaumenkuchen mitgebracht und auch schon Kaffee eingeschenkt. Sie hatte keinen Geburtstag und auch sonst kein Jubiläum. »Ich mag euch einfach!« Ihre Erklärung verblüffte die Kollegen und Thomas schaute verwundert ob ihrer kürzlichen Offenbarung, das Team zu verlassen. Sie kniff verschwörerisch ein Auge zu, als wolle sie ihm deuten: »Sag nur noch nichts.«

Hauptkommissar Leuchte nuschelte mit vollem Mund: »Ich habe Neuigkeiten.« Er schluckte erst hinunter, nahm einen großen Schluck Kaffee und schob dann seine Notizen auf dem Tisch zurecht. »Frau Kurzes Bank hat sich gemeldet. Es liegt ein aktueller handschriftlicher Überweisungsauftrag vor. An einen Verein *Animals homeland e.V.* sollen 132 Tausend Euro in die Schweiz überwiesen werden. Die Bank hat das aber nicht ausgeführt, da die Unterschrift nicht korrekt ist. Frau Kurze hat ihre Signatur mit Vor- und Zunamen hinterlegt. Der Überweisungsträger ist aber nur mit dem Zunamen unterschrieben.«

»Moment!« Thomas Schmieder blättert in seinen Unterlagen. »An diesen Verein hat Frau Kurze – laut ihren Bankauszügen – bereits im Februar fünftausend und im Juni fünfundzwanzigtausend Euro überwiesen. Ich habe im Internet gesucht, aber diesen Verein nicht finden können.«

»Ein Anruf bei der Schweizer Bank wird auch keinen Sinn haben. Die haben ihr striktes Bankgeheimnis«, warf Lena Marx ein. »Übrigens hat der Bankmitarbeiter bestätigt, dass von dem Formular die linke untere Ecke fehlt», ließ sich Leuchte wieder hören. Für einen Moment war es still im Raum. Alle schraken hoch, als Schmieder die Handfläche auf den Tisch schlug. Er selbst war darüber erschrocken.

»Der Helfried ist ein Heiratsschwindler. Na klar! Ähnlich war das bei meiner Mutter damals. Der steckt hinter diesem Verein. Wir müssen ihm nur noch nachweisen, dass er zur fraglichen Zeit hier war!« Nichts in der Welt hätte ihm diese Überzeugung nehmen können. Die anderen schauten halb ungläubig, halb erleuchtet zu ihm hin.

»Das ist nicht so abwegig. Der Torben Fürnagel hatte berichtet, dass am Montag ein Mann mit *Fleischmütze* bei Frau Kurze geklingelt hat. Der Helfried Quasniok hatte doch Glatze, oder?« Kommissarin Marx war sich sicher, dass Torben ihn gesehen hatte.

»Wir können Herrn Fürnagel ja ein Foto zeigen. Quasniok hatte geäußert, dass er erst am Donnerstag – wie vereinbart – kommen wollte.» Hauptkommissar Leuchte schaute zufrieden in seine Runde. »Das macht alles Sinn, der Zusammenhang ist logisch. Er hat am Montag bei ihr geklingelt, obwohl er wahrscheinlich wusste, dass sie unterwegs war. Er folgte ihr auf dem ihm bekannten Weg und hat sie abgepasst. Wahrscheinlich war seine Geldnot so groß, dass er nicht bis Donnerstag warten wollte, oder konnte. Sie hat sich geweigert und es gab ein Gerangel, bei dem er sie hinunter stieß.«

»Aber heißt das, er hat sie draußen – auf ihrem Jogging Weg mit der Überweisung konfrontiert? Es wäre doch sicher einfacher gewesen, hätte er damit bis Donnerstag gewartet. Wenn er sie töten wollte, wie wäre er dann an ihr Geld gekommen?«

»Alle Fragen muss er uns beantworten. Vielleicht war es ja auch ein Unfall.« Leuchte hatte bereits den Telefonhörer in der Hand. »Ich lasse die Bewegungsdaten seines Handys für den Montag überprüfen. Da hätten wir etwas Handfestes, wenn er zu leugnen versucht.«

Lena Marx war aufgestanden und auf dem Weg zur Tür. »Ich gehe mit einem Foto zu Torben Fürnagel. Das dauert ja nicht lang.« Weg war sie.

»Wenn die beiden Dinge nach unserem Wissensstand geklärt sind, machen sich Lena und Thomas auf den Weg nach Leipzig. Wir bestellen den Herrn Quasniok nicht erst ins Präsidium. Wir besuchen ihn zu Hause. Ihr nehmt noch einen uniformierten Kollegen mit. Es kommt ja sicher zur Festnahme.« Leuchte konnte es jetzt kaum erwarten, dass zügig gehandelt wurde. Als zwei Stunden später das Auto mit den drei Kollegen aus dem Hof rollte, atmete er erleichtert auf. Er setzte sich mit einem Bier – das er hinter einem Ordner hervorkramte – an seinen Schreibtisch und legte die Beine obenauf.

Sie klingelten drei Mal. Endlich hörten sie schlurfende Schritte in der Wohnung und die Tür wurde einen spaltbreit aufgeschoben. Herr Quasniok schaute sehr überrascht auf seine Besucher. Zuerst machte er keine Anstalten, sie in die Wohnung zu lassen, überlegte es sich dann aber doch und trat zur Seite. Die Beamten waren entsetzt. Dieser Mann hatte nichts mit dem Besucher in ihrer Behörde zu tun. Abgesehen davon, dass er unrasiert war, wirkte sein Teint ungepflegt. Er müffelte. Der Jogging Anzug, den er trug saß wie Naturdarm. Seine Figur erschien unvorteilhaft. Er war barfuß und Lena Marx bemerkte angeekelt seine ungeschnittenen Fußnägel. Auch seine Hände hätten eine Maniküre nötig. Auch Thomas Schmieder musste spontan daran denken, dass Frau Kurze über diesen Anblick nicht entzückt gewesen wäre.

Er führte sie in einen sehr kleinen, unaufgeräumten Raum, in dem man leicht klaustrophobische Anfälle bekommen könnte. Sie fanden dennoch einen Platz. Die Ermittler gaben vor, nur noch ein paar Routinefragen zu haben. Aber schon bei den ersten Anfragen wirkte er unsicher. »Haben Sie denn Angst vor unseren Fragen?«, wollte

Lena Marx ganz direkt wissen. »Nein, ich habe eher Angst vor meinen Antworten. Man weiß doch, wie Sie einen in die Enge treiben und das Wort im Mund umdrehen.«

»Das ist aber nur gefährlich, wenn man etwas zu verbergen hat. Das haben Sie doch nicht, oder?«

»Nein, so fragen Sie schon.« Er resignierte. Vielleicht dachte er anfangs, dass ihm sein vehementes Leugnen hilfreich sei. Diesen Standpunkt musste er aber bald aufgeben, als die Beamten ihm beweisen konnten, dass er am Montag auf der Suche nach Frau Kurze war. Er beichtete schließlich unter Tränen. Er habe sie wirklich geliebt. Es sei ein Unfall gewesen. Das war alles nur so eskaliert, weil sie immer so auf ihrem Geld gesessen hätte.

Helfried Quasniok war ein Spieler mit vielen und hohen Spielschulden. Er konnte keinesfalls bis Donnerstag warten, seine Gläubiger waren bedrohlich hinter ihm her. Frau Kurze war zum Glück sehr tierlieb und er konnte sie für seinen imaginären Verein *Animals homeland e.V.* begeistern. Zweimal hatte sie dorthin schon Geld überwiesen, aber diesmal ging es um eine große Summe. Er hatte die Überweisung schon ausgefüllt, benötigte nur noch ihre Unterschrift. Da er wusste, wo ihre Laufstrecke war, passte er sie dort ab. Nach anfänglicher Überraschung war sie wütend geworden, weil er sie so überrumpeln würde. Sie wolle sich zum Überlegen Zeit bis Donnerstag lassen. Die hatte er nicht. Er setzte sie mit Todesdrohungen massiv unter Druck, bis sie schließlich unterschrieb. »Ich hätte nicht gedacht, dass sie mich mit ihrer Signatur so austrickst!«

Er war außer sich und stellte sich auch noch als Opfer dar. Obwohl sie dann unterschrieben hatte, wollte sie ihm den Zettel wieder entreißen. Dabei kam es zu einer Rangelei, in deren Verlauf sie nach hinten stolperte. Er wollte sie noch an ihrer Jacke festhalten, riss diese aber ein und sie stürzte über den Felsen. Er war echt verzweifelt, konnte aber nichts mehr tun. Er war dann wieder nach Hause gefahren und hatte in ihrer Wohnung angerufen, um den Verdacht von sich zu lenken.

Widerstandslos folgte er den Beamten zu deren Fahrzeug.

War es nun Mord? Totschlag? Ein Unfall? Das war jetzt Aufgabe der Staatsanwaltschaft.